U0885207

建设“一城”“一窗”的生动实践

中共杭州市第十二次代表大会以来

中共杭州市委党史研究室
（杭州市人民政府地方志办公室） 编
中共杭州市委党校

杭州出版社

图书在版编目（CIP）数据

建设“一城”“一窗”的生动实践：中共杭州市第十二次代表大会以来 / 中共杭州市委党史研究室（杭州市人民政府地方志办公室），中共杭州市委党校编. -- 杭州：杭州出版社，2023.2

ISBN 978-7-5565-2070-1

Ⅰ. ①建… Ⅱ. ①中… ②中… Ⅲ. ①中国共产党－地方组织－党史－杭州 Ⅳ. ①D235.551

中国国家版本馆 CIP 数据核字（2023）第 035120 号

Jianshe "Yi Cheng" "Yi Chuang" de Shengdong Shijian

建设“一城”“一窗”的生动实践

中共杭州市第十二次代表大会以来

中共杭州市委党史研究室（杭州市人民政府地方志办公室）编
中共杭州市委党校

责任编辑 刘 潇
责任校对 陈铭杰
美术编辑 卢晓明
出版发行 杭州出版社（杭州市西湖文化广场 32 号 6 楼）
电话：0571-87997719 邮编：310014
网址：http://www.hzcbs.com
印 刷 浙江星晨印务有限公司
经 销 新华书店
开 本 710 mm × 1000 mm 1/16
印 张 17
字 数 272 千
版 印 次 2023 年 2 月第 1 版 2023 年 2 月第 1 次印刷
书 号 ISBN 978-7-5565-2070-1
定 价 80.00 元

（版权所有 侵权必究）

编委会

主　　编：郎健华　柴宁宁

副 主 编：蒋文欢　高国舫

执行主编：李辉毅

编写人员（按姓氏笔画为序）：

付文科　张　莉　邵　建　胡秀丽

姚如青　黄鹏进

编务人员：蔡建明　王建新　董林生　王惟惟

目 录

综　述

市第十二次党代会以来的五年，是杭州发展史上极不平凡的五年。面对错综复杂的外部环境和艰巨繁重的改革发展稳定任务，我们在中央和省委的坚强领导下，团结带领全市干部群众统筹推进“五位一体”总体布局、协调推进“四个全面”战略布局，推动经济社会发展和党的建设取得新成效，高水平全面建成小康社会，胜利完成市第十二次党代会确定的目标任务，杭州在全省的龙头地位不断巩固，在全国的战略地位日益提高，在国际上的知名度和影响力持续提升。

经济保持平稳较快发展。推动数字经济与制造业高质量融合发展，产业结构不断优化。全市生产总值年均增长 6.8%，2021 年达 18109 亿元，居全国城市第 8 位；一般公共预算收入 2387 亿元，居全国城市第 5 位；数字经济核心产业比重达 27.1%。加快建设国家新一代人工智能创新发展试验区，提升城西科创大走廊创新策源能级，之江、西湖实验室进入国家实验室建设序列，成功获批 2 个大科学装置，全社会研发投入强度从 3.1% 提升到 3.6%，国家高新技术企业有效数达 10222 家，人才、海外人才、互联网人才净流入率连续多年保持全国第一，民营企业 500 强数量 19 年蝉联全国第一，上市企业累计达 262 家，居全国第 4 位。

改革开放实现重大突破。扎实推进数字化改革，在全国首创健康码，建设场景应用 488 项，数字治理指数居全国前列。高质量完成机构改革、事业单位改革。顺利实施部分行政区划优化调整，市域统筹、拥江发展、城乡融合的格局加快形成。率先实行企业开办“分钟制”和项目审批“小时制”，被列为全国营商环境创新试点城市。深度参与长三角一体化发展，扎实推进杭甬“双城记”，做大做强杭州都市区、都市圈，山海协作、对口支援和对口合作持续深化，东西部扶贫协作成效明显。全面提升对外开放水平，中国（浙江）自由贸易试验区杭州片区获批成立，累计实际利用外资突破 300 亿美元，出口总额全国占比突破 2%。全力做好亚运筹办工作，入选全球 15 个旅游最佳实践样本城市、全球百强会议目的地城市。

民主法治建设不断加强。坚持总揽全局、协调各方，支持市人大、政府、政协和监委、法院、检察院依法依章程履职。召开市委人大工作会议，制定实施高水平推进新时代人大工作和建设的意见，实现民生实事项目人大代表票决制全覆盖，健全“两个密切联系”机制，街道人大和开发区人大工作探索实践取得新进展。召开市委政协工作会议，出台新时代加强和改进人民政协工作的实施意见，实现政协系统党的建设工作两个“全覆盖”，协商民主成效显著。构建大统战工作格局，高水平推进多党合作、民族宗教等工作。群团改革持续推进，桥梁纽带作用充分发挥。坚持党管武装，实现全国双拥模范城“八连冠”。深入推进依法治市，出台加强党领导立法工作的实施意见，全面推进法治政府建设，深化综合行政执法体制改革，设立全国首家互联网法院，“五四宪法”历史资料陈列馆入选首批全国法治宣传教育基地。

思想文化建设取得重大进展。开展庆祝改革开放 40 周年、新中国成立 70 周年、建党 100 周年系列活动，党的创新理论更加深入人心。持续推进“我们的价值观”主题实践活动，新时代文明实践中心试点建设成效明显，全国文明城市创建实现“四连冠”。良渚古城遗址成功申遗，西湖西溪实现一体化保护提升，大运河国家文化公园建设加快推进。德寿宫遗址公园、国家版本馆杭州分馆、国家（杭州）短视频基地等重大文化项目有序推进。农村文化礼堂实现 500 人口规模以上村全覆盖，社区文化家园、杭州书房等基层文化空间日益丰富。之江文化产业带建设提前 2 年完成省定目标。高水平办好西博会、茶博会、动漫节等会展活动，入选首批国家文化和旅游消费示范城市。

人民生活水平持续提升。千方百计推进富民增收，2021 年城镇、农村居民人均可支配收入分别为 74700 元、42692 元，年均分别增长 7.4% 和 8.9%，倍差由 1.87 缩小为 1.75，家庭年人均收入 1 万元以下现象全面消除。实施“5433”交通大会战，杭黄高铁、杭台高铁、杭州南站和绕城西复线建成通车，地铁运营里程达 401 千米，在建 115 千米。全市域建成“基本实现教育现代化区、县

（市）”，新增基础教育学位40.2万个。深化健康杭州建设，全力打赢新冠肺炎[①]疫情防控遭遇战、阻击战、歼灭战，户籍人口预期寿命提高到83.12岁。完善就业和社保体系，实现零就业家庭动态清零，低保、低边等标准实现全市统一。完成149个小城镇环境综合整治、365个城中村改造、714个老旧小区改造，城乡住房保障体系不断完善。健全社会治理“六和塔”工作体系，扫黑除恶专项斗争、政法队伍教育整顿取得明显成效，安全生产事故、交通事故、命案死亡人数等持续下降，15年蝉联“中国最具幸福感城市”，被评为全国唯一的“幸福示范标杆城市”。

生态环境质量明显改善。制定实施新时代美丽杭州建设规划纲要，统筹推进“五水共治”“五气共治”“五废共治”，市控以上断面水质100%达标，空气优良天数由260天增加到321天，“无废城市”建设取得突破性进展。累计建成绿道4282千米，森林覆盖率居全国同类城市首位。完成千岛湖临湖地带217个项目综合整治，设立淳安特别生态功能区，千岛湖配供水工程正式通水。深化“百村示范、千村整治”工程，34个乡镇（街道）创建为省级美丽城镇样板，建成美丽乡村272个，被评为国家生态园林城市。

全面从严治党纵深推进。认真开展“两学一做”学习教育、“不忘初心、牢记使命”主题教育和党史学习教育，理论武装不断加强，意识形态工作总体向好向上。高质量完成村（社区）组织换届，“一肩挑”率达99.7%，持续深化党建引领社区治理，创新开展新业态新就业群体党建全国试点。加强干部队伍建设，完善常态化轮岗交流、梯队建设、考评激励等机制。全面落实中央八项规定及其实施细则精神，持续开展“走亲连心三服务”“企业大走访”等活动。抓好“七张问题清单”整改，完成十二届市委巡察全覆盖，我市被列为“市级巡察机构在上下联动中更好发挥作用”全国试点。以清廉杭州建设为抓手，层层压实管党治党政治责任，深化纪检监察体制改革，查办全国留置第一案，在省会城市中率先实现乡镇一级监察全覆盖，一体推进不敢腐、不能腐、不想腐。深刻汲取周江勇案件教训，推进以案促改、以案促治工作，开展警示教育，

① 2022年12月26日，国家卫生健康委员会发布公告：将新型冠状病毒肺炎更名为新型冠状病毒感染。

全面肃清影响，净化修复政治生态。

五年来，我们之所以能够经受复杂局面的考验，取得来之不易的成绩，归功于以习近平同志为核心的党中央的英明领导，归功于习近平新时代中国特色社会主义思想的科学指引，归功于省委的坚强领导，归功于全市76万党员和1200万人民的奋力拼搏，归功于改革开放以来历届市委奠定的坚实基础，同时也离不开中央各部委、省直各单位和兄弟城市的大力支持，离不开各民主党派、工商联、社会各界人士、海内外朋友的积极参与，离不开解放军驻杭部队和武警部队指战员的关心协助。

在肯定成绩的同时，工作中也存在许多不足，前进的道路上还面临不少风险挑战。主要表现在：经济发展质量还有差距，科技创新能力不足，城市国际化相对滞后；城市治理精细化水平还不够高，历史文化保护、城市基础设施、公共安全风险防范存在较多短板；城乡区域发展不平衡问题仍然突出，解决群众在教育、医疗、养老、住房、交通等方面的诉求还有不少难题；全面从严治党还存在薄弱环节，干部作风、能力素质与改革发展要求还不相适应，党风廉政建设和反腐败斗争形势依然严峻复杂，特别是周江勇严重违纪违法，对杭州的城市形象造成了极大伤害，对杭州的改革发展造成了负面影响，对杭州干部队伍的思想造成了严重冲击。这些问题，必须着力加以解决。

（摘选自中共杭州市委书记刘捷在市第十三次党代会上的报告《高举习近平新时代中国特色社会主义思想伟大旗帜　奋力打造世界一流的社会主义现代化国际大都市》第一部分。略有删改）

第一章　坚持改革创新
努力增强创新活力之城特色

杭州市第十二次党代会以来，杭州市委面对错综复杂的外部环境和艰巨繁重的改革发展稳定任务，在中央和省委的坚强领导下，团结带领全市干部群众持续深化“八八战略”的杭州实践，以强化科技自立自强为突破方向，以构建现代产业体系为重要抓手，以全面深化改革开放为基础支撑，率先高水平全面建成小康社会，努力厚植创新活力之城特色。杭州经济增长中高速、质效中高端态势不断巩固，主要指标增幅高于全国全省水平，以创新引领和支撑的经济体系和发展方式基本形成。2021 年，杭州市生产总值 18109 亿元，居全国城市第 8 位，相比 2016 年提升 2 位；一般公共预算收入 2387 亿元，居全国城市第 5 位；人均地区生产总值 2.3 万美元，已经越过中等发达国家的人均收入门槛，相比 2016 年增加 0.5 万美元；数字经济核心产业之于经济增长贡献已经超过 50%。“后峰会、前亚运”效应得到充分释放，国际一流营商环境得到改进，国际重要商贸中心建设得到推进，在杭州都市区（圈）建设中的尖兵作用更好发挥，在长三角世界级城市群中的集聚辐射作用更加凸显，在“一带一路”建设中的贡献度更加突出，在全球的知名度美誉度和竞争力影响力得到持续提升。

第一节　强化科技自立自强

习近平总书记强调，“杭州发展还是要靠高科技，现代化不靠这个东西不行”，希望杭州打造“硅谷天堂，高科技的天堂”[①]。2017 年 2 月，杭州市第

① 引自刘捷：《高举习近平新时代中国特色社会主义思想伟大旗帜　奋力打造世界一流的社会主义现代化国际大都市——在中国共产党杭州市第十三次代表大会上的报告》(2022 年 2 月 23 日)，《杭州日报》2022 年 2 月 28 日，第 2 版。

十二次党代会要求坚定不移实施创新驱动发展战略，认为必须切实增强“不创新不行，创新慢了也不行”的紧迫感，要以科技创新为核心推动全面创新，努力把杭州建设成为具有全球影响力的“互联网+”创新创业中心，巩固创新活力之城优势。市第十二次党代会以来，杭州始终牢记习近平总书记对杭州是创新活力之城的要求，深入贯彻国家、省关于加强科技创新的决策部署，全面实施人才引领、创新驱动发展战略，以打响创新活力之城品牌为目标，扭住强化科技自立自强这一关键核心，以建设国家自主创新示范区、国家新一代人工智能创新发展试验区和杭州城西科创大走廊为主线，持续深化全面创新改革试验，持续推出科技创新组合拳，持续推进包括人才、技术和资本在内的创新要素集聚，推动包括数字经济、生命健康和智能制造在内的创新高地取得新成就，五年期间有效发明专利拥有量年均增长21%，全球创新指数排名跃至第21位，杭州高质量发展的科技支撑得到巩固，以创新为主要驱动力的高质量发展新路子越走越宽。

一、争创综合性国家科学中心

综合性国家科学中心是依托先进的国家重大科技基础设施群建设，支持多学科、多领域、多主体、交叉型、前沿性研究，代表世界先进水平的基础科学研究和重大技术研发的大型开放式研究平台，是参与全球科技竞争与合作的核心力量。2016年3月十二届全国人大四次会议批准的《中华人民共和国国民经济和社会发展第十三个五年规划纲要》，首次要求“组建综合性国家科学中心”，提升创新基础能力。随后，包括《“十三五”国家科技创新规划》《国家重大科技基础设施建设“十三五”规划》和《关于全面加强基础科学研究的若干意见》在内的政策文件，均要求依托国家重大科技基础设施相对集聚的区域，在全国范围之内初步建成若干综合性国家科学中心。2021年5月，习近平总书记在两院院士大会和中国科协第十次代表大会上指出：“强化国家战略科技力量，提升国家创新体系整体效能。……要支持有条件的地方建设综合性国家科学中心或区域科技创新中心，使之成为世界科学前沿领域和新兴产业技术创新、全球科技创新要素的汇聚地。”[①]

2020年9月，浙江省委书记袁家军调研杭州城西科创大走廊建设情况，要求“锚定创建综合性国家科学中心和产业创新中心目标”，“加快把科创大走廊建成创新策源地，以创新催生发展新动能”。2020年11月，《中共浙江省委关于制定浙江省国民经济和社会发展第十四个五年规划和二〇三五年远景目标的建议》进一步提出：“以杭州城西科创大走廊为主平台建设创新策源地，打造综合性国家科学中心和区域性创新高地。”2021年2月，《浙江省“十四五”规划和二〇三五年远景目标纲要》明确要求：“集中力量建设杭州城西科创大走廊，按照创新链产业链协同的导向优化区域创新空间布局，支持杭州高新区、富阳、德清成为联动发展区，打造综合性国家科学中心和区域性创新高地。”浙江省委、省政府要求杭州争创综合性国家科学中心和区域性创新高地，非常契合杭州高质量发展的客观要求，杭州已经具备全力争创全国综合性国家科学中心的扎实基础。

第一，城西科创大走廊作为创新策源地已经取得重要进展。杭州城西科创大走廊是“十三五”时期浙江省委、省政府作出的重大决策，2016年8月启动建设，远景目标是对标国际一流、集浙江全省之力建设面向世界、引领未来、服务全国、带动全省的创新策源地。在浙江省委、省政府的坚强领导之下，杭州按照党中央科技自立自强的决策部署，遵循习近平总书记“强化国家战略科技力量”[②]“基础研究是科技创新的源头”[③]的指示，推动城西科创大走廊快速集聚高端要素，已经集聚了浙江大学、浙江农林大学和西湖大学在内的高校，中国船舶集团第七一五所和中电集团第五十二所在内的央属科研机构和12家国

---

① 习近平：《在中国科学院第二十次院士大会、中国工程院第十五次院士大会、中国科协第十次全国代表大会上的讲话》（2021年5月28日），人民出版社，2021年，第11—12页。

② 习近平：《在中国科学院第二十次院士大会、中国工程院第十五次院士大会、中国科协第十次全国代表大会上的讲话》（2021年5月28日），人民出版社，2021年，第11页。

③ 习近平：《在科学家座谈会上的讲话》（2020年9月11日），人民出版社，2020年，第7页。

家重点实验室，布局了“杭州超重力场”大科学装置，集聚了阿里巴巴和中电海康在内的创新企业。杭州城西科创大走廊已是浙江杭州创新资源和成果产出的核心区。“十三五”期间，城西科创大走廊范围之内的企事业单位作为第一完成单位总共获得国家科学技术奖 38 项。其中，国家科学技术进步奖特等奖 1 项，一等奖 2 项，二等奖 17 项，创新团队奖 1 项；国家技术发明奖一等奖 1 项，二等奖 12 项；国家自然科学奖二等奖 4 项。

杭州西湖大学云谷校区

第二，新型创新主体和创新平台体系已经得到培育或加强。首先，提升高校院所作为主体的创新平台，服务浙江大学“双一流”的发展目标，使其围绕“综合型、研究型、创新型”办学定位，推动浙江大学努力建设成为在国际国内具有显著教育影响力和学术影响力的创新型大学。服务西湖大学建设成为世界一流新型研究型大学的目标，全力支持其打造“中国新型大学第一城”；支持浙江工业大学、杭州师范大学、浙江农林大学等高校发展，推动它们建设专业特征明显、国内一流的高校。其次，搭建实验室作为载体的创新平台，集聚了包括之江实验室、良渚实验室、西湖实验室、湖畔实验室在内的 4 个省级实验室和香港大学浙江科学技术研究院、浙江省化工研究院等 60 余家科研机构，支持推进建设包括西湖大学、北航杭州创新研究院、国科大杭州研究院、中科院肿瘤与基础医学研究所在内的新型研发机构，初步构建起“高能级实验室—新型研发机构”智库级科研平台。再次，推动形成国家级孵化器作为主体的科技服务平台体系，支持搭建包括浙江知识产权交易中心、医疗器械创新发展技术服务平台、创新药物早期成药性评价公共服务平台和微纳技术研发开放平台在内的重大公共科技服务平台。最后，提升产业平台品牌影响力，支持包括未来科技城、青山湖科技城和紫金港科技城在内的“三城”更大程度发挥产业集聚功能。

第三，有利于基础研究创新的土壤已经得到初步形成。2020 年，杭州地区生产总值突破 1.6 万亿元，位居全国城市第 8 位。其中，数字经济重点产业保持引领之势，核心产业实现增加值 3795 亿元，增长 15.1%。2020 年科学研究与试验发展（R&D）经费支出与地区生产总值之比为 3.5% 左右，相比 2016 年提升 0.4 个百分点，研发投入强度呈现加大趋势。创新创业率始终位居全国前列。2019 年 6 月，李克强总理出席杭州举办的全国大众创业万众创新活动周，这是对杭州“双创”工作的肯定和鼓舞。2019 年 7 月，财政部公布国家首批 15 个小微企业创业创新基地示范城市绩效评价结果，杭州位居第一，获得追加奖励资金 4500 万元，累计获得中央财政奖励资金 9.95 亿元。2020 年 12 月，中国科学技术信息研究所发布的 2020 年 72 个国家创新型城市创新能力评价，杭州位居第三。并且，杭州拥有国家级科技企业孵化器 48 家，位居省会城市、副省级城市第一；国家级众创空间 68 家，位居省会城市第一、副省级城市第三。2020 年，全社会研发投入强度从 2015 年 3.0% 增长到 2020 年的 3.5%；有效发明专利拥有量、每万人发明专利拥有量分别由 2015 年的 30238 件、9.26 件增长到 73297 件、70.75 件，分别增长 142.4% 和 664%。

未来科技城梦想小镇

为此，2020 年 12 月，根据中央和省委的要求，《中共杭州市委关于制定杭州市国民经济和社会发展第十四个五年规划和二〇三五年远景目标的建议》提出：“高水平建设国家自主创新示范区，以城西科创大走廊为主平台争创综合性国家科学中心和区域性创新高地，优化高新区体制机制，做强做优国家和省级经济技术开发区、特色小镇，积极培育一批差异化发展的高能级科创平台，规划建设杭州科学城，推动重要科研机构、重大科技平台、科研基础设施集群发展，努力打造面向世界、引领未来、服务全国、带动全省的创新策源地。”

创建综合性国家科学中心已经开始作为杭州统领全市经济社会发展的全局性工作。为此，成立争创综合性国家科学中心的工作专班，积极争取国家相关部委支持，加快启动《杭州综合性国家科学中心建设方案（草案）》编制工作，认为杭州创建综合性国家科学中心需要结合“坚持面向世界科技前沿、坚持面向经济主战场、坚持面向国家重大需求、坚持面向人民生命健康”，依托杭州既有优势产业基础和杭州科技创新基础，服务浙江科技发展“三大高地”建设，实现与上海张江和安徽合肥两大综合性国家科学中心错位发展，推进长三角地区科技创新整体谋划、协同创新，推动长三角区域成为国际科技创新高地集群。

一是建设综合性国家科学中心核心承载区。面向世界科技前沿与国家重大战略需求，构建部门协同、省市联动创建机制，高规格开展综合性国家科学中心创建工作。集中力量建设杭州城西科创大走廊，规划建设杭州科学城，推动重大科技基础设施、新型研发机构集聚发展，打造面向世界、引领未来、服务全国、带动全省的创新策源地。深化国家自主创新示范区建设，谋划建设钱塘江国际创新带。

二是增强重大战略科技力量支撑。持续深化“名校名院名所”工程，全力支持浙江大学“双一流”建设、西湖大学建设高水平研究型大学，加快建设中法航空大学、国科大杭州高等研究院，积极引进国内外知名高校和科研院所。积极构建形成新型实验室体系，加快建设重大科技基础设施，推进包括人工智能、集成电路、生物医药等引领性开源开放公共平台建设。培育引进一批新型研发机构，争取布局国家技术创新中心、产业创新中心、制造业创新中心、工程研究中心等重大创新载体。

三是加强重点领域基础研究。鼓励高校、科研院所、新型研发机构和行业龙头企业在内的创新主体积极参与“尖峰计划”，围绕量子信息、人工智能、新一代通信与智能网络、精准医疗、新药创制、前沿新材料、高端制造等创新领域，开展前沿基础研究，加强原始创新探索，攻克一批重大科学问题。力争在网络空间安全主动防御、大数据计算、脑认知与脑机交互、干细胞与再生医学、量子信息、传感材料与器件等研究领域取得一批重大原始创新成果。加大基础研究投入，努力提升基础研究投入占全社会研发投入比例。

四是强化关键核心技术攻坚。坚持以服务提升关键核心技术进口替代能力为方向，以通用芯片、人工智能与融合应用、区块链、新一代网络通信技术、空天信息技术、先进制造与智能装备作为重点，积极争取国家、省级重点研发计划、重大科技项目。全面梳理一批“卡脖子”项目和重大研发需求，滚动编制关键核心技术攻关清单和任务攻坚计划。完善“平战结合”的疫病防控和公共卫生科研攻关体系，加大对防治新发突发重大传染病的研发攻关支持力度，加强生物医药、医疗器械产品研发，争取创建国家级应急医学研究中心。力争在科技专项中设立“亚运智能”专项。

通过明确“创建综合性国家科学中心”这一战略任务，杭州力争全面增强创新策源力、技术供给力、成果转化力。经过一年左右的努力，国家新一代人工智能创新发展试验区建设得到加快，城西科创大走廊创新策源能级得到提升，之江实验室纳入国家实验室体系，大科学装置超重力离心模拟与实验装置、超高灵敏量子极弱磁场和惯性测量装置先后启动。29 项成果获国家科技进步奖，有效发明专利拥有量 9.5 万件，居全国省会城市首位。新增在杭两院院士 5 名、院士工作站 10 家。2021 年全社会研发投入强度达到 3.6%，相比 2020 年提升 0.1 个百分点，相比 2016 年提升 0.5 个百分点。

按照世界知识产权组织发布的“2021 全球创新指数（Global Innovation Index）”，全球前 100 个最具活力的科技活动集群排名之中，杭州位居第二十一，位居国内科技集群第五。自然出版集团发布的“自然指数（Nature Index）2021”全球科研城市排名，杭州位居第二十三，位居中国大陆城市第七。施罗德“世界城市指数（Global Cities Index）2021”，杭州位居全球创新城市第二十三，位居中国大陆城市第二。在仅有一所“985 工程”高校的情况之下，杭州已经成为具有全球影响力的科研城市和科学研究中心。这充分展现杭州自强不息的韧劲和奋斗精神。

当然，杭州全力争创综合性国家科学中心仍在进行时。2021 年 12 月，杭州市委十二届十四次会议提出高水平推进科技创新，要求紧紧围绕“互联网 +”、生物医药、新材料三大科创高地，举全市之力做强城西科创大走廊，制定出台加快推进城西科创大走廊高质量融合发展、打造创新策源地的实施意见，提升创新策源能级，争创综合性国家科学中心。

按照创建综合性国家科学中心核心承载平台规划，还将开展四个方面的具体工作。一是建成一个新型实验室体系。全力支持之江、西湖实验室打造国家实验室，加快建设湖畔和良渚在内的省级实验室，推动在杭国家重点实验室数量和质量双提升，创建一批联合实验室和实验室联盟。二是建设一批重大科技基础设施。建成超重力离心模拟与实验装置，加快推进新一代工业互联网系统信息安全大型实验装置、超高灵敏量子极弱磁场和惯性测量装置、多维超级感知重大科技基础设施等项目建设，谋划建设社会治理大数据与模拟推演、新型智能计算架构实验与验证科学装置、软件代码大数据与代码知识网络科学装置等项目。三是争创一批国家技术（产业、制造业）创新平台。主要创建国家先进系统芯片产业创新中心、国家城市大脑技术创新中心、国家智能诊疗设备制造业创新中心和国家生物基功能性新材料制造业创新中心。四是构建一批新型研发机构。主要建设阿里达摩院、浙大杭州国际科创中心、北航杭州创新研究院、北航量子实验室、浙江省北大信息技术高等研究院、中国科学院肿瘤与基础医学研究所、西安电子科技大学杭州研究院和杭州光学精密机械研究所。

2019 年 11 月，浙江省首个国家重大科技基础设施项目——超重力离心模拟与实验装置建设研讨会与启动仪式

二、构筑重大产业创新平台

创新活力之城需要建设全域协同的一流创新平台，着力推动全域协同的一流创新平台成为整合联合行业之内的创新资源、构建高效协作创新网络的重要载体，成为特定战略性领域颠覆性技术创新、先进适用产业技术开发与推广应用、系统性技术解决方案研发供给、高成长型科技企业投资孵化的重要平台，成为推动新兴产业集聚发展、培育壮大经济发展新动能的重要力量。作为一座特大城市，杭州提升城市能级，关键在于产业能级，核心在于发展动能，抓手在于重大产业创新平台。

2017 年 2 月，杭州市第十二次党代会要求统筹空间布局、产业发展、重大项目和用地保障，完善建设机制，加快整合提升，大力发展平台经济。一是要求更好发挥“两区”的引领作用。推动杭州国家自主创新示范区和杭州高新区融合发展，落实杭州国家自主创新示范区发展规划和空间布局规划，形成“一区十片、多园多点”总体格局。聚力建设国家级高新区、经济技术开发区、产业集聚区等重点平台，推动杭州高新区争创世界一流高科技园区。二是更好发挥“两廊两带”的支撑作用。城市科创大走廊建设成为全球领先的信息经济科创中心；城东智造大走廊建设成为“中国制造 2025”示范区；沿河沿湖高端商务带建设成为高端服务业集聚发展带；钱塘江生态经济带建设成为宜居宜游的绿色发展带。三是更好发挥特色小镇的示范作用。坚持定位上突出特色、投入上加大力度、资源上强化整合、推进上注重分类，完善特色小镇培育发展机制，打造生产生活生态人文相互融合的特色小镇升级版。

2019 年 12 月，杭州市委十二届八次会议提出要求强化动能统筹。一是围绕打好产业链基础高级化和产业链现代化攻坚战，加快建设国家新一代人工智能创新发展试验区，积极争创国家数字经济示范城市，努力打造数字自由贸易试验区。二是统筹推进传统产业改造升级和未来产业谋划布局，实施新型基础设施建设工程，推进“1+N”工业互联网平台体系建设，加快企业数字化改造，大力发展集成电路、高端装备、数字安防、健康医药、绿色化工、纺织服装等产业集群，积极培育平台经济、共享经济、体验经济和快递经济，支持引导 5G 生态、下一代人工智能、量子通信、类脑芯片、金融科技、空天信息等高科技产业化、场景化、产品化，推动生产性服务业向专业化和价值链高端延伸，加快形成相互叠加、持续迭代的乘数效应。三是统筹建好产业平台和创新重器，发挥国家自主创新示范区作用，做强钱塘新区、城西科创大走廊和国家高新区、开发区等重大产业平台，推动西湖大学、之江实验室、浙大国际科创中心、阿里达摩院等创新载体发展，努力攻克“卡脖子”关键核心技术。四是坚定不移把“152”工程和“三名”工程谋深抓实，绘好市域产业地图、人才地图，持续深化高新区（滨江）—富阳特别合作区探索实践，着力引育一批具有示范性引领性的产业大项目和人才团队。

高新区（滨江）新貌

2020 年 6 月，杭州市委十二届九次会议提出做强平台创新策源功能：深入推进国家自主创新示范区建设，优化调整城西科创大走廊体制机制，推动高新区（滨江）、富阳区与城西科创大走廊联动发展。持续推进“名校名院名所”工程，深化与浙江大学、中国美院等一流大学战略合作，扎实推进西湖大学、之江实验室、阿里达摩院、浙大国际科创中心、国科大杭州研究院、中法航空大学等高等级创新载体建设，开展基础研究和关键核心技术联合攻关，共建共享协同创新平台和科技服务公共平台。

2021 年 3 月，《杭州市国民经济和社会发展第十四个五年规划和二〇三五年远景目标纲要》提出打造“一廊五区四港多点”重大发展平台。“一廊策源”：集中力量建设杭州城西科创大走廊，加快平台集聚、人才集聚、要素集聚、政策集聚和体制机制创新，突破关键核心技术，大力培育战略性新兴产业和未来产业。加强紫金港科技城、未来科技城、青山湖科技城和杭州云城创新协同、产业联动，形成一批未来科技、未来城市、未来治理“硬核”成果，建设高水平现代化引领示范区。充分发挥城西科创大走廊辐射带动作用，支持区域联动发展。“五区引领”：以国家自主创新示范区、中国（浙江）自由贸易试验区杭州片区、钱塘新区、淳安特别生态功能区、“三江汇未来城市先行实践区”作为引领，建设一批能级高、带动性强的重大平台。“四港联动”：统筹推动空港、陆港（铁路港、公路港）、河港、信息港“四港”建设，积极创建交通强国示范城市和国际综合交通枢纽城市，率先建成省域、市域、城区 3 个“1 小时交通圈”。“多点支撑”：增强萧山经济技术开发区、余杭经济技术开发区和富阳经济技术开发区辐射带动能力，使其奋力迈进全国一流方阵。深化杭州万向创新聚能城、西湖紫金港数字信息产业平台、钱塘新区航空航天产业平台、钱塘新区高端生物医药产业平台等“万亩千亿新产业平台”建设。推动省级园区提质增效，提升亩均效益，支持创建国家级园区。推动特色小镇高质量发展，加快“特色小镇联盟”和产业生态圈建设，打造特色小镇 2.0 版。

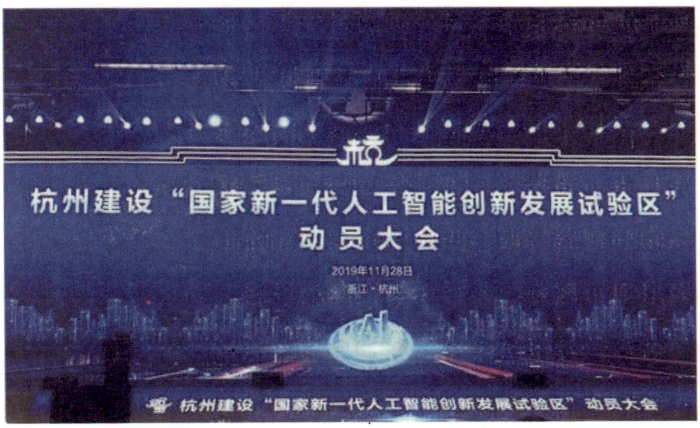

杭州建设“国家新一代人工智能创新发展试验区”动员大会

2021 年 12 月，杭州市委十二届十四次会议提出全面推进国家自主创新示范区和国家新一代人工智能创新发展试验区建设，完善之江、西湖、湖畔、良渚等新型实验室体系，推进浙大超重力离心模拟与实验装置等重大科学装置群建设，加快包括西湖大学、国科大杭州高等研究院、浙大（杭州）国际科创中心、中法航空大学等创新载体建设。

经过五年的蓄力和迸发，杭州加快构筑重大产业创新平台取得重大突破。

一是城西科创大走廊实现快速崛起。五年时间基本确立城西科创大走廊作为浙江全省的创新发展主引擎地位，成为全省最具吸引力、最具创造力、最具想象力的科创热土和新经济增长极，已集聚各类人才突破45人，全职院士59名，海外高层次人才8531人，若干个超过250亿元项目相继落地，加速创新资源集聚与创新活力迸发。二是杭州高新区保持良好发展势头。根据2021年国家级高新区的排名，杭州高新区位居第五，成为杭州创新驱动产业升级和高水平推进科技自立自强的重要载体。三是推进萧山临江高新区、大江东产业集聚区和杭州经济技术开发区整合，打造现代产业体系。四是形成一批创新发展的市域产业飞地。2019年8月，杭州高新区（滨江）—富阳特别合作区正式成立；2022年3月，杭州高新区（滨江）—萧山特别合作区成立。五是拥有11个省级特色小镇，形成特色小镇杭州经验，其中梦想小镇将小镇特色经验带到合肥，形成合作共建的创新产业聚集平台和长三角一体化首个示范项目。六是众创空间建设成就明显。2021年众创空间192家，其中国家级91家，省级160家。

三、加快科技成果转移转化

“科技成果只有同国家需要、人民要求、市场需求相结合，完成从科学研究、实验开发、推广应用的三级跳，才能真正实现创新价值、实现创新驱动发展。”[①]因此，“科技创新绝不仅仅是实验室里的研究，而是必须将科技创新成果转化为推动经济社会发展的现实动力”[②]。杭州巩固创新活力之城，需在推动科技成果转移转化方面作出示范，切实解决科技成果向现实生产力转化不力、不顺、不畅的痼疾。2017年2月，杭州市第十二次党代会提出要在创新主体培育上实现新突破，加快科技成果转化和产业化。全力争取国家实验室、国家大科学中心和国家重大科技基础设施落地，深入实施创新型企业、高新技术企业和科技型中小企业培育工程，建设一批技术创新联盟、推动跨领域跨行业协同创新，

① 习近平：《在中国科学院第十七次院士大会、中国工程院第十二次院士大会上的讲话》（2014年6月9日），人民出版社，2014年，第13页。

② 习近平：《在十八届中央政治局第九次集体学习时的讲话》（2013年9月30日），见中共中央文献研究室：《习近平关于科技创新论述摘编》，中央文献出版社，2016年，第57页。

培育更多“顶天立地”的创新型领军企业、“专精特新”的科技型中小企业和“铺天盖地”的“双创”企业。

2017 年 8 月，杭州市委十二届二次会议指出杭州科技创新的短板在于杭州严重缺乏一批国内顶尖、世界一流的包括国家实验室、科研院所、研发机构、研究型大学、重大科学装置等创新平台，具有基础性、创新性、引领性的重大科技成果偏少，使得杭州在尖端的科技成果转化和运用上面先天不足、受制于人的短板更加突出；进而，提出需要积极谋划和推动一批重大科技创新项目，全力配合支持之江实验室建设，力争在一些关键领域取得突破性创新成果，抢占未来产业发展的制高点。

2021 年 3 月，《杭州市国民经济和社会发展第十四个五年规划和二〇三五年远景目标纲要》提出健全以企业为主体的技术创新体系。一是增强企业创新主体功能。健全科技企业梯次培育机制，大力培育高新技术企业和科技型中小企业，壮大具有产业链控制能力和国际竞争力的“头部企业”队伍。支持企业建设高水平研发机构，大力引进院士专家工作站，推进技术创新与商业模式创新、品牌创新融合。二是促进创新链产业链协同融合。聚焦新一代信息技术、创新药物、高端医疗器械、关键战略材料等重点领域，支持龙头企业牵头与高校院所、上下游企业组建创新联合体，搭建产业共性技术和关键技术供给平台，加快建设一批具有国际先进水平功能型研发转化平台，促进基础研究、应用研究与产业化对接融通，加快产业链关键环节协同创新。三是建设科技成果转化示范区。建设科技成果交易中心和大数据交易市场，推动科技大市场“上脑上云”，打造面向全球的技术转移枢纽。布局开放式中试基地，推动重大技术成果中试熟化与工程化、产业化。完善“首台套、首批次、首版次”政策。培育专业化科技服务机构，创新科技服务方式。

根据中国科学技术信息研究所发布的《国家创新型城市创新能力评价报告（2021）》，杭州“成果转化力”维度得分 79.6，位列全国第四。根据《2021 浙江科技成果转化指数》，2020 年杭州科技成果转化指数达到 809.40，蝉联榜首。2021 年，杭州市校企产学研项目合同数 2701 项，增速达 25%；技术交易额 16.08 亿元，增速达 91%。从反映科技成果转化的技术吸纳维度看，2021 年杭州实现技术吸纳额552.12亿元，增速43%；从反映科技创新的技术输出维度看，2021年杭州实现技术输出额416.99亿元，增速27%。从创新主体看，企业主导技术市场，2021年企业拥有技术交易合同数14299项，交易总额741.73亿元，占比93%，增速39%；同时，高校院所技术交易活跃，2021年拥有技术交易合同数8318项，交易总额29.36亿元，占比4%，增速74%。

四、构筑热带雨林式创新创业生态

杭州创新活力之城的优势源自创新创业生态，需要“优化创新创业生态环境，疏通基础研究、应用研究和产业化双向链接的快车道”[①]，“以只争朝夕的紧迫感，切实把创新抓出成效，强化科技同经济对接、创新成果同产业对接、创新项目同现实生产力对接、研发人员创新劳动同其利益收入对接，形成有利于出创新成果、有利于创新成果产业化的新机制”[②]。2017年2月，杭州市第十二次党代会提出要在创新环境优化上实现新突破：深化科技金融试点城市建设，大力发展风险投资、天使投资、股权投资、投贷联动。争取设立杭州互联网法院、知识产权法院，健全知识产权转化交易和联合执法机制，建设国家知识产权强市。推进重点产业“军转民”“民转军”，争创军民融合改革创新示范区。

2018年1月，杭州市委十二届三次会议通过《中共杭州市委关于高举习近平新时代中国特色社会主义思想伟大旗帜加快建设独特韵味别样精彩世界名城的意见》，提出健全科技创新体系。一是深化科技体制改革，实施创新型企业、高新技术企业和科技型中小企业培育工程，建立以企业为主体、市场为导向、产学研深度融合的技术创新体系。二是全力支持阿里云城市大脑国家新一代人工智能开放创新平台、之江实验室、阿里达摩院和浙江大学超重力离心模拟与实验装置项目建设，加快引进和建设一批国内顶尖、世界一流的重大科学项目，实现前瞻性基础研究、引领性原创成果重大突破。三是完善中介服务和科技市

① 习近平：《在浦东开发开放30周年庆祝大会上的讲话》（2020年11月12日），人民出版社，2020年，第7页。

② 习近平在江苏调研时的讲话（2014年12月13—14日），见中共中央文献研究室：《习近平关于社会主义经济建设论述摘编》，中央文献出版社，2017年，第144页。

场体系，加快建设产业创新服务综合体、制造业创新中心，推动“产学研用金、才政介美云”十联动，促进科技成果转化和产业化。四是健全知识产权转化交易和联合执法机制，强化知识产权创造、保护、运用，建设国家知识产权强市。五是积极倡导鼓励创新、宽容失败的创新创业文化。

杭州城市大脑

2020 年 6 月，杭州市委十二届九次会议提出构建创新创业圈层。一是大力推进全国“双创”示范城建设，着力构建全生命周期创新创业生态系统，积极构建涵盖市域、全省、长三角、全国、全球的新时代“追梦创联体”，全面打响“数字杭州·双创天堂”城市品牌。二是强化全市域产学研用协同，推动创新链和产业链精准对接，加快“双创”成果在杭落地生根、向现实生产力转化。三是大力推进“民参军”和国防技术工业协同创新，提升军民融合发展水平。

2021 年 3 月，《杭州市国民经济和社会发展第十四个五年规划和二〇三五年远景目标纲要》提出完善全域一流创新创业生态。一是加大科创政策支持力度。完善科技治理体系，成立创新委员会。有效整合财政科研投入体制，做大做强杭高投、市创投引导基金。健全政府投入为主、社会多渠道投入机制，加大对基础研究支持。改进科研项目组织管理方式，实行“揭榜挂帅”制度，试点建立稳定资助核心攻关的管理机制。完善金融支持创新体系，规范发展风险投资市场，支持科技企业对接资本市场、上市融资，支持银行探索打造实体化服务科技和创新人才专营机构，培育科技型专业保险体系。二是健全知识产权大保护格局。加快建设知识产权强市，建设中国（杭州）知识产权保护中心和快速维权中心，健全知识产权纠纷预防化解机制。加强海外维权援助，建立海外知识产权纠纷预警和应对机制。建立杭州知识产权运营公共服务平台，加快知识产权大数据库和浙江（杭州）知识产权创新产业园建设，强化流通领域知识产权保护，加强网络空间知识产权治理。鼓励知识产权资本化，完善知识产权信用担保制度，推进知识产权质押融资增量扩面。三是营造创新创业活跃氛围。建设一批科技孵化器、众创空间、创新技术联盟及产业创新服务综合体，引导众创空间和孵化器向专业化、国际化发展，加快构建全链条科技服务体系，打造全市域科技大孵化器，梯次布局“重大平台 + 特色小镇 + 孵化器 + 众创空间”金字塔平台矩阵。支持校企合作、市校合作、区校合作，发展与创新生态、产业生态交互的创业新场景。倡导科学家精神和企业家精神，健全宽容失败的容错纠错机制。

浙江（杭州）知识产权创新产业园

2021 年 6 月，杭州市委十二届十二次会议提出构建热带雨林式创新创业生态。持续营造“我负责阳光雨露、你负责茁壮成长”的浓厚氛围，全面构建“产学研用金、才政介美云”十联动的区域创新生态，支持新型研发机构建设，加快建设一批科技和产业创新综合体，探索让数字经济、创新经济、生态经济、现代服务经济成为新时代老百姓经济的有效路径。坚持发展和规范并重，建立健全平台经济治理体系，推动平台经济为高质量发展和高品质生活服务。高水平推动浙江杭州区域性国资国企综合改革试验，规范有序开展混合所有制改革，充分发挥国有经济战略支撑作用。引导和支持民营企业健康发展，激发民营经济创新发展活力。加强和改进反垄断和反不正当竞争执法，实现事前事中事后全链条监管，防止资本无序扩张。

经过五年努力，杭州构筑热带雨林式创新创业生态取得明显成效。从科技企业培育质效看，基本建成“创客—雏鹰企业—市高企—省科技型中小企业—国家高新技术企业—创新型领军型企业”六级企业梯度培育体系，2021年国家高新技术企业有效数达10222家；按照“十三五”期间的统计口径，截至2020年，国家高新技术企业从2015年1979家增加到7711家，增长了近3倍；省级科技型中小企业从6032家增加到了14576家，增长了约1.4倍。从创新创业环境不断完善看，涌现出以阿里系、高校系、海归系、浙商系为代表的创新创业“新四军”，包括创新扶持、创业辅导、金融服务、产权保护和审批改革在内的各个方面积极先行先试，并在包括优化区域自主创新体系和健全数字经济内生发展动力机制在内的各个方面积累了一批可复制、可推广的创新制度、创新模式。

第二节　构建现代产业体系

习近平总书记强调，“杭州要深入推进先进制造业基地建设，在发展高新技术产业和现代服务业方面抢占制高点，在统筹产业协调发展上当好示范”[①]。2017年2月，杭州市第十二次党代会提出构建全链条融合的现代产业体系，要求持续深化“一号工程”，打好转型升级系列组合拳，着力振兴实体经济，构建创新驱动、特色鲜明、竞争力强的现代产业体系。自第十二次党代会始，杭州坚持质量第一，效益优先，“破”（即消除无效供给，坚决打破拖累转型升级的“坛坛罐罐”，打击假冒伪劣，清理“僵尸企业”）、“立”（即突出新经济引领，强化新动能培育，坚定不移实施创新驱动发展战略）、“降”（即继续大力降低实体经济成本，降低制度性交易成本，继续清理涉企收费）并举，深化供给侧结构性改革，加快建设实体经济、科技创新、现代金融、人力资源协调发展的产业体系，联动实施质量强市、标准强市和品牌强市战略，推动质量变革、效率变革和动力变革，显著增强杭州经济质量优势。2021年，杭州三

---

① 刘捷：《高举习近平新时代中国特色社会主义思想伟大旗帜　奋力打造世界一流的社会主义现代化国际大都市——在中国共产党杭州市第十三次代表大会上的报告》（2022年2月23日），《杭州日报》2022年2月28日，第2版。

次产业结构是 1.8 ∶ 30.3 ∶ 67.9，相比 2016 年，第一产业降低 1 个百分点，第二产业降低 5.7 个百分点，第三产业提高 6.7 个百分点，深化供给侧结构性改革成效明显，产业结构得到优化升级。

一、打造数字经济“一号工程”升级版

数字经济是杭州新旧动能转换的关键、城市转型发展的支柱。2016 年 9 月，习近平主席在 G20 杭州峰会主旨演讲中指出：“杭州是创新活力之城，电子商务蓬勃发展，在杭州点击鼠标，联通的是整个世界。”[①]2017 年 12 月，习近平主席致第四届世界互联网大会的贺信中指出：“建设网络强国、数字中国、智慧社会，推动互联网、大数据、人工智能和实体经济深度融合，发展数字经济、共享经济，培育新增长点、形成新动能。”[②] 为此，杭州努力打造“信息经济”“一号工程”升级版，核心内容是发挥数字经济领先发展优势，推动互联网、大数据、人工智能和实体经济深度融合，大力发展数字经济，推动产业迈向全球价值链高端，抢占发展制高点。2017 年 2 月，杭州市第十二次党代会提出，坚持以“信息经济”为引领，探索发展新零售、新制造、新金融、新技术、新能源，深入实施“互联网 +”行动计划和“大数据”战略，巩固电子商务、大数据、云计算、数字安防等产业先发优势，加快建设全球电子商务引领区、全球云计算和大数据产业中心、网络信息安全领域的全球产业中心。

2017 年 8 月，杭州市委十二届二次会议提出争创产业发展新优势，大力发展新兴产业和未来产业，要求保持信息经济发展势头，深入实施“互联网 +”行动计划和“大数据”战略，做强做优电子商务、数字安防、软件信息、大数据云计算、互联网金融等产业；大力培育人工智能、虚拟现实、区块链、量子通信、增材制造、商业航天、生命科学、生物技术等未来产业，强化新动能支撑。

2018 年 1 月，杭州市委十二届三次会议首次提出打造“一号工程”升级版，要求制定实施加快培育新动能行动方案，深入实施“互联网 +”行动和“大数据”

---

① 习近平：《中国发展新起点 全球增长新蓝图——在二十国集团工商峰会开幕式上的主旨演讲》（2016 年 9 月 3 日），《新华每日电讯》2016 年 9 月 4 日，第 2 版。

② 《习近平致第四届世界互联网大会的贺信》，《人民日报》2017 年 12 月 4 日，第 1 版。

战略，提升电子商务、数字安防、软件信息、大数据云计算、互联网金融等产业，发展壮大新能源汽车、高端装备制造、物联网、机器人、新材料等战略性新兴产业，加大未来产业培育力度，建设 5G 应用先行区，切实抓好杭州先行开展 5G 商用试点工作，打造数据强市、“云上杭州”，努力加大新动能培育力度，争做数字经济领跑者。

2018 年 7 月，杭州市委十二届四次会议提出聚焦“数字经济”一号工程，要求坚持不懈抓数字产业化，巩固提升电子商务、数字安防、软件信息、大数据云计算、互联网金融等优势产业，加快集成电路在内的基础产业突破发展，大力发展人工智能、虚拟现实、区块链、量子技术等未来产业，加快培育形成万亿级数字经济产业集群；全方位支持阿里巴巴成为引领未来科技创新的“国家企业”，充分发挥其辐射和溢出效应；全力扶持网易和海康威视、大华、新华三、中控等企业做强做大，推动杭州成为数字经济龙头企业和高端人才集聚地；抢抓数字技术创新突破的重要窗口期，服务支持浙江大学、西湖大学、之江实验室、阿里达摩院等创新平台和高新技术企业，在高端芯片、人工智能、智能制造等关键核心技术取得突破，增加科技源头供给、加快科技成果转化，推动杭州成为数字经济核心技术策源地。

2018 年 10 月，杭州市委召开打造“全国数字经济第一城”动员大会，坚持以超常规的举措和力度推进“数字经济”一号工程，出台《杭州市全面推进“三化融合”打造全国数字经济第一城行动计划（2018—2020 年）》，明确提出打造“全国数字经济第一城”目标，推出了包括提升发展数字产业、加快传统产业数字化改造、城市大脑建设百日攻坚行动等具体举措，要求数字经济发展继续领跑全省、全国。

2019 年 7 月，杭州市委十二届七次会议提出持续打造“全国数字经济第一城”，实现数字经济二次攀升、继续走在前列，认为近期重点在于 5G 商业和产业化上面实现突破，推进“5G+ 四基”产业发展，强化核心基础零部件、先进基础工艺、关键基础材料、产业技术基础领域等产业配套和创新能力，加快 5G 基站站点建设，拓展 5G 应用场景，推进 5G 创新园、创新谷等产业平台建设，努力把技术优势转化成为产业优势；聚焦城市大脑、未来社区、智能亚运、工业智联网等应用场景，加快国家人工智能开放创新平台、中国信通院人工智能研究中心和人工智能小镇建设，参与建设长三角人工智能产业联盟，争创国家新一代人工智能创新发展试验区。

2020 年 6 月，杭州市委十二届九次会议提出更好发挥新旧动能转换方面的示范引领作用，努力成为数字经济城市建设的实践范例，要求深入推进“数字经济”一号工程，抢抓在线新经济新一轮“爆发式增长期”，加快建设国家新一代人工智能创新发展试验区，力争到 2025 年数字经济核心产业主营业务收入实现翻番、超过 2 万亿元，努力打造国际软件名城和中国区块链之都、全国云计算城市、全国电商直播之城，努力推动数字产业化二次攀升，创国家数字经济示范城市。强化数字赋能新基建、新消费、新制造、新电商、新健康、新治理，加快推进以 5G、大数据中心、人工智能、工业互联网、超算中心为核心的数字基建，积极培育 5G 生态、新一代人工智能、量子通信等未来产业，创造一批新科技、打造一批新场景、推出一批新产品，力争培育出下一个“黄金二十年”的新增长点。

2020 年 12 月，杭州市委十二届十一次会议提出打造数字变革策源地，加快推动数字产业化二次攀升，着力打造电子商务、视觉智能、人工智能、云计算、大数据、物联网、区块链等具有国际竞争力的数字产业集群，建设世界级数字产业集群。培育在线经济在内的新业态，打造全国电商直播之城。积极发展数字新技术、新产业、新业态、新模式，促进平台经济、共享经济和流量经济规范发展、创新发展、有序发展、健康发展。着眼“未来”高点，推动新一轮科技革命和产业变革融合联动、厚积薄发。实施未来产业引领行动，前瞻布局 5G 生态、下一代人工智能柔性电子、下一代通信技术等未来产业，打造一批未来产业基地，建设一批未来产业试验区，培育杭州未来经济竞争新优势。

2020 年 12 月，杭州市委十二届十一次会议提出保持数字经济持续旺盛的发展态势，始终把发展数字经济作为重中之重，加快建设新一代信息网络基础设施，发展壮大电子商务、视觉智能、集成电路、人工智能、云计算、大数据、物联网、区块链等数字产业集群，积极培育电竞、互联网医疗、新零售等新业态新模式，超前布置量子通信和“元宇宙”在内的未来产业，高水平打造“全国数字经济第一城”，建设全球数字变革策源地。

中国杭州区块链产业园

杭州已经启动建设国家新一代人工智能创新发展试验区和创新应用先导区，包括人工智能、集成电路、物联网、区块链等产业快速发展，数字安防产业入选国家先进制造业集群，获批国家区块链创新应用综合试点城市。2021年，以新产业、新业态、新模式为主要特征的“三新”经济增加值占GDP的36.2%。数字经济核心产业增加值4905亿元，增长11.5%，高于GDP增速3.0个百分点，其中人工智能产业、集成电路产业、电子信息产品制造产业增加值分别增长26.9%、21.9%和16.2%。规模以上数字经济核心产业制造业增加值增长16.4%，高于规模以上工业增速5.8个百分点。数字经济保持快速增长态势，已经成为杭州经济发展的重要支撑，2021年数字经济核心产业增加值占GDP的27.1%，相比2016年提升4.3个百分点，年均提升0.86个百分点。

二、实施“新制造业计划”

制造业发展水平是一个城市综合实力的重要标志，制造业如果发展不好，就会成为城市的硬伤。制造业是杭州经济的重要支柱，只能加强，不能削弱。2017年2月，杭州市第十二次党代会要求坚持以先进制造业为支撑，以提高质量和核心竞争力为中心，以“两化”深度融合、发展智能制造为主攻方向，全面落实“中国制造2025杭州行动纲要”，深入实施质量、标准和品牌战略，发展壮大集成电路、新能源汽车、机器人、生物医药、通用航空、新材料等重点产业，培育发展量子通信、人工智能、新型显示、虚拟现实等未来产业，加快传统产业转型升级，实现“杭州制造”向“杭州智造”跨越，争创“中国制造2025”试点示范城市。

2017 年 8 月，杭州市委十二届二次会议提出大力振兴实体经济，以争创“中国制造 2025”示范区为抓手，加大“两化”深度融合的精度、速度和力度，深化“机器换人”、智能制造和工厂物联网、工业互联网两个专项行动，推动标准提档、质量升级、品牌建设，推动制造业高端化、智能化、服务化、绿色化发展，打造“制造强国”和“网络强国”两大国家战略融合发展的“中国制造2025”示范区。深入推进“三去一降一补”，持续深化服务企业专项行动，进一步加大降成本减负担力度，坚决淘汰过剩落后产能、低端产能，促进传统工业转型升级。

2018 年 1 月，杭州市委十二届三次会议提出加快传统制造业改造提升，争创“中国制造 2025”国家级示范区，要求坚持先进制造业和现代服务业融合发展，落实改造提升传统制造业实施方案，以智能制造为主攻方向，深化工业互联网、工厂互联网、“机器换人”、“企业上云”等专项行动，做好品牌创建、“标准化 +”等文章，推进生产性服务业专业化、精准化、高端化发展，培育形成质量效益、创新能力、融合发展、绿色发展“四个新优势”，再创杭州制造新优势。

2018 年 7 月，杭州市委十二届四次会议提出集中攻坚抓产业数字化，坚定不移提振实体经济，推进数字技术之于制造业的全方位、全角度、全链条应用，推进质量强市、标准强市、品牌强市建设；大力实施传统制造业改造提升行动计划，抓好萧山化纤、富阳造纸等省市试点工作，持续深化“互联网 +”“大数据 +”“机器人 +”“企业上云”等专项行动，推广包括万向、娃哈哈、吉利、老板电器、正泰集团和农夫山泉在内的智能化制造改造和恒逸、中策在内的数据化流程改造模式，加快“1+N”工业互联网平台体系建设和应用，推动杭州成为数字驱动产业变革示范地。大力发展以生物医药、先进装备制造业为重点的战略性新兴产业，打造国内领先的生物医药研发及产业化高地和国内重要的高端装备研发制造基地。

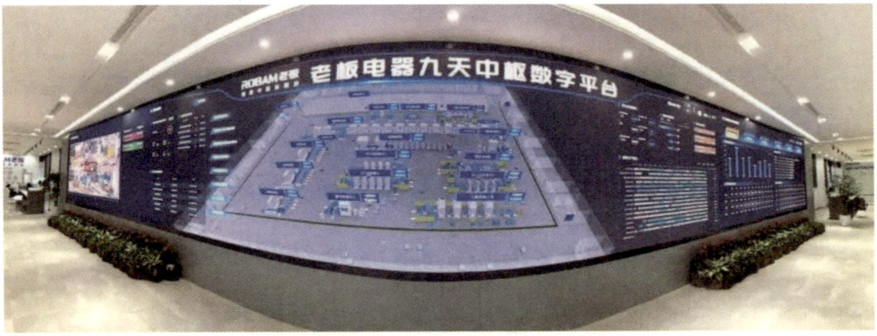

老板电器九天中枢数字平台

2019年1月，杭州市委十二届六次会议提出提升制造业水平，要把制造业高质量发展放到更加突出的位置来抓；围绕“强链条、补短板、拓蓝海”，以“152”工程为抓手，实施产业链精准招商，着力引进一批龙头企业和标志性产业项目，加快培育更多新兴产业和优势产业集群；进一步加大工业投资特别是技改投资力度，下决心加快实施企业数字化改造工程。健全完善首台套产品应用推广政策，支持制造业创新中心、企业研究院、重点实验室、技术研发中心和共性技术平台建设，推进军民融合发展，努力培育更多国内外细分市场的“单项冠军”和“隐形冠军”。

2019年7月，杭州市委十二届七次会议提出不失时机地实施“新制造业计划”，坚持做大做强本地企业和引进“大好高”制造业企业相结合，引导和支持传统制造业企业提升改造，千方百计留住杭州的优质企业，持续加大招大招强力度，培育形成一批能够支撑杭州未来发展的优势产业集群和大企业大集团；谋划实施规上工业企业、十百千亿企业、国家级高新技术企业数量和工业投资、工业技改总量、新引进项目投资额“六倍增”计划；发挥钱塘新区、城西科创大走廊和国家级、省级开发区的主阵地作用，建设滨江和富阳特别合作示范区，推出一批企业升级园。坚持保总量、促增量、提质量，确保全市工业用地总规模保持在300平方千米，每年出让的工业用地占年度出让土地的比例不少于30%，强化“亩产论英雄”导向，建立产业和地价联动试点；整合产业基金，做强市高科技投资有限公司，组建市创新投资有限公司；优化制造业规划布局，创新集成杭州制造业激励政策和精准扶持体系，建立工业企业全市范围无障碍流动机制，试点企业政府驻企代表制度，切实培育好留企引企的肥沃土壤，争取打一个杭州制造业的“翻身仗”。

2020年6月，杭州市委十二届九次会议提出全面提升产业数字化水平，认为制造业是经济发展、民生改善和社会稳定的“压舱石”，也是顺应大变局、把握大变革、应对大事件的“定星盘”，需要聚焦提升产业基础高级化和产业链现代化水平，加快企业数字化改造，推进工业互联网平台体系建设，大力发展高端装备、精密制造、生命健康、航空航天、新材料、智能机器人等产业集群，实施集成电路攻坚工程，提升智造廊带、生物医药港平台能级，集中力量打造具有比较优势的全球化产业链，高效配置要素资源，确保“六个倍增”，打好制造业高质量发展“翻身仗”。

2021年3月，《杭州市国民经济和社会发展第十四个五年规划和二〇三五年远景目标纲要》提出推动制造业高质量发展。一是大力发展先进制造。持续深入实施“新制造业计划”，大力推进“新工厂计划”，推广协同制造、服务型制造、智慧制造、个性化定制、全生命周期管理等制造新模式，推进全市制造业高端化、智能化、绿色化、服务化发展。推动纤维新材料、智能网联汽车等若干个千亿级先进制造业集群发展，建设若干个制造业高质量发展中心，保持制造业比重基本稳定，提升巩固壮大实体经济根基。推进制造业基础再造行动，瞄准突破一批填补国内空白的“四基”关键产品，提高网络设备、关键仪器设备、重要原材料、关键核心零部件和核心元器件、基础软件、工业控制体系等稳定供应能力。二是打造制造业标志性产业链。以数字化、高端化、全球化、市场化为导向，聚焦视觉智能（数字安防）、生物医药与健康、智能计算、集成电路、网络通信、节能与新能源汽车、智能家居、智能装备、现代纺织与时尚等优势领域，着力打造九大标志性产业链。健全“链长制”，完善供应链清单制度和重要企业数据库，建立上下游企业共同体，增强产业链供应链抗风险能力。三是优化制造业企业梯队。着力培育有控制力和根植性的“链主型”企业，全面提升研发、设计、品牌、营销、结算等核心环节能级，增强对补链强链固链的支撑和引领作用。加快发展若干产业生态主导型企业，着力培育制造业“单项冠军”和“隐形冠军”企业，实施行业龙头骨干企业、科技型“小巨人”企业培育工程，高水平建设小微产业园，培育一批制造业“专精特新”中小企业，构建完善大中小微企业专业化分工协作、创新活力突出、持续迭代升级的企业梯队。

2021 年 12 月，杭州市委十二届十四次会议要求推动制造业高质量发展，深入实施“新制造业计划”，推进新一轮制造业“腾笼换鸟、凤凰涅槃”攻坚行动，深化“亩产论英雄”改革，出台具体政策支持高端装备、生物医药、新能源、航空航天在内的战略性新兴产业发展，打造若干个千亿级先进制造业集群。以“产业大脑 + 未来工厂”为核心，加快构建工业互联网平台体系，梳理明确各产业园区发展定位和主体责任，推进产业链补链和产业基础再造工程项目，推动实现“六倍增”计划。

经过五年努力，杭州制造业高质量发展得到推进。从产业规模看，2021 年，杭州全年工业增加值 4805 亿元，比 2016 年增加 1226 亿元，五年年均增加 245 亿元。从产业结构看，2021 年，高新技术产业、战略性新兴产业、装备制造业增加值分别比上年增长 13.1%、17.6% 和 14.8%，占到规模以上工业的 69.0%、45.1% 和 50.3%，相比 2016 年分别提高 23%、3.2% 和 23.1%。从生产效率看，2021 年，杭州全年规模以上工业全员劳动生产率 39.9 万元 / 人，提高 14.8%，比 2017 年提高 9.8 万元 / 人。同时，杭州实施“新制造业计划”初现成效，杭州的“硬”实力开始得到增强。2021 年，杭州第二产业比重达到 30.3%，比 2020 年提升 0.4 个百分点，扭转 2011 年开始的持续下降趋势，规模以上工业增加值 4100 亿元，增长 10.6%，比 2020 年提升 6.8 个百分点，扭转 2015 年开始的持续低于 GDP 增速的趋势。浙商回归、杭商回家工程实施成效显著，2021 年落地 10 亿元以上制造业项目 46 个，增长 15%。2021 年，杭州工业投资增长 15.2%，比 2020 年提高 9.0 个百分点，开始扭转工业投资长期增长乏力的态势。杭州实现规上工业企业数字化改造全覆盖，7 个项目入选工信部互联网平台试点示范项目，涌现出一大批“单项冠军”“专精特新”“小巨人”“隐形冠军”企业。2021 年末，杭州共有百亿级制造业企业 17 家，国家级“单项冠军”企业 26 家，“专精特新”企业 53 家，数量位居全国前列。

三、推进现代服务业高质量发展

杭州推进现代服务业高质量发展是贯彻新发展理念、主动融入新发展格局的关键举措，是推动产业链供应链优化升级、建设现代化产业体系的务实行动，是强化城市功能、提升城市核心竞争力的重要抓手，也是适应社会消费需求升级、满足人民美好生活向往的必然要求。2017 年 2 月，杭州市第十二次党代会提出要以高端服务业为主导，抓实国家服务业综合改革试点，建设一批高端服务业集聚区，培育一批竞争力强的服务业企业，推动生产性服务业向专业化高端化延伸、生活性服务业向精细化品质化转变，提升服务经济核心竞争力；大力发展设计、时尚和健康在内的优势产业；以钱塘江金融港湾为龙头，加快发展总部金融、绿色金融、普惠金融，打响"移动支付之城"品牌，建设一流的财富管理中心和新金融创新中心。

2018 年 1 月，杭州市委十二届三次会议提出推进会展和旅游国际化，提升城市特色竞争力，要求围绕打造国际会议目的地城市，深化会展业管理体制改革，突出国际化、专业化、市场化、品牌化导向，提升动漫节、云栖大会、国际人才大会、世界工业设计大会等本土会展品牌的国际影响力，积极引进高端国际会议、展览和国际组织，加快西湖博览会转型；围绕建设国际重要旅游休闲中心，推进旅游目的地功能、管理和环境国际化，推动观光旅游、休闲度假、文化体验、商务会展"四位一体"深度融合，发挥世界旅游联盟总部作用，打响全球旅游最佳实践样本城市品牌，打造中国旅游国际化示范城市，争创国家全域旅游示范区；围绕建设国际消费中心城市，积极发展"新零售"，培育壮大服务、信息、绿色、时尚、农村消费等新增长点。同时，要求发挥金融服务实体经济作用，以钱塘江金融港湾为龙头，优化金融特色小镇空间布局，打造高端要素集聚、产业发展领先、创新生态一流的全国新金融创新中心。

2019 年 1 月，杭州市委十二届六次会议要求打造新零售示范之城，制定实施新零售五年行动计划，推动传统商业向新零售转型，建设中国杭州湖滨高品质步行街区和延安路国际化商业大街，努力跻身国际消费中心城市行列；打造"三江两岸""名城、名山、名水"等旅游新品牌，推出"旅游 +"新产品；持续对接中国国际进口博览会，实施大平台、大卖家、新品牌和服务商培育工程，培育一批具有国际影响力的进口平台和龙头企业，促进境外消费回流；坚持防范化解金融风险作为重中之重，加强地方金融监管，完善监测防控体系，重点做好网络借贷风险处置和追赃挽损工作，积极化解地方政府隐形债务，促进房地产市场平稳健康发展。加快发展会展业，着力引进高端国际会议和国际知名品牌展览，办好世界休闲博览会、亚洲美食节（杭州）活动等国际性会展赛事。

2020年12月，杭州市委十二届十一次会议提出，围绕建设国际消费中心城市，以“三圈三街三站”为重点打造消费新地标，高水平持续开展“杭州消费嘉年华”系列活动，精心培育“宅经济”和直播电商、首店和国潮等新型消费模式，引导境外消费回流，加快打造“数字消费之都”和新零售标杆城市。这次会议通过《中共杭州市委关于制定杭州市国民经济和社会发展第十四个五年规划和二〇三五年远景目标的建议》，要求加快推进现代服务业高质量发展。一是推进服务业数字化，推动生产性服务业向专业化和价值链高端延伸，加快研发设计、科教服务、现代物流、会议展览、信息服务、商务服务、法律服务等生产性服务业发展，更好发挥生产性服务业支撑作用。二是加快发展金融服务业，大力发展直接融资，做优做强地方法人金融机构，推动长三角区域科创金融改革试验区杭州片区建设，实施资本市场多层次创新试点，高水平建设钱塘江金融港湾。三是推动生活性服务业向高品质和多样化升级，加快发展包括健康、养老、育幼、文化、旅游、体育、家政、物业、快递、助残等服务业，加强公益性、基础性服务业供给，推进服务业标准化、品牌化建设。四是加快建设杭港高端服务业示范区。

杭州首届数智消费嘉年华启动仪式

2021 年 6 月，杭州市委十二届十二次会议通过《杭州争当浙江高质量发展建设共同富裕示范区城市范例的行动计划（2021—2025 年）》，要求持续推进国家服务业综合改革，大力发展数字服务、金融科技、文创会展、智慧物流等优势产业，推动现代服务业同先进制造业、现代农业深度融合。

2021 年 12 月，杭州市委十二届十四次会议提出，围绕“数智消费·共富生活”城市消费品牌建设，深化国家服务业综合改革，大力发展数字服务、金融科技、文化创意、智慧物流等优势产业，深入实施“欢乐购物在杭州”工程，大力推进智慧商圈、高品质步行街建设，不断提升消费层次和水平。

经过五年努力，杭州推动现代服务业发展取得明显成效。一是服务业增加值破万亿，能级实现大跨越。2021 年杭州服务业增加值达到 12287 亿元，相比 2016 年 5519 亿元，五年年均增加约 1354 亿元。特别是在 2019 年，杭州市服务业增加值首次跃上 1 万亿元台阶，超越苏州，长三角地区仅次于上海，位居全国大中城市第五位。二是服务业展现强大韧性，成为推动经济发展重要力量。2020 年面对新冠肺炎疫情严重冲击，全市服务业增加值达到 10959 亿元，增长 5.0%；2021 年增长 8.7%；两年平均增长 6.8%，高出全市地区生产总值两年平均增长 0.6 个百分点。三是数字服务竞争力强劲，新动能持续释放。2021 年规模以上服务业企业实现营业收入 17203 亿元，增长 18.9%，其中信息传输、软件和信息技术服务业营业收入 10889 亿元，占规模以上服务业的 63.3%。四是金融业发展成效显著。2021 年金融业增加值 2189 亿元，增长 6.4%，两年平均增长 7.5%，高出全市地区生产总值两年平均增长 1.3 个百分点；年末金融机构本外币存款余额 61044.3 亿元，位居全国大中城市第五位。五是入选国家级服务型制造示范城市。六是入选全球 15 个旅游最佳实践样本城市、全球百强会议目的地城市。

四、推进乡村产业高质量发展

习近平总书记强调，“农业兴、百业兴；农业衰、百业衰；农业萎缩、全局动摇”，“经济越发展就越要稳定农业、加强农业”；同时，“根据市场需要，紧紧依靠科技，调整种养业结构，大力发展名特优新产品和绿色食品，提高农业的综合效益”。[①]2017 年 2 月，杭州市第十二次党代会提出坚持把增加绿色农产品供给放在突出位置，深化农业供给侧结构性改革，大力发展现代都市农业，培育农村电商、现代民宿、健康养生等新型业态，推进一二三产业深度融合发展，加快培育农业农村发展新动能；深化农村产权制度、户籍制度、“三位一体”农合联等改革，大力发展村级集体经济，协调推进农业现代化与新型城镇化，实现农业增效、农民增收、农村增绿。

2018 年 1 月，杭州市委十二届三次会议提出着力城乡融合、乡村振兴，要求贯彻乡村振兴战略、区域协调发展战略，加快形成以钱塘江为主轴、以东带西、融合发展的城乡一体共富共美新格局。按照产业兴旺、生态宜居、乡风文明、治理有效、生活富裕的总要求，制定加快农业农村现代化建设行动方案，推进产业转型、环境提升、协调发展、和美乡风、乡村治理、改革创新“六大行动”，培养造就一支懂农业、爱农村、爱农民的“三农”工作队伍。坚持质量兴农、绿色兴农，积极运用“互联网 +”提升农业、发展农村、富裕农民，加快现代农业园区建设，优化提升粮食供给和储备能力，大力发展生态农业、都市农业，培育壮大农村电商、民宿经济、乡村旅游、运动休闲、健康养生、林下经济等农村新型业态，让好山好水好空气带来好效益。

建德梅城古镇

① 《习近平总书记“三农”思想在福建的探索与实践》，《人民日报》2018 年 1 月 19 日，第 1 版。

2020 年 6 月，杭州市委十二届九次会议提出深入实施乡村振兴战略，完善城乡融合发展的体制机制，深化“六大西进”、区县(市)协作、联乡结村等工作，放大梅城千年古府和大下姜乡村振兴联合体的示范效应，统筹推进美丽城镇、美丽乡村建设，推动工商资本、科技和人才上山下乡，持续抓好“消薄增收”工作。

2021 年 6 月，杭州市委十二届十二次会议提出加快农村一二三产融合发展，提升包括粮食和生猪在内的重要农产品生产保障能力，丰富乡村经济业态，推动工商资本、科技、人才“上山下乡”，完善农业保险金融体系。推广大下姜乡村振兴联合体经验，持续推进“消薄增收”。完善农村基础设施，深化“四好农村路”建设，推进数字乡村建设。

2021 年 3 月，《杭州市国民经济和社会发展第十四个五年规划和二〇三五年远景目标纲要》要求推进乡村产业高质量发展。一是增强重要农产品生产保障能力。坚决制止耕地“非农化”，防止耕地“非粮化”。实施高标准农田建设工程，完善农业“两区”农田水利基础设施。继续实施粮食高产创建工程，创建水稻绿色高质高效示范县、示范点。强化种质资源保护和利用，做好良种研发、繁育和推广，提高良种覆盖率。全面加强粮食安全保障体系建设。实施“菜篮子”保供工程，增强生猪综合生产能力，提高蔬菜生产能力、均衡上市能力。二是发展现代高效生态农业。大力实施农业绿色发展战略，加强农产品质量标准建设，整体提升现代农业园区、特色农业强镇、特色农产品优势区等平台，完善农产品品牌管理，加快推动茶产业、竹产业、畜牧业和渔业转型升级，做强花卉苗木、中药材、蜂、杭产水果等特色产业。积极发展数字农业，加快农业“机器换人”步伐。强化农业科技创新，建设农业科技研发中心、农业企业研究院、农业科技服务中心等科技服务平台，打造“农业硅谷、科创新军”。三是加快农村产业融合发展。推进全域旅游和新时代美丽乡村建设融合发展，高水平建设旅游风情小镇、森林小镇和 A 级景区村庄等载体，打造产业优势特色明显、产业集聚、融合发展的特色乡村产业集群。四是创新现代乡村经营体系。支持农创客、新农人、家庭农场、合作农场、农民合作社、农业龙头企业等新型农业经营主体发展，加大新型农业孵化器的培育力度，有序引导各类主体合作经营，完善小农户支持服务保障机制。推进村社经济合作社股份合作制改革和农合联“三位一体”综合改革，打造新型农业产业化联合体。提高农民科技文化素质，培育新型职业农民。加快农业农村生产性服务业发展，引导土地托管、代耕代种等社会化服务有序发展。

2021 年 12 月，杭州市委十二届十四次会议提出出台农村和偏远地区加快发展的政策支持体系，探索乡镇山区农业产业发展和农创联盟在内的新模式，推广大下姜乡村振兴联合体共富模式。

建德稻香小镇

经过五年的努力，杭州推进乡村产业高质量发展取得明显成效。一是农业现代化基础更加稳固。全市农业现代化建设成效显著，农业“压舱石”作用进一步显现。2021 年全市实现农林牧渔业增加值 342 亿元，比 2016 年增加 33 亿元，保持稳步增长态势。其中优势特色产业产值比重 89.6%，基本确立以粮食、蔬菜、茶叶、水果、畜牧和水产为主导，中药材、山核桃、草莓等为特色的产业格局。建成粮食生产功能区超过 80 万亩，全年粮食总产量 53 万吨。建成市级“菜篮子”基地 569 个，蔬菜和食用菌产量达到 343.9 万吨。杭州西湖龙井、临安天目山宝、建德草莓等一批知名公共品牌已经形成，“西湖龙井”茶被列入全国首批国家地理标志产品保护示范区名单，余杭区大径山成功创建国家现代农业产业园，淳安县临岐镇、建德市杨村桥镇创建国家农业产业强镇。全市“菜篮子”市长负责制考核获国家优秀等次，位居全国大中城市前列。二是新兴产业活力强劲。2021 年全市乡村旅游业经营总收入 83 亿元，比 2017 年增加 31 亿元。2021 年农村电商销售额 186 亿元，比 2018 年增加 66 亿元，呈现快速增长态势。“网上农博”杭州平台、萧山区农业电商孵化园、富阳区富春山居新零售展示展销馆、千岛湖农产品新零售展示展销馆卓有影响。临安区、余杭区、桐庐县列入全国首批“互联网+”农产品出村进城试点。截至2020年末，累计培育农业龙头企业620家、农民专业合作社3044家、家庭农场3493个、农创客4300余名，累计认定了160名乡村产业技能大师和40个大师工作室，乡村创新创业出现新高潮。

第三节　全面深化改革开放

习近平总书记强调，“唯有改革才有出路，唯有改革才有发展”，要求杭州“在更大范围、更广领域、更高层次上参与国际经济技术合作和竞争”[①]。杭州统筹推进重要领域和关键环节改革，营造一流的政务环境、市场环境、法治环境、生态环境和社会环境，形成更适宜创新创业的生态系统；更加积极地用好国际国内两个市场、两种资源，以更加开放的姿态和更加开阔的胸怀赢得发展的主动、国际竞争的主动，努力把杭州建设成为融合线上线下、联通世界、服务全球的国际重要商贸中心。杭州活力四射、魅力无限，经过五年努力，日益成为改革开放新高地、营商环境新标杆、数智治理新样板。

一、全面打造国际一流营商环境

习近平总书记强调，“营商环境只有更好，没有最好”[②]，要求“改善投资和市场环境，加快对外开放步伐，降低市场运行成本，营造稳定公平透明、可预期的营商环境，加快建设开放型经济新体制”[③]。2017年2月，杭州市第十二次党代会提出激发全方位保障的创新创业活力，以深化供给侧结构性改革为主线，加快重点领域关键环节改革，深入开展省级全面创新改革试验，积极

① 刘捷：《高举习近平新时代中国特色社会主义思想伟大旗帜　奋力打造世界一流的社会主义现代化国际大都市——中国共产党杭州市第十三次代表大会上的报告》（2022年2月23日），《杭州日报》2022年2月28日，第2版。

② 习近平：《共建创新包容的开放型世界经济——在首届中国国际进口博览会开幕式上的主旨演讲》（2018年11月5日），人民出版社，2018年，第7页。

③《习近平：营造稳定公平透明的营商环境 加快建设开放型经济新体制》，《人民日报》2017年7月18日，第1版。

争创国家全面创新改革试验区。坚持“放管服”并举，持续深化“四张清单一张网”、商事制度、服务清单等改革，运用G20杭州峰会项目审批有效做法，加强“双随机一公开”监管，率先实现“最多跑一次”目标。深化投融资体制改革，整合做强国有融资平台和市级做地主体，拓展基金、债券、PPP[①]等新型融资渠道。突出重大基础设施、工业技改、高新技术产业、生态环保等重点领域，持续扩大有效投资。深化国资国企改革，发展混合所有制经济，推动国有资本向关键领域和优势产业集聚。坚持亩产效益评价导向，深化资源要素市场化配置改革。依法加强产权保护，构建“亲”“清”新型政商关系，保护和激发企业家创新精神，支持民营企业扩大投资、转型升级，保持民营经济领先优势。

2017年8月，杭州市委十二届二次会议要求坚持以深化供给侧结构性改革为主线，以“最多跑一次”改革为龙头，重点推进商事登记“1+N”+X证照联办制度、企业投资项目审批制度、“区域环评＋环境标准”等改革，进一步提高行政审批和行政服务效率，营造良好的营商环境。

云栖小镇

2018年1月，杭州市委十二届三次会议提出要以纪念改革开放40周年为契机，健全全过程、高效率、可核实的改革推进机制，以钉钉子精神推动改革措施落地见效，激发市场主体活力。深化国资国企改革，稳妥推进混合所有制改革，加快组建国有资本运营公司，探索职业经理人制度，推动国有资本优化布局、做优做强；完善产权保护，弘扬新时代浙商精神和杭商精神，构建

① PPP指政府和社会资本合作模式。

"亲""清"新型政商关系，支持非公有制经济健康发展和非公有制人士健康成长，推动民营经济大市向民营经济强市转变，深化投融资体制改革，完善市区城市建设管理财政事权与支出责任划分体制、城市轨道交通建设体制机制，规范发展 PPP，鼓励和引导社会资本参与城市建设；全面落实市场准入负面清单制度，更好发挥产业引导基金作用，深化信用杭州建设，营造稳定公开透明、可预期的营商环境。

2019 年 1 月，杭州市委十二届六次会议要求聚力改革开放，全面打造国际一流营商环境，要求更高举起新时代改革开放旗帜，积极应变，主动求变，坚决破除制约发展的体制机制障碍。

2019 年 12 月，杭州市委十二届第八次会议提出全力营造国际一流营商环境。一是以争创世界银行营商环境评价样本城市为契机，持续深化"多证合一、证照联办、一网通办"商事登记制度改革，推行"标准地 + 承诺制"投资审批制度改革，实现常态化企业开办全流程"一日办结"和地方设置涉企事项"零许可"。二是健全知识产权保护制度，推进全门类知识产权综合服务中心建设，争创国家知识产权示范城市。三是完善信用体系，推进信用杭州建设。四是保持涉企政策连续性稳定性，确保政策执行实事求是，不搞"一刀切"。

2020 年 6 月，杭州市委十二届第九次会议提出更好发挥深化改革开放方面的示范引领作用，努力成为国际一流营商环境城市建设的实践范例，要求以深化"最多跑一次"改革为引领，以实施亚运城市行动为契机，积极推进市场化改革、扩大高水平开放，争创世界银行营商环境评价样本城市。

2020 年 12 月，杭州市委十二届十一次会议认为营商环境是一座城市"无形的生产力"，要以争创世界银行营商环境评价样本城市为契机，以数字化改革牵引各领域改革，聚焦企业和群众办事的痛点、堵点、难点，对标最高最优，强化政策系统集成和制度创新，着力打造法制化、市场化、国际化营商环境。

2021 年 3 月，《杭州市国民经济和社会发展第十四个五年规划和二〇三五年远景目标纲要》提出促进有效市场与有为政府完美结合，持续深化"放管服"改革，更好发挥整体智治现代政府作用，充分激发市场主体活力，促进要素资源高效配置、有序流动，营造稳定、公平、透明、可预期的营商环境。一是打造营商环境最优城市。

制定出台《杭州市建设国家营商环境创新试点城市实施方案》，加快推进国家营商环境创新试点城市建设。迭代升级“亲清在线”，建立精准服务企业长效机制，推动营商环境便利化改革。纵深推进“放管服”改革，实现“找部门办事”向“找整体政府办事”转变，提升政府服务和监管能力。二是营造活力充沛市场环境。深入实施“鲲鹏计划”“凤凰行动”“雄鹰行动”“雏鹰行动”，培育更多具有国际竞争力的一流企业，深入推进小微企业质效提升，着力推动“个转企、小升规、规改股、股上市”，促进民营经济高质量发展。持续深化国资国企改革，优化国有经济战略布局，高质量推进区域性国资国企综合改革试验，分层分类推进战略重组和专业整合。构建金融有效支持实体经济的体制机制，增强金融服务实体经济能力。三是促进资源要素高效配置。完善新增用地指标分配与存量土地盘活、土地产出效益、规划空间、耕地占补平衡资源挂钩制度，深化“标准地”集成改革，优化供地标准、考核和监管方式，加快建立城乡统一的土地要素市场。推动土地使用权、排污权、用能权、碳排放权、水权等资源要素自由交易，完善资源要素交易体系。创新要素市场化配置方式，积极争取全国要素市场化配置综合改革试点，深化“亩均论英雄”改革。四是深化信用杭州建设。完善社会信用体系，出台《杭州市社会信用条例》，健全政府守信践诺机制。建立和完善承诺事项清单，全面实施证明事项和涉企经营许可事项告知承诺制，构建信用监管长效机制。拓展信用惠民应用场景，实施“信易+”工程，聚焦公共服务和民生领域，扩大“杭州e融平台”的影响力和服务能力。塑造城市信用品牌，营造“人人讲诚信”的良好社会氛围，全面弘扬诚实守信文化，打造全国信用文化高地。

2021年12月，杭州市委十二届十四次会议要求持续优化营商环境，以列入国家首批营商环境创新试点城市为契机，全面落实市场准入负面清单制度，以数字化改革提升行政服务便利化水平，推进政务服务“一网通办”、涉企事项“一照通办”，推行“证照分离”“数字证照”，争取在全国营商环境评价中走在前列。

经过五年努力，杭州营商环境得到持续优化。一是从企业数量看，2021年杭州民企500强数量19年蝉联全国城市第一；上市企业累计达到262家、位居全国第4位；2021年末，私营企业74.3万户，个体工商户71.2万户，分别比2016年末增加34.2万户和28.6万户。2020年全国工商联发布的“万家民营企业评营商环境”结果显示，杭州营商环境城市排名获得全国第一，成为“营商环境最佳口碑城市”。二是从指标评价看，杭州入选国家首批6个营商环境创新试点城市，国家营商环境评价18个指标均为“全国标杆”；开办企业审批压减至25分钟，工业项目开工审批压减至7小时，“分钟制”“小时制”改革得到加快。三是从具体举措看，杭州全面落实减税降费惠企政策，累计已为企业减负927亿元；组建总规模1000亿元杭州创新基金，区域性国资国企综合改革得到扎实推进；防止资本无序扩张工作扎实有效，公平竞争市场环境得到依法构建；2021年9月，中国（杭州）知识产权保护中心获批运营。四是从经济结构看，2021年全年民营经济增加值11100亿元，占到全市地区生产总值的61.3%，比2016年分别增加4514亿元和1.7个百分点，民营经济活力持续增强。

二、建设国际重要商贸中心

习近平总书记强调，“开放是国家繁荣发展的必由之路”[①]。2017年2月，杭州市第十二次党代会认为开放是杭州建设世界名城的必由之路，提出坚定不移拓展对外开放新优势，建设国际重要商贸中心。一是提升城市能级。发挥国家下一代互联网示范城市、5G应用先行区的引领作用，增设互联网国际出口专用通道，推动新一代互联网协议标准规模化应用，争创全国首个千兆用户省会城市和5G商用城市，成为国际大数据重要枢纽城市。二是打造“网上丝绸之路”重要战略枢纽城市。持续深化跨境电子商务综合试验区（以下简称“跨境电商综试区”）建设，构建全球最优跨境电商生态圈，努力成为全球跨境电商发展的引领者。全力推进全球电子商务平台（eWTP）建设，探索国际争端解决机制。改革招商引资体制机制，着力引进“大好高”项目，提升招商引资和“浙商回归”实效。创新“互联网+外贸+制造”方式，大力发展服务贸易。搭建“海外杭州”经贸科技合作平台，支持企业“走出去”。三是打造国际会展之都赛事之城。深化会展体制改革，坚持硬件完善与软件提升并举，加快形成国际化的会议场馆设施和会展服务体系，打响“要开会到杭州”品牌。四是加快国际重要的旅

① 习近平：《全党必须完整、准确、全面贯彻新发展理念》，《求是》2022年第16期。

游休闲中心建设。实施新一轮旅游国际化行动计划，持续推进旅游目的地功能、管理和环境国际化，完善国际化标识，建设中国旅游国际化示范城市。提升一批国际化商业中心和特色街区，打造一批“国际慢城”生活体验区，加快建设国际消费中心城市。

2017年8月，杭州市委十二届二次会议提出争创对外开放新优势，要求统筹推进旅游国际化、旅游全域化，加快打造国际重要的旅游休闲中心；持续深化与阿里巴巴集团的战略合作，加快eWTP杭州试验区建设，形成与跨境电商综试区叠加发展的放大效应，打造国际重要的商贸中心；改革创新招商引资体制机制，着力引进“大好高”项目，构建开放型经济新格局。

2018年1月，杭州市委十二届三次会议提出以服务“一带一路”为统领，用好“后峰会、前亚运”重大机遇，发挥“一带一路”地方合作委员会牵头城市作用，在加快城市国际化上实现新突破。一是深化跨境电商综试区建设，拓展对外开放新优势。更加主动对接“一带一路”建设，制定打造“网上丝绸之路”战略枢纽实施方案，加快跨境电商综试区与eWTP杭州试验区有机融合、一体发展，打造跨境电商综试区升级版。支持eWTP倡议机制落地，先行先试探索贸易争端解决机制，主动参与世界电子贸易标准规则制定，大力培育贸易新业态、新模式。以G20和“一带一路”沿线国家、地区为重点，统筹抓好外贸、外资、外经和服务外包工作。二是推进会展和旅游国际化，提升城市特色竞争力。围绕打造国际会议目的地城市，加快西博会转型，提升本土会展品牌的国际影响力。围绕建设国际重要旅游休闲中心，发挥世界旅游联盟作用，推动观光旅游、休闲度假、文化体验和商务会展“四位一体”深度融合，打响全球旅游最佳实践样本城市品牌。围绕建设国家消费中心城市，积极发展“新零售”，促进消费升级。加快国际学校、国际医院、国际社区建设，构建高品质国际化的服务环境。

2018年7月，杭州市委十二届四次会议提出构建全面开放新格局，要求主动服务“一带一路”建设，鼓励企业“走出去”开展创新链、产业链、价值链全球化布局，推进国家临空经济示范区建设，打造“网上丝绸之路”战略枢纽。完善选商引资体制机制，积极对接世界500强和央企国企，全面落实“市县委书记和市县长项目 152 工程”，着力引进更多“大好高”项目。

2019 年 1 月，杭州市委十二届六次会议提出积极打造数字丝绸之路战略枢纽，要求服务“一带一路”建设，支持企业布局重要节点国家，推动开通更多跨境航空货运专线，争取开通中欧班列，落实杭港高端服务业战略合作协议；积极申建浙江自贸区新片区，推动跨境电商综试区优化升级和 eWTP 秘书处实体化运作。

eWTP 秘书处开工挂牌仪式

2019 年 12 月，杭州市委十二届八次会议提出推进开放之治，打造国际范的城市，认为当今世界“你中有我，我中有你”，城市发展和外部环境互相关联，相互影响，要求更好统筹国际国内两个市场、两种资源、两类规则，要以“窗口”意识提供更多国际化公共产品。一是完善涉外事务管理负面清单制度，规范国际化标识，大力发展包括国际商务和国际中介在内的高端服务，探索建立符合国际规则和国际惯例的公共服务体系。二是积极加入国际组织，用好“杭州国际日”和专场推介会在内的平台，争取更多国际会议、国际赛事落户杭州。三是积极发挥海外侨胞作用，深化发展友好城市和友好交流城市，扩大“朋友圈”、提升影响力。

2020 年 6 月，杭州市委十二届九次会议提出加快建设“一带一路”重要枢纽城市，要求深度参与“一带一路”建设，积极应对疫情和中美贸易摩擦带来的不利影响，加快培育外资外贸新的增长点；一体推进自贸区杭州联动创新区、跨境电商综试区、eWTP 试验区建设，做深做实跨境电商“全国第一城、全球第一流”，全力争取增设自贸区杭州新片区，积极创建数字自由贸易试验区。深入开展全方位国际交流合作，加快规划大会展中心，争取更多国际会议、国际赛事、国际组织落户杭州。

2020 年 12 月，杭州市委十二届十一次会议提出要在内外循环中打开战略通道，要求推进浙江自贸区杭州片区建设，提升跨境电商综试区发展水平，积极推进电子世界贸易平台全球布局，探索建立数字自由贸易试验区，全力申办全球数字贸易博览会，全面提升链接全球商品、服务、技术、资金、数据等新兴贸易能力，加快打造全球数字贸易中心。抢抓杭州机场新一轮扩容提升契机，持续做强亚太重要门户枢纽功能，推动数字自贸区与国家临空经济示范区协同发展，全力打造国际空港商贸区。

2021 年 3 月，《杭州市国民经济和社会发展第十四个五年规划和二〇三五年远景目标纲要》提出杭州建设国际重要商贸中心需要主动融入和服务新发展格局。一是实施扩大内需战略，形成国内大循环的强劲动力源。坚持实施扩大内需战略同深化供给侧结构性改革有机结合，注重需求侧管理，增强经济循环畅通能力，全面促进消费，大力建设国际消费中心城市，着力扩大有效投资，推动形成需求牵引供给、供给创造需求的更高水平动态平衡，打造国内大循环的强劲动力源。二是推动更高水平开放，构筑国内国际双循环的强大链接点。以服务“一带一路”建设为统领，发展更高层次的开放型经济，全方位拓展对外开放的广度和深度，率先形成开放型经济新优势，打造“买全球、卖全球”世界级市场平台，构筑国内国际双循环的强大链接点。

2021 年 12 月，杭州市委十二届十四次会议要求不断扩大制度型开放，发挥跨境电商综试区与自由贸易试验区叠加效应，支持电子世界贸易平台和数字贸易物流枢纽全球布局，高标准办好首届全球数字贸易博览会，加速落地数字人民币试点，努力打造全球数字贸易高地。

经过五年努力，杭州建设国际重要商贸中心取得重要进展。一是对外贸易发展喜人。2021 年全年货物进出口总额 7369 亿元，其中出口 4647 亿元，进口 2722 亿元，分别比 2016 年增加 2883 亿元、1333 亿元和 1550 亿元，分别增长 64.3%、40.2% 和 132.2%。2021 年杭州出口总额全国占比突破 2%。服务贸易出口 152.5 亿美元，比 2016 年增加 10.1 亿美元。二是跨境电商蓬勃发展。2021 年杭州跨境电商出口 131.3 亿美元，比 2016 年增加 70.7 亿美元，增长幅度达到 116.6%。三是利用外资保持增长势头。2021 年杭州实际利用外资 81.7 亿美元，比 2016 年增加 9.6 亿美元，增长 13.3%。2021 年末，128 家世界 500 强企业来杭投资 225 个项目，比 2016 年增加 11 家世界 500 强企业和 27 个 500 强企业投资项目。四是对外合作加快推进。杭州已在全球 102 个国家和地区设立各类境外投资项目 2000 余个；2021 年末设立各类境外投资企业（机构）2701 个，比 2016 年增加 1115 个；2021 年，境外总投资 80.5 亿美元，比 2016 年增加 28.2 亿美元。五是取得系列对外开放标志性成果。2017 年 5 月，杭州成为“一带一路”地方合作委员会牵头城市；2017 年 10 月，入选全球 15 个旅游最佳实践样本城市；2018 年 11 月，成立全国首个跨境电商数字口岸；2019 年，入选全球会议目的地城市榜单，跃居全球第 74 位、亚太第 17 位、中国大陆第 3 位，排名仅次于北京和上海；2020 年 9 月，中国（浙江）自由贸易试验区杭州片区获批成立，创建全国首个数字外贸服务平台。

第二章 坚持统筹推进
着力打造新时代“一城”“一窗”

2016年，习近平主席在G20峰会期间盛赞杭州是“历史文化名城、创新活力之城、生态文明之都”[①]。2020年，习近平总书记在浙江调研，赋予浙江“努力成为新时代全面展示中国特色社会主义制度优越性的重要窗口”[②]的新目标。作为浙江的省会城市，杭州要在打造新时代全面展示中国特色社会主义制度优越性的重要窗口中走在前、作示范。市第十二次党代会以来，杭州围绕打造“一城”（建设独特韵味别样精彩世界名城）“一窗”（打造展示新时代中国特色社会主义的重要窗口）的总目标，贯彻新发展理念，加快推进城市国际化，统筹市域一体化、城乡融合发展，加强民生保障、优化公共服务，让人民群众共享更好环境、更好发展、更好生活。

第一节 加快推进城市国际化

推进城市国际化，建设世界名城，是杭州市打造“一城”“一窗”的重要举措。进入新世纪以来，杭州一直走在推进城市国际化的征途上。G20杭州峰会的举办，把杭州推向了世界舞台，历史文化名城、创新活力之城、生态文明之都等城市品牌全面打响，增强了杭州城市的国际知名度和美誉度。2017年，市第十二次党代会提出紧紧抓住“后峰会、前亚运”窗口期，放大后峰会效应，释放前亚运红利，不失时机推进新一轮城市国际化，不断强化“四大个性特色”“四大

① 《努力打造世界一流的社会主义现代化国际大都市》，《浙江日报》2022年8月26日，第1版。

② 《习近平在浙江考察时强调：统筹推进疫情防控和经济社会发展工作 奋力实现今年经济社会发展目标任务》，《新华每日电讯》2020年4月2日，第1版。

基础支撑”[①]，以国际化提升城市化，以城市化带动国际化。2018年4月，市第十三届人民代表大会常务委员会第十一次会议审议通过《杭州市城市国际化促进条例》，明确将城市国际化促进工作纳入国民经济和社会发展规划，设立城市国际化推进工作委员会，对产业国际化、城市环境国际化、公共服务国际化和文化国际交流融合等重点内容进行详细规划。

一、精心筹办杭州亚运会、亚残运会

2015年9月16日，第34届亚奥理事会代表大会宣布杭州成为亚运会（包括第四届亚残运会）主办城市。2018年9月2日，在第18届雅加达亚运会闭幕式上，杭州亚组委代表接过首届亚运会火炬、首届亚运会会旗和亚奥理事会会旗，亚运会正式进入“杭州时间”。习近平总书记对办好杭州亚运会、亚残运会高度重视，专门作出指示，要求举办一届成功的亚运会。浙江省委、省政府明确提出，要“把十九届亚运会办成具有中国特色、浙江风采、杭州韵味、精彩纷呈的体育文化盛会”。

杭州亚运会主场馆

杭州亚运会按照“中国新时代·杭州新亚运”定位，秉持“绿色、智能、节俭、

① 四大个性特色，是指着力打造“互联网+”创新创业中心、国际会议目的地城市、国际重要的旅游休闲中心、东方文化国际交流重要城市。四大基础支撑，是指加快形成一流生态宜居环境、亚太地区重要国际门户枢纽、现代城市治理体系、区域协同发展新格局。

文明”的办赛理念，坚持“以杭州为主，全省共享”的办赛原则，统筹推进“体育亚运、城市亚运、品牌亚运”，亚运会筹办工作进展有序有力。杭州亚运会组委会（以下简称“杭州亚组委”）从亚运会筹办工作实际需求出发，研究确定杭州亚运会筹办工作 80 项重要里程碑任务和 358 项重要节点性任务，开展多轮次总体工作项目化任务分解、专家论证及跨部门沟通工作，协调各方力量，全面统筹推进，亚运筹办工作各方面取得显著成效。

杭州亚组委会同市有关部门深化“智能亚运”研究，把“智能亚运”和杭州城市大脑建设等紧密结合起来。同时，吸纳省市相关职能部门、高校、研究机构、领军企业参与，立足智能办赛、智能观赛、智能参赛、智能场馆与亚运村四个领域，突出最新科技成果应用，统筹推进“智能亚运”基础设施建设和前沿技术产业布局，构建合作共赢的“智能亚运”生态圈。在智能办赛方面，打造全球大型体育赛事首个数字办赛一体化平台，集成在线沟通、OA 办公、人员管理、赛事培训、礼宾管理、交通组织、赛场管控、指挥调度等服务功能，形成一套科学规范、集成整合、统一高效、安全可靠的办公系统，为赛会筹办和赛时安全有序运行提供保障，为近 12 万名工作人员和志愿者提供线上办赛服务。在智能参赛方面，杭州亚组委为运动员、媒体官员等谋划建设一系列智能化服务设施，包括通过赛事信息发布系统（INFO），为媒体记者、转播商以及奥林匹克大家庭成员提供专业赛事信息查询服务；通过智能终端提供在线翻译服务；通过智能物联提供亚运村内“食、住、行”一键通行等便捷体验。在智能观赛方面，杭州亚组委针对以往大型体育赛事观众出行、观赛的痛点，打造大型综合性运动会史上首个一站式数字观赛服务平台——“智能亚运一站通”，通过人工智能、区块链等高新技术，围绕观众服务“食、住、行、游、娱、购”六大需求，整合出行必备的 18 个服务场景，为观众提供从购票、出行、观赛到住宿、美食和旅游等“一站式”服务。同时，杭州亚组委依托平台推出“亚运 PASS”，整合健康码、公交地铁码、景区码等二维码，为亚运观众“一码通行”服务；建设 AR 导航为观众提供“虚拟 + 现实”的沉浸式体验；为外国人提供外币移动支付功能；提供“千人千面”的智能行程规划；开展全球首个采用区块链技术的“跑向 2022，争当亚运火炬手”活动，打造亚运史上覆盖区域最广、参与人数最多、持续时间最长的线上火炬传递活动。在亚运场馆建设方面，围绕杭州亚运会竞赛项目设置，杭州亚运会场馆布局按照“杭州为主、全省共享，以运动员为中心、赛事为主体，充分利用现有场馆”的原则实施。2020 年，杭州亚运会、亚残运会筹办工作开始转入场馆化工作，亚运村 108 幢单体建筑全面结顶，40 个亚运比赛场馆完成土建。2021 年，56 个竞赛场馆及亚运村基本完工，实现“办赛条件基本具备、赛事运行基本就绪”的年度目标。

杭州以亚运会为契机，加快城市重大基础设施建设，围绕建设亚太地区国际重要门户枢纽，加快完善现代综合交通运输体系，统筹对外通道、交通枢纽和运输网络，构建水陆空、“铁公机”一体的大交通格局，建成区域性国际物流中心。2017 年，杭州市制订迎亚运保畅通快速路网建设四年攻坚行动计划，提出至2022年前，杭州基本建成464 千米快速路网，实现主城、副城及组团“45分钟”时空圈的建设目标。建设模式上，杭州采用“四统两分”（统一规划、统一计划、统一标准、统一设计、分头筹资、分头实施）的原则，市、区两级部门协同攻坚。2018 年，杭州启动现代综合交通大会战行动，制定《杭州市推进综合交通项目四年行动计划》，提出“5433”[①]工程建设目标，加大快速路网建设推进力度，主城区“四纵五横”快速路网进一步完善。2019 年杭州启动“迎亚运”道路综合整治三年行动计划，对 236 条（段）255 千米地铁施工道路开展整治恢复和提升工作，进一步完善城市骨干路网建设，城市道路交通网络体系更加高效。2021 年，杭州进一步完善综合交通网络体，制定《构建市域高效联通交通网络体系专项计划》，按照“都市可达、全市快连、多心加密、组团互通”的思路，持续推进“5433”综合交通大会战，促进航空港、铁路港、公

① “5433”工程：“5”，是新建总里程 552 千米的快速路和高速公路，形成总长 464 千米、“四纵五横三连十一延”的快速路网，以及总里程 902 千米的高速公路网。“4”，是新建 400 千米轨道交通，形成 13 条线路、总长度 516 千米的城市轨道交通骨干网络，实现十城区全覆盖。第一个“3”，是新建总里程 350 千米的 4 条铁路线，即杭黄铁路、湖州至杭州西至杭黄铁路连接线、杭温二期、建衢铁路，同时加快杭武铁路（杭州—临安—绩溪段）、杭州萧山机场高铁引入线路、沪乍杭铁路、金建（金华至建德段）的前期工作，初步形成“一轴两翼双十字”的铁路总体布局。第二个“3”，就是水陆空三大枢纽工程，即京杭运河浙江段三级航道整治工程（运河二通道）、杭州铁路西站枢纽、萧山机场 T4 航站楼及综合交通中心项目。

路港、内河港、信息港“五港联动”，推动杭州萧山国际机场扩容提升，完成城市轨道交通三期项目建设，启动四期项目实施，推进杭州西站枢纽、运河二通道、杭州中环工程、杭淳开高速等重点项目建设，增强对周边区域的辐射带动功能。畅通城乡交通微循环，加强“四好农村路”建设和管养，开展城乡客运提质增效工作，实现市域较大自然村客运通达率100%，打通乡村居民出行“最后一千米”。[①]

“办好一个会，提升一座城”，杭州积极发挥亚运会牵引作用，全面提升城市品质。2020年，杭州市委、市政府发布《杭州市亚运城市行动计划纲要》，提出健康城市打造行动、城市国际化推进行动、基础设施提升行动、绿水青山守护行动、数字治理赋能行动、产业发展提质行动、文化名城传播行动和城市文明共建行动“八大行动”，全面规划了亚运会赛前筹备、赛时运行、赛后利用三个阶段的行动计划。杭州亚运城市行动“八大行动”65个专项，在经济、社会、文化、民生等方面产生较大综合效益。杭州亚运会秉承“人民亚运为人民”的理念，强化公共服务体系、体育健身设施、科学健身指导等方面的建设，推动各类群体体育活动广泛开展，使人民群众有更多的获得感、幸福感。自2019年以来，杭州先后开展多场全民健身活动，推动全民健身事业不断发展。2019年8月，杭州举行“健康中国，你我同行——迎亚运·杭州市全民健身日展示交流大会”。2020年8月，杭州又举行“全民健身，共享亚运，杭州首届夜健身活动展示节”。同时，杭州还积极申办、引进和培育国际体育赛事，创设体育赛会浓厚氛围，推进群众参加大型体育赛事，如杭州马拉松、国际（杭州）毅行大赛、中国国际高尔夫球锦标赛等，积极引导人民群众参加体育活动。

二、深化杭州大都市区全方位融合

大都市区建设是浙江省第十四次党代会作出的重要战略部署，2019年2月，浙江省委、省政府印发《浙江省大都市区建设行动计划》，同时印发十大标志性工程建设方案，建立大都市区建设重大推进机制。作为浙江省四大都市区的

---

① 《杭州争当浙江高质量发展建设共同富裕示范区城市范例的行动计划（2021—2025年）》。

重要组成部分，杭州都市区以数字经济为特色，发挥辐射作用，着力建成具有全球影响力的数字经济中心、“互联网 +”科创中心、国际金融科技中心、国际文化创意中心、国际休闲旅游中心和长三角世界级城市群的核心增长极，重点打造杭州城西科创大走廊、钱塘江金融港湾、沿湾智造大走廊等功能平台。

市第十二次党代会以来，杭州持续做强、做大都市区，加快整个大都市区同城化发展，优化杭州都市区联动互融。2017 年，杭州都市区实施跨区域一体化合作项目 25 个，项目涉及交通、医疗、教育、人才、科技等方面。2018 年，杭州都市区首次扩容，衢州与黄山的加入，使杭州都市区辐射范围进一步扩大。杭州都市区推进医疗机构建立新的合作关系，成立华东社区精神卫生联盟。湖州、嘉兴、绍兴三市与杭州省级医学院校建立合作、托管、共建共管关系，加大与杭州医保互联互通力度，异地就医平台建设取得新的进展。2019 年，杭州都市区各城市通力合作，应对各种风险挑战，融入长三角一体化发展国家战略，打造长三角南翼核心增长极，持续推进都市区经济迈向高质量发展。杭州与湖州、嘉兴、绍兴签署“1+4”系列协议，共同推进杭绍、杭嘉、杭湖一体化建设，深化与合肥、南京等城市节点协同联动。2020 年，杭州与湖州、嘉兴、绍兴联合编制并印发共建杭州都市区行动计划。杭嘉、杭绍一体化合作先行区和千黄省际生态旅游合作区三大毗邻区域一体化建设方案编制完成，千岛湖至安徽歙县的跨省水上观光线开通。杭绍甬高速公路杭州至绍兴段项目、“一带一路”数字贸易展览项目、杭黄衢世界遗产精品旅游合作项目被列入长三角城市经济协调会重点合作项目。

杭州、宁波大都市区是浙江大都市区建设的重中之重，对引领全省高质量发展具有十分关键的作用。2016 年 G20 杭州峰会期间，习近平总书记就提出杭州、宁波要协同发展、错位发展，唱好“双城记”①；2018 年“推动杭州宁波一体化发展”被写入浙江省政府工作报告；2020 年春天，习近平总书记在浙江视察期间，勉励宁波要继续与杭州唱好“双城记”。同年 6 月，杭州与宁波签订政府合作框架协议，利用两市在基础设施、科技创新、产业协作、公共服

① 《宁波：唱好双城记　建好示范区　当好模范生》，中国发展网百家号，2021 年 6 月 30 日。

务等领域较好的合作基础，进一步提升综合发展能级，推动实现高质量发展。2021 年 8 月，浙江省委、省政府出台《唱好杭州、宁波“双城记”五年行动计划》，明确提出唱好杭州、宁波“双城记”的目标和任务举措。《行动计划》提出“1+3”目标体系：“1”指一个总目标，即到 2025 年，杭甬双城核心引领、错位协同、联动创新、竞合共赢的发展局面将全面形成，杭甬双城经济圈格局基本形成，对全省辐射带动作用明显增强，更好融入长三角一体化发展战略；“3”指在总目标下设定了 3 个分目标，即“共建高质量发展标杆”“共建高水平协同样板”和“共建高能级带动典范”。《行动计划》规划了八大专项行动和十大标志性工程，重点聚焦城市大脑互联、科创大走廊协同、产业创新带共建、自由贸易试验区片区联动创新、一小时交通圈共建、公共服务“一卡通”共享、杭州湾南岸生态海岸带打造等内容。在交通领域，两地将共同研究杭州内河港与宁波海港便捷联通方案，积极发展海铁联运，探索推进高铁快运合作，加密宁波至绍兴至杭州南市域列车，推动江南水乡线绍兴至萧山机场段建设，加快建设宁波至慈溪市域铁路，共同建设杭绍甬一小时通勤圈。在加快自身高质量发展和实现高水平协同的基础上，杭甬两地将以杭州、宁波都市区为载体，进一步加强自身对周边地区的辐射带动作用，加快构建杭绍甬一体化都市连绵带，打造“双核引领、两区辐射、一带串联”的杭甬双城经济圈，更好引领带动全省高质量发展建设共同富裕示范区。

杭甬“双城记”联席会议

三、实施“拥江发展”战略

钱塘江横贯杭州市域，是杭州的“母亲河”，也是杭州生态文明建设和城市发展的轴带。“拥江发展”是杭州落实党的十九大关于实施区域协调发展、可持续发展战略和省委关于大湾区大花园大通道大都市区建设的主要载体，是杭州市优化市域空间布局、推进市域协调发展的重大举措。2017 年，杭州对标世界滨水名城，启动实施“拥江发展”战略，实现“跨江发展”向“拥江发展”的大跨越。杭州市委、市政府制定出台了《关于实施“拥江发展”战略的意见》以及《拥江发展四年行动计划（2018—2021 年）》，确立在杭州市域范围内，以钱塘江与不同支流的交汇处和行政区域边界为分界点，划分为钱塘江、富春江、新安江及千岛湖四段（简称“三江一湖”），以推进钱塘江综合保护与开发利用工程为突破口，采取“控、治、修、建、调、优”综合措施，“六位一体”打造生态带、文化带、景观带、交通带、产业带、城市带的阶段目标。

2018 年 7 月，中共杭州市委十二届四次全体（扩大）会议提出“坚持生态优选全域统筹，全面推进拥江发展行动”，着眼杭州全市域、聚焦主轴钱塘江，以“共抓大保护，不搞大开发”的理念呵护好一江春水、两岸青山，有序实施钱塘江综合保护与利用工程，努力把钱塘江沿线建设成为世界级滨水区域，推动全市域生态空间山清水秀、生产空间集约高效、生活空间宜居适度。加强钱塘江流域上下游和跨界水体水环境治理，加大高耗能、重污染企业淘汰转型和“低散乱”整治力度，加快推进钱塘江两岸新城新区建设，做好“人、产、城”融合文章，推进科技、人才、现代服务业、文创、旅游、交通“六大西进”，形成“以东带西”、融合发展的城乡一体共富共美新格局。

2019 年，市规划和自然资源局按照市委、市政府全面推进“拥江发展”行动的总体部署，从全域统筹、深化管控与引导、落实重点行动的角度出发，以《杭州市拥江发展行动规划》为引领，完成《杭州市钱塘江综合保护与发展实施导则》《钱塘江流域两岸总体城市设计》等“拥江发展”系列规划编制。

2020 年，杭州坚持全域规划、多规合一，统筹编制国土空间总体规划（2021—2035 年），围绕主轴钱塘江，深化细化“东整、南启、西优、北建、中塑”空间布局，完善“多中心、网络化、组团式、生态型”城市框架。结合制定“十四五”

发展规划，完成“三江汇”杭州未来城市实践区系列规划，杭州云城概念规划编制，为未来城市建设提供样本。聚焦谋划杭州钱塘新区、杭州城西科创大走廊、“三江汇”杭州未来城市实践区、临空经济示范区作为杭州新一轮发展的四大重点区域。

湘湖·三江汇未来城市先行实践区

四、实施城市有机更新工程

在杭州加快推进城市国际化建设的同时，市委、市政府坚持“人民城市为人民”的理念，顺应人民群众的需求，实施了一系列“城市有机更新”工程。市第十二次党代会以来，杭州全面启动城中村改造五年攻坚行动，全面实施老旧小区综合改造提升四年行动计划，城市环境面貌日益改善，人民群众获得感、幸福感实现新提升。

城中村一直是提升城市品质亟待解决的短板。杭州从1998年启动城中村改造，G20杭州峰会后，杭州加快城市有机更新的进度。2016年，杭州市启动新一轮“城中村改造五年攻坚行动”，提出“五年时间基本完成主城区246个城中村改造”的目标。2017年，杭州市城中村改造“提速扩面”，从主城区向全市域覆盖。编制全市城中村改造征迁整治、安置房建设、配套设施建设、回迁安置等四大计划（2017—2020年）和“城中村改造一区一规划”。建立健全统筹协调机制，加强配套政策体系保障，制定模拟审批办法、联合竣工验收办法、货币化安置单价备案等相关内容的文件，破解城中村改造工作中出现的突出难点。2018 年，杭州市城中村改造从“整体征迁、以拆为主”向“征迁清零、拆建并举”转变，同时加快推进安置房和配套设施项目建设，缩短拆迁户在外过渡周期，提升群众获得感和幸福感。出台《城中村改造规划技术导则》《杭州市城中村改造项目推进模拟审批的实施办法》《城中村改造项目联合竣工验收实施办法》《关于进一步提升杭州市拆迁安置房建设品质的指导意见》等文件，形成全链式政策体系。市建委牵头主办“城中村改造杭州论坛”，交流推介杭州城中村改造经验做法。2019 年，推动城中村改造从“拆建并举”向“建设为主”转变，深化拆后空间规划编制，全面推进安置房建设，加快回迁安置进度，同步推进学校、道路、绿化等公共配套项目建设。市委、市政府把加快城中村安置房建设列入“干好一一六、当好排头兵”十大攻坚工程。市建委印发《杭州市主城区城中村改造长效管理指导意见（试行）》等文件，在调动改造主体积极性、推进公正公开回迁安置、加强安置房小区长效管理、提高安置房办证效率等方面制订创新措施。2020 年，杭州市全力推进城中村改造提速和安置房及配套设施建设等工作，主城区范围内基本实现城中村改造征迁清零。

钱塘区新湾街道城乡一体化安置小区项目

老旧小区改造提升工程是城市有机更新的重要内容。2019 年，杭州市全面启动新一轮老旧小区综合改造工作。市建委制定《杭州市老旧小区综合改造提升工作实施方案》《杭州市老旧小区综合改造提升技术导则（试行）》《杭州市老旧小区综合改造提升四年行动计划（2019—2022年）》等文件，明确改造目标、改造范围、改造标准、改造流程及政策保障措施。成立全市老旧小区综合改造提升工作领导小组，强化统筹协调，以打造"六有"（有完善的基础设施、有整洁的居住环境、有配套的公共服务、有长效的管理机制、有特色的小区文化、有和谐的社区文化）宜居小区为目标，实施"综合改一次"。

2020、2021年，杭州老旧小区综合提升改造连续两年被列入市政府民生实事项目，按照"范围全覆盖、水平全提升、努力争创全国样板和标杆"的目标，从"试点"迈向"全面推进"。老旧小区改造启动升级版，在综合改一次、补足配套功能、强化居民主体、推动长效治理基础上，推动片区资源统筹配置、多元主体参与改造，努力打造老百姓"家门口"的民心工程。为有效解决老旧小区公共配套服务不足的问题，杭州探索出盘活国有存量房屋用于城镇老旧小区改造的方案。为此，杭州出台《关于进一步规范市级存量房屋提供用于老旧小区配套服务的指导意见》，优先将老旧小区内或周边的行政事业单位、国有企业存量房屋用于老旧小区配套服务，着力提升老旧小区公共服务水平，增强小区功能性、安全性和舒适性。目前，杭州已盘活省、市、区三级行政事业单位、国有企业存量房屋86处，约2.78万平方米，用于老旧小区改造增设各类服务设施。在老旧小区综合改造提升项目实施过程中，改造方式从原先拆违、修补、整治为主，转为以综合改造为重点的有机更新，探索在有条件的老旧小区按未来社区建设模式改造，在改造中构建未来邻里、建筑、交通、能源、物业和治理等场景，健全老旧小区配套服务，打造"15分钟"居家生活服务圈。

杭州老旧小区改造取得丰硕成果，改造量和综合考评结果连续两年位居全省第一，棚户区改造工作成效明显，获评国务院"棚改激励支持城市"。截至2021年底，全市已完成改造老旧小区714个，计划在"十四五"期间完成改造老旧小区900个。和睦新村、新工社区2个改造项目入选住房和城乡建设部第一批改造试点案例；叶青苑等17个小区改造项目入选《住建部城镇老旧小区改造九项机制试点案例（浙江专辑）》，知足弄等12个小区入选省建设厅改造样板工程。《人民日报》《光明日报》及新华网等媒体专题报道杭州老旧小区改造经验和取得的成效。

未来社区建设是杭州深入推进城市有机更新，打造共同富裕现代化基本单元的标志性成果。2019 年，浙江省委、省政府提出推动未来社区建设，以人民美好生活向往为中心，以人本化、数字化、生态化为三维价值坐标，以未来邻里、教育、健康、创业、建筑、交通、低碳、服务和治理等九大场景集成创新为重点，形成有归属感、舒适感和未来感的新型城市功能单元。随后，浙江省相继制定出台了《浙江省未来社区建设试点工作方案》《关于打造住房城乡建设高质量发展省域样板推进共同富裕示范区建设行动方案（2021—2025）》等系列文件，提出要进一步夯实共同富裕现代化基本单元建设，打造 100 个以上城镇未来社区、100 个以上乡村未来社区，改造城镇老旧小区 3000 个以上，共同富裕现代化基本单元建设标准、模式、政策体系全面形成，成为浙江普遍形态。

萧山瓜沥七彩未来社区

自浙江省启动未来社区试点工作以来，杭州把未来社区建设理念贯穿城市旧改新建、有机更新的全过程，全面开展“百社示范、千社提升”。作为浙江的省会，“窗口中的窗口”城市，杭州积极开展未来社区创建，重点在城市新区、老旧小区、城中村改造中推广未来社区理念，逐步形成省级试点、省级创建点、市级创建点的梯度创建格局。截至目前，全市已累计开展 152 个未来社区创建，其中有 89 个项目列入省级试点、省级创建名单，项目实施单元总面积共计约 4566 公顷，受益居民达 134 万人。在推进未来社区建设中，打造了一批不同模式、不同类型、不同场景的丰富案例，形成了如党建治理、老幼友好、数字赋能等各维度典型经验，并在全省进行复制推广。如拱墅区和睦社区、余杭区良渚文化村社区等 5 个社区入选省级未来社区场景运营"最佳实践"案例，占全省总共 9 个入选社区的半数以上。滨江区缤纷社区、拱墅区瓜山社区、上城区杨柳郡社区等项目建设成效得到省领导的高度肯定；中央台《新闻联播》、新华社、人民网、《瞭望》周刊等权威媒体多次宣传报道杭州未来社区项目的创建亮点和经验做法。全省 11 个地级市中，杭州市未来社区创建数量、建成数量、建设质量在全省遥遥领先，在未来社区共富基本单元建设跑道上，杭州展现了范例城市的头雁风采和领跑姿态。

第二节　深入实施乡村振兴战略

实施乡村振兴战略，是中共十九大作出的重大决策部署，是决胜全面建成小康社会、开启全面建设社会主义现代化国家新征程的重大历史任务。杭州坚持农业农村优先发展，全面落实中央和省、市农业农村工作的决策部署，按照"产业兴旺、生态宜居、乡风文明、治理有效、生活富裕"总要求，制订加快农业农村现代化行动方案，推动城乡融合发展。2018 年，杭州市建立完善乡村振兴"1+10"组织体系、"1+10+N"政策体系和工作制度，在全省率先建立了推进乡村振兴的体制机制。加强财政资金、土地资源和组织人才等各项要素保障，重点实施产业转型、环境提升、协调发展、消薄增收、乡风和美、乡村善治、改革创新、人才建设"八大行动"。2019 年 6 月 20 日，杭州市乡村振兴工作领导小组印发《杭州市乡村振兴战略规划》，采用"大专项 + 任务清单"方式，扶持乡村产业发展。在部省共建乡村振兴先行创建中，杭州市被列为全省先行创建市，萧山区、余杭区、临安区、桐庐县、建德市被评为全省实施乡村振兴战略优秀单位。

一、深入实施消薄增收计划

市第十二次党代会以来，杭州坚持城乡融合发展，以低收入农户增收奔小康和村级集体经济消薄促发展为抓手，大力补齐农村发展的短板，为乡村振兴注入强大动力。

杭州市委、市政府高度重视低收入农户增收工作，专门成立了以市委副书记为组长，副市长为副组长，市政府办公厅、市委组织部、市农办、市统计局、市民政局等15个部门组成的“杭州市低收入收入倍增计划领导小组”，推出了推进“春风行动”进农村、完善保障体系、实施产业开发、开展技能培训和双证制培训、推进下山移民、建立低收入农户结对帮扶机制等工作举措，切实帮助低收入农户增收奔小康。2017年，杭州全面开展新一轮低收入农户认定工作，新认定低收入农户9.21万户、15.31万人。对低收入农户子女考取大专、本科院校实行补助，安排1000万元对因病个人支出较大的低收入农户按照比例进行补助。2018年，杭州市按照上年当地低保水平的1.5—2倍标准认定低收入农户，全市低收入农户人均收入比上年增长13.3%，高于全市农村居民收入增幅。市春风行动办公室印发《杭州市“春风行动”低收入农户重大疾病医疗救助实施细则》，市扶贫办印发《杭州市低收入农户高水平全面小康行动计划（2018—2022年）》。2019年，杭州市向42个欠发达乡镇派驻村工作指导员（第一书记），助力消薄增收，年内全面消除人均年收入9000元以下家庭。2020年，杭州市全面推进低收入农户和低保边缘农户认定标准“两线合一”，开展低收入农户重大疾病医疗救助和“春风”助学工作。至年末，全面消除年家庭人均收入1万元以下现象的目标如期完成。2021年，作为“十四五”开局起步之年，杭州市锚定共同富裕跑道，继续加快农民增收步伐，拓宽低收入农户增收渠道。2021年全市低收入农户实现人均可支配收入20131元，同比增长14.0%。

开展低收入农户“一户一档一策”走访调查

为推动农村集体经济发展，2017年，浙江省印发《关于实施消除集体经济薄弱村三年行动计划的意见》，明确全省消除行政村总收入低于10万元且经营性收入低于5万元情况的三年行动目标。杭州市委、市政府自加压力、拉高标杆，确定了总收入30万元、经营性收入10万元即"3010"三年消薄目标。市委、市政府印发《关于实施消除集体经济相对薄弱村三年行动计划的若干意见》，明确成立全市消除集体经济相对薄弱村（暨减轻农民负担）工作领导小组，建立消除集体经济薄弱村联络员制度，协调推进消除集体经济薄弱村工作。2018年，杭州市全面消除年总收入20万元和经营性收入5万元以下的村。市农办印发《关于消除集体经济薄弱村的实施方案》，进一步明确消除集体经济薄弱村"3020"目标[①]。2019年，杭州市所有行政村总收入超过30万元，经营性收入超过10万元。其中：经营性收入超20万元的村的比例达77.3%，经营性收入超过30万元的村的比例达54.3%。2020年，浙江省委、省政府提出到2022年底，各县（市、区）90%以上的行政村集体经济年收入达到20万元以上且经营性收入达到10万元以上的行动任务。杭州市继续自加压力，提出所有行政村年总收入达到50万元且经营性收入达到30万元即"5030"发展目标。截至2021年底，全市92%行政村集体经济年收入达到50万元以上、经营性收入达到30万元以上。

二、积极创建美丽乡村典范

不断加强美丽乡村建设，改善农村基础设施和人居环境，是杭州全面实施乡村振兴战略的重要内容。按照习近平总书记关于"杭州要努力成为美丽中国建设的样本"的指示要求[②]，杭州聚焦美丽乡村迭代升级，持续实施"百村示范、千村整治"工程，深入全域景区化建设，通过"名县、名镇、名村、名胜和精品示范线"（"四名一线"）工程，打造中心村、精品村，风情小镇、历史文化村落、杭派民居示范村、精品示范路线等一系列美丽乡村品牌，不断发挥品

① "3020"目标：到2020年，全市所有的村集体经济总收入达到30万元；到2022年，全市所有的村集体经济经营性收入达到20万元。

② 刘捷：《高举习近平新时代中国特色社会主义思想伟大旗帜　奋力打造世界一流的社会主义现代化国际大都市——中国共产党杭州市第十三次代表大会上的报告》（2022年2月23日），《杭州日报》2022年2月28日，第3版。

牌的辐射效应和示范引领作用。

2017 年，杭州市深入推进美丽乡村建设，出台了《2017 年美丽乡村建设工作要点》《杭州市美丽乡村建设升级版行动计划（2016—2020 年）》，开展农村环境全面治理。建成“美丽乡村”精品村 249 个，省级和市级重点历史文化村落 28 个，推出美丽乡村精品示范线 12 条。临安区创建为全省美丽乡村示范县，全市有 12 个乡镇创建为省级美丽乡村示范乡镇，31 个村庄创建为省级特色精品村，43 个村庄创建为 AAA 级景区村庄。制定《关于实施新一轮“风情小镇”建设的实施意见》，以产业聚集、基础提升、生态美化、智慧应用为建设内容，着力打造一批有产业支撑、文化内涵、旅游品位、乡土风味、地域特色的风情小镇，年内实施风情小镇建设项目 52 个，总投资 6774 万元。启动第二批“杭派民居”示范村创建，其中，重点示范村 8 个，一级示范村 3 个。

2018 年，杭州实施农业农村现代化建设行动，积极推进美丽乡村建设，加快城乡融合发展。市委、市政府出台《杭州市高水平高质量推进农村人居环境提升三年行动方案（2018—2020 年）》，明确市乡村振兴工作指导小组为人居环境提升行动统筹协调机构，将人居环境提升工作分解落实到 41 个市级部门。推进实施农村住房建设管理，深入开展了“大棚房”问题专项治理，组建专班进行推进落实，成功解决了一大批重点、难点和历史遗留问题。大力推进农村厕所革命、垃圾革命，各区县（市）基本实现农村垃圾分类、公厕、生态修复行政村全覆盖。2018 年，杭州启动新一轮美丽乡村精品村建设，各区县（市）按照“坚持以人为本、明确重点方向、突出精品特色、坚持有序推进”的原则，围绕沿拥江发展区域，启动创建新一轮精品村 76 个，实施建设项目 478 个，新启动了 7 个市级风情小镇建设，完成了第二批 11 个杭派民居建设，全市沿山水线、产业线、交通线、人文古迹线建成美丽乡村精品示范线 12 条、示范线旅游项目 95 个，累计建成精品示范线 62 条，基本实现全域景区化。同时，在省级美丽乡村示范创建工作中，杭州取得新的成果，余杭区创建为全省美丽乡村示范县，全市有 11 个乡镇创建为省级美丽乡村示范乡镇，24 个村庄创建为省级特色精品村，20 个村庄创建为省级高标准农村生活垃圾分类示范村。

2019 年，杭州市加快城乡融合发展，以乡村振兴、精准扶贫、发展旅游为抓手，深化小城镇环境综合整治工作，着力提升乡村建设品质，打造美丽乡村建设升级版。按照"因地制宜、分类推进、试点先行、示范引领"的总体要求，出台《杭州市高质量建设美丽城镇实施方案》《杭州市美丽城镇示范创建试点工作方案》，明确美丽城镇创建总体要求、重点任务和工作举措，确定梅城镇、义桥镇等 27 个镇为美丽城镇创建示范点，实施"功能便民环境美、共享乐民生活美、兴业富民产业美、魅力亲民人文美、善治为民治理美"的"五美"项目 354 个，全年投入美丽城镇建设资金 115 亿元，全市 149 个小城镇完成整治任务。持续开展以精品村、风情小镇、精品示范线为载体的美丽乡村升级版建设。全年创建精品村 76 个，风情小镇 7 个，美丽乡村精品示范线 8 条，累计建成 70 条，实现"镇镇连线"，示范线从点上成景、线上成形向面上成品推进，通过示范线串联起全市美丽乡村、农业园区、旅游景区和产业平台，示范线成为市民休闲和自驾旅游的重要目的地。在 2019 年省级美丽乡村示范创建中，杭州市富阳区创建成为全省美丽乡村示范县，11 个乡镇创建成为省级美丽乡村示范乡镇，24 个村庄创建成为省级特色精品村，18 个村庄创建成为省级高标准农村生活垃圾分类示范村，167 个村庄创建为省新时代美丽乡村精品村，富阳区东梓关村、建德市上吴方村创建成为省历史文化（传统）村落保护利用示范村。

农村实施垃圾分类

2020 年，杭州市完成高水平高质量推进农村人居环境提升三年（2018—2020）行动任务。农村小城镇人居环境"脏乱差"现象基本消除，农村生活污水治理、农村危房改造、"四好"公路建设、拆除违章建筑等 45 项年度任务完成。系统提升农村生态环境保护、全域提升农村基础设施建设等 19 个省定目标的 30 项任务完成；“十类覆盖、百处风景、千村精品、万户美丽”目标和美丽生态、美丽田园、美丽集镇、美丽人文、美丽组织 8 个市定点目标的 29 项任务基本实现。淳安县获评 2020 年全国村庄清洁行动先进县，建德市获评 2020 年全国农村人居环境整治成效明显激励县。杭州持续开展以精品村、风情小镇、精品示范线为载体的市级美丽乡村升级版建设。全年全市完成创建精品村 72 个，新启动精品村 70 个；完成创建风情小镇 7 个，新启动建设 9 个；完成创建美丽乡村精品示范线 8 条。实施美丽乡村建设项目 873 个，总投资 8.4 亿元，市级财政拨付资金 3.37 亿元。在省级美丽乡村示范创建中，建德市创建成为全省美丽乡村示范县，11 个乡镇创建成为省级美丽乡村示范乡镇，28 个村庄创建成为省级特色精品村，164 个村庄创建为省新时代美丽乡村精品村，临安区高虹镇石门村、桐庐县凤川街道翙岗村创建成为省历史文化（传统）村落保护利用示范村。2020 年，杭州进一步推进美丽城镇建设。编制并实施 2020—2022 年美丽城镇建设“三年行动计划”，围绕“五美”（环境美、生活美、产业美、人文美、治理美）创建目标，统筹推进美丽城镇建设顶层设计、规划编制、机制建立等工作。建立“一库三师”（市级专家库及首席设计师、驻镇规划师、发展师）制度，出台《杭州市建立完善美丽城镇“一库三师”制度的实施方案》，成立市级专家库。全年“三师”开展活动 300 多次，1300 多人次参加，为美丽城镇建设解决技术问题 800 多个。推进集群化建设，在萧山、临安等地开展集群化建设试点。实施“一镇一策一方案”，县级层面对每个乡镇（街道）出台“钱、地、人”一揽子要素保障政策，全方位精准化为美丽城镇建设提供政策支撑。全年投入资金 567 亿元，实施美丽城镇建设项目 1941 个。全市有 17 个乡镇（街道）获评美丽城镇省级样板，数量居全省首位。全市初步形成联城结村、城乡融合、宜居宜游、全域美丽的杭州美丽城镇建设新格局。

2021 年，杭州发布了《关于深化“千万工程”开展新一轮高水平高质量美丽乡村建设的实施意见》，提出到 2025 年，全市所有行政村达到新时代美丽乡村省级标准，形成一批数字乡村、未来乡村的样板。村级集体经济显著增强，城乡统筹水平持续提升，“产村人”融合更加和谐，率先基本实现农业农村现代化。杭州按照全方位提升、全地域推进、全景化打造、全资源开发、全社会参与的思路，推进新一轮新时代美丽乡村建设。市级重点打造 15 个乡村振兴联合体、50 条美丽乡村风景带、150 个美丽乡村特色村。

"千万工程"示范村——桐庐环溪村

三、持续优化区域协作联动机制

杭州把区域协作联动作为统筹城乡融合发展的重要举措来抓，不断完善区县（市）协作机制、持续开展"联乡结村"帮扶活动，探索乡村振兴联合体建设，使城乡区域优势资源得到有效配置，有效推动农村欠发达地区的发展，推动城乡人民共同富裕。

区县（市）协作是杭州市落实乡村振兴战略、统筹城乡发展、提升城乡发展一体化水平的一项特色工作。2010 年，市委、市政府出台了《关于建立区县（市）协作机制推进城乡区域统筹发展的实施意见》。十年来，杭州市通过领导重视强保障、加大投入显成效、丰富活动促联合、产业协同共发展、创新模式强机制等举措，不断开发协作空间、拓展协作领域和共享协作资源，强化"1+1 > 2"的溢出效应，区县（市）协作工作结出丰收硕果。2017 年，杭州市调整新一轮区县（市）协作指导组，完善区县（市）协作联席会议、协作联络组工作制度。4 个协作组分别落实协作资金 1 亿元，合计到位协作资金 4 亿元，助推城乡发展一体化进程，实施 84 个生态保护、产业发展、民生保障等协作项目，总投资 10.3 亿元。2018 年，杭州市调整区县（市）协作指导组，选派 13 名区县（市）协作联络员，完善区县（市）

协作联席会议、联络组工作制度。全年确定协作项目 23 个、实施 95 个，总投资 8.7 亿元。2019 年，杭州进一步完善区县（市）协作联席会议，联络组工作制度，配备协作联络员 12 名，加强城乡统筹协调发展，实现产业转移投资额 26.03 亿元。进一步优化协同项目，注重以“集零为整”为主要形式选立项目，一改往年项目具体分配到镇街的“撒胡椒面”形式，采取“抱团发展 + 多方助力”的形式，以重点项目为牵引，着力解决重点问题，切实提升协作工作绩效。2020 年是第二轮区县（市）协作收官之年，杭州市加强组织领导，落实协作组联席会议、联络员例会等工作制度。全市新选派 10 名区县（市）协作联络员。统筹城乡区域融合发展，开展以产业共兴、资源共享、环境共保、乡镇结村、干部挂职为主要内容的结对协作。五年中，累计向西部县（市）提供协作资金 19.65 亿元，实施协作项目 511 个，完成产业转移项目 275 个、投资额 185.62 亿元。

开展“联乡结村”组团工作协调会

“联乡结村”是杭州推动西部山区县跨越式发展的重大机制。2017 年，杭州开始新一轮“联乡结村”[①]活动，制定出台《关于进一步深化“联乡结村”活动　加快推进精准帮扶工作的实施意见》。全市重新组建 42 个由市领导、机关部门、企事业单位等组成的市级帮扶集团，市级成员单位 500 多个，结对帮扶 42 个相对欠发达乡镇。全年筹集帮扶资金 1.75 亿元，其中，市级集团到位资金

① 2017 年，杭州将全市边远山区和低收入农户相对集中的欠发达乡镇作为重点帮扶对象，开启“百团联百乡，千企结千村”即“联乡结村”活动，市县两级组成 100 个以上帮扶集团联系 100 个以上乡镇，组织 1000 家以上企业结对 1000 个以上行政村。“联乡结村”活动每轮 5 年，第三轮时间为 2017 至 2021 年。

1.19亿元，实施项目882个。受帮扶乡镇的农民人均收入比上年增长11.5%，高于全市农民收入增幅2.6个百分点。五年来，杭州持续深化“联乡结村”帮扶活动，不断增强帮扶集团力量，帮扶成员单位达530个，全市42个联系欠发达乡镇帮扶集团落实帮扶资金10.5亿元，实施帮扶项目1000余个，协作帮扶工作取得实质性成效。2022年4月，杭州市政府召开组建新一轮“联乡结村”帮扶集团工作协调会议，启动新一轮“联乡结村”，锚定农村农民共同富裕目标，推进城乡一体化融合发展。

乡村建设，不仅要在乡村环境、基础设施等硬件上提升，更要在运营、人才等软件上下功夫，而软件提升恰恰是乡村发展的短板。一些乡村缺乏对自身特色产业的挖掘，单一村规模小、资金少、发展层次较低，很难吸引好的人才和运营团队支持。以淳安县大下姜乡村为代表的振兴联合体建设，打破基层组织壁垒，实现村与村之间的资源优化配置，逐步走出一条以下姜村为龙头、区域联动共赢发展之路，形成“一村富”向“村村富”的发展格局。大下姜联合体共富模式入选2020年度浙江省改革创新最佳实践案例和全国乡村振兴典型案例，相关经验在全省推广。大下姜乡村振兴联合体的主要经验包括：一是联建共富平台，凝聚合力推进区域一体化布局。建立联合体党委领导下的理事会运作模式。成立联合体党委，形成联合体党委统筹、乡镇负责、部门协同、村社落实的工作机制。将区域内18个相对发展强村结对9个相对弱村，区域内616名先富群众与932户低收入农户结对帮扶，实施抱团发展、先富带后富。二是联兴共富产业，固本强基推进抱团规模化发展。试点推行“两山银行”，将碎片化生态资源集中收储后统一打包入市转化为资产资本的模式，成立淳安县生态资源经营开发有限公司，统筹管理生态转化项目开发工作。创新“入股联营”实现产业抱团发展，由区域内25个行政村共同出资组建杭州千岛湖大下姜振兴发展有限公司，聘请职业经理人负责域内农产品开发、乡村旅游、品牌宣传等业务，为村民家门口就业、可持续增收提供保障。三是联享共富生活，共建共治提升民生幸福化水平。建设重大公共基础设施。对高投入、广覆盖的交通、饮水等重大基础设施项目，由联合体党委统筹安排，属地乡镇和村配合推进，满足周边乡镇、村民公共所需。强化民生保障，提升公共服务城乡均等化水平，深化乡村社会治理体系。建立以塑造"四种人"党建品牌为核心，法治、自治、德治、智治"四治"融合的大下姜治理新机制，打造以"深绿创富、民生享富、智治安富、党建领富"为内容、共富指数为特色、多跨协同的大下姜共同富裕数智平台，为共同富裕保驾护航。

2021 年，杭州制定《杭州市农村发展"十四五"规划》，提出全面复制推广"大下姜乡村振兴联合体"模式，到 2025 年打造 25 个乡村振兴联合体。按照"规划共绘、平台共建、要素共享、环境共保、文化共育、产业共兴、品牌共塑"的要求，集群式推进区域高质量发展，将乡村振兴联合体建设成为现代版富春山居图的典范、实现乡村全面振兴的样板。

淳安下姜村

四、深化农村综合改革

市第十二次党代会以来，杭州市不断深化农村综合改革，围绕乡村人、财、物、公共服务等重点领域和关键环节，按照"扩面、提速、集成"的总要求，协调推进农村土地制度、集体产权制度以及"三位一体"农合联改革等重点领域改革，持续激发农村发展内生动力。

2017 年初，杭州市改革领导小组确定在西湖区双浦镇和临安市天目山镇分别开展农村土地全域整治和农村宅基地产权制度改革试点。两个试点以城市近郊和山区远郊为样本，分别制订《西湖区双浦镇全域土地整治试点工作方案》《临安市天目山镇宅基地产权制度改革试点方案》。9月，杭州市江干区“股社分离”成为国家农村集体产权制度改革试点单位。为推进试点工作，江干区建立区、街道、股份经济合作社三级改革试点工作领导小组和联络员队伍，以及由组织、宣传、工商、财税、民政等17个部门组成的联席会议制度；制定《江干区“股社分离”改革试点工作方案》，并经中央农办、农业部审核确认和批复；制定《关于规范村级集体经济组织名称的通知》《关于申领股份经济合作社证明书的通知》《关于全面开展村级集体经济组织清产核资和明晰权属工作的通知》及《工作操作手册》等试点操作文件。至年末，全区57个股份经济合作社中有17个初步实现与居委会的机构分设、资产分置、权责分离、人员分开、财务分立的“五分离”目标。

2018年，杭州农村土地确权登记颁证工作顺利开展，有土地确权任务的8个区县（市）和西湖风景名胜区、大江东产业集聚区全部以优秀等次通过农业农村部综合验收，涉及行政村1814个、承包农户78.32万户。完善合同并建立登记簿75.97万份，合同签订率97.0%；颁发新版承包经营权证73.32万份，权证颁发率95.1%，基本完成农村土地确权登记颁证工作。江干区作为第二批全国农村集体产权制度改革试点单位，围绕“股社分离”改革试点任务，通过厘清居（村）委会与经济合作社的职能边界，打破原先“股社合一”治理格局，将村级集体经济组织从居（村）两委组织中分离出来，使经济职能与自治职能独立运行，实现基层治理由“三位一体”向“三位协同”转变，形成以三大分离条件、三大分离契机、五大分离标准（机构分设、资产分置、权责分离、人员分开、财务分立）为主要内容的“335”式“股社分离”江干模式，入选全国首批20个农村集体产权制度改革经验交流典型单位。临安区、桐庐县和建德市被列入农业农村部第三批农村集体产权制度改革试点单位。

2019年，杭州市开展农村土地承包经营权确权“回头看”，部署排查农村土地承包经营权证书颁发、暂缓确权、确权数据质量、档案建档和管理、资料和数据保密管理、中央和省财政补助资金管理使用、程序手续规范、日常管理制度建设等方面情况，集中解决承包方未发证到户的问题3.1万个，全市承包地确权颁证率达98.6%。在坚持承包农户自愿流转基础上，稳妥推进土地承包经营权规模流转；推进土地整理、高标准农田建设、农田水利建设、农业综合开发等项目向连片集中流转土地区域倾斜；指导流转双方签订规范的书面流转合同，加强土地承包经营纠纷调处，保障流转双方合法权益，全市土地流转率达到64%。临安区、桐庐县、建德市完成第三批全国农村产权制度改革试点，完成股份经济合作社清产核资、界定股份经济合作社成员身份、推进承包地“三权分置”改革、探索股权权能实现形式、完善农村产权交易体系、推进“股社”分离、发展村级集体经济、加强农村“三资”管理等试点任务。其中，临安区在村集体公司化经营、建立农村水权、农村金融服务等方面进行探索，经农业农村部委托第三方机构评估，入选全国农村集体产权制度改革试点经验交流典型单位，为全国产权制度改革提供“杭州样板”。

2020年，杭州承包地确权颁证率达98.6%，居全省前列，并启动土地承包经营权证动态调整，推进土地流转和适度规模经营。全市195个村股份经济合作社完成股社分离，实现社区居委会行政事务和股份经济合作社经济事务分离。临安区被列入第二批全国农村集体产权制度改革试点典型单位，萧山区、桐庐县被列入全省新时代乡村集成改革试点。完善市、县（市、区）、乡镇、村四级农村产权交易服务体系，开展农村集体经营性资产、农村资源经营权、农村宅基地使用权、农村集体股权流转交易。全市农村产权交易1898宗，总交易超过17.5亿元，总溢价2.5亿元，促进集体资产保值升值。

2021年，杭州实施乡村集成改革，探索创新承包地、宅基地“三权分置”有效实现形式。在有序推进二轮土地延包、承包地和宅基地“三权分置”改革的基础上，以创新完善农村产权制度和城乡要素平等交换机制为重点，围绕股权、林权、承包地经营权、宅基地使用权和闲置农房等“四权一房”，鼓励乡村实施全资源开发，推进乡村经营，全市土地流转率达到65%。

第三节 高质量推进民生保障建设

杭州始终把人民对美好生活的向往作为奋斗目标，坚持每年新增财力的三分之二以上用于改善民生，持续提升公共服务质量水平。杭州连续获得“中国最具幸福感城市”称号，成为全国唯一连续 15 年入选的城市，被授予全国唯一“幸福示范标杆城市”，人民群众获得感、幸福感、安全感持续增强。

一、健全慈善救助体系

社会救助事关人民群众基本生活和衣食冷暖，是保障基本民生、促进社会公平、维护社会稳定的兜底性、基础性制度安排，也是集中体现我们党全心全意为人民服务根本宗旨和中国特色社会主义制度优越性的民心事业。市第十二次党代会以来，杭州深入贯彻落实党中央、国务院关于完善社会救助制度的部署，织密兜牢民生保障安全网。构建以最低生活保障为基础，以支出型贫困家庭基本生活救助、残疾人基本生活保障及低收入家庭增收等靶向帮扶制度为主体，以临时救助和慈善救助等制度为补充的多层次制度保障体系，实现贫困救助从绝对贫困向相对贫困发展，救助内容从保生存向保发展转变，救助对象从低收入人群向支出型贫困人群、残疾人以及非本地户籍等多类困难群体拓展，救助范围有效覆盖城乡所有困难群体。

2018 年起，杭州市建立起最低生活保障标准（以下简称“低保”）与居民消费支出联动机制，低保、特困人员基本生活保障标准每年按不低于城镇居民人均消费支出的 30%、50%同步调整。根据各地实际情况，全市低保标准分为 3 档，其中主城区和萧山区、余杭区、富阳区按公布的最低生活保障标准 100%核定，临安区按不低于 85%核定，桐庐县、淳安县和建德市按不低于 80%核定。目前，杭州最低生活保障标准提高至每人每月 1102 元，并且实现了市域同标。

2020 年，杭州将新时代社会救助体系改革纳入市委 2020 年重要改革议题，率先出台《关于推进新时代社会救助体系建设的实施意见》，全面部署推进新时代社会救助体系建设工作重点，构建以浙江省大救助信息平台为依托，以低保、特困、受灾、医疗、教育、住房、就业、临时救助等 8 项基本救助为重点，统筹杭州福彩、慈善专项救助基金，以多元社会力量参与为补充的“1+8+2”新时代杭州大救助体系。杭州作为浙江省精准保障标杆区建设试点城市，以“完善大救助体系，打造暖心民政”为目标，构建社会救助发展新格局，满足困难群众多层次、多样化的救助需求，为当好浙江建设“重要窗口”模范生提供强有力保障，为全省乃至全国社会救助综合改革提供杭州经验。

慈善事业是我国社会多层次社会保障体系的重要组成部分，是社会救助制度和兜底保障制度的有益补充，是实现社会第三次分配的关键要素，在消除贫困、促进社会和谐方面具有特殊的作用。《中华人民共和国慈善法》正式实施以来，杭州慈善工作围绕打造展示新时代中国特色社会主义重要窗口，建设“温暖城市”示范区的目标，坚持党政主导、突出社会参与、完善制度保障、注重创新发展，慈善事业持续健康发展。慈善政策制度日趋完善，慈善组织日益壮大，慈善公益项目影响力逐步提升，多元一体的现代大慈善体系不断完善，创新、协调、开放、共享的现代大慈善格局逐步形成。

慈善法实施后，杭州市政府及时出台了《杭州市人民政府关于促进慈善事业发展的实施意见》，旗帜鲜明地提出了要将杭州打造成“慈善之都”的发展目标。同时在政府机构改革的大背景下，深刻认识深化机构改革的重要性和紧迫性，提前谋划，周密部署，在全国副省级城市的民政部门中率先成立“慈善事业促进处”。截至2020年7月底，全市共有社会组织11626家，其中社团3391家、民非8143家、基金会92家；共有慈善组织140家，其中获得公开募捐资格的为25家，开展了95场公开募捐活动，注册志愿者327余万人。慈善服务能力不断增强，杭州市慈善总会自成立以来，27年间累计接受善款11.6亿元，使用善款10.77亿元，帮助困难群众146万余人次。2020年，面对新冠疫情的冲击，全市各类慈善组织积极开展抗疫社会捐赠和物资募集等工作。全市各级慈善会累计接收捐款捐物2.32亿元、社会组织捐赠款物4.9亿元，累计志愿服务近200万小时，为打赢疫情防控战提供了重要保障和有力支撑。目前，杭州市慈善信托资金规模突破10亿元，位居全国大中城市第一。福利彩票销售发行18.71亿元，筹集公益金5.67亿元，连续12年位居全省第一，为慈善事业发展提供了坚实的资金保障。

杭州在发展慈善公益事业的过程中，注重慈善品牌建设，已经打造出具有影响力的慈善品牌，成为杭州公益慈善的亮点。2000年12月，在总结市总工会开展的“社会各界送温暖、特困职工沐春风”活动的基础上，杭州市委办公厅、市政府发出《关于广泛开展“春风行动”的通知》。自此，“春风行动”成为杭州扶危济困的代名词和金品牌，各种形式的帮扶困难群众、困难家庭、困难地区的结对帮扶工作广泛开展起来，其内容不断丰富充实，从一开始动员社会各界踊跃捐款捐物帮扶困难群众，发展到通过政策帮扶、项目帮扶等多种方式帮助困难群众和困难地区摆脱贫困实现共同致富。2000 年至今累计募集社会资金 22.25 亿元，各级财政补充资金 6.59 亿元，共向 194.91 万户（次）困难家庭发放助困、助医、助学、应急等各类救助金 28.2 亿元，实现了"春常驻"。"钱塘善潮"是杭州公益慈善事业发展的另一张"金名片"。2017 年，杭州开始举办公益慈善品牌项目——"钱塘善潮"论坛。"钱塘善潮"论坛包含研讨论坛、交流沙龙、公益展览等多个内容丰富的板块，并依托公益广告、视频等宣传载体，通过地铁、公交以及微博、微信等宣传载体，提高公益慈善传播效果。五年来，"钱塘善潮"论坛结合杭州公益慈善发展情况，围绕"公益传播""网络公益""对口帮扶""基金会发展"等不同主题进行专业分享、交流，凝聚社会各界力量，不断提升杭州在慈善理念传播、公益项目实践的区域集聚力、辐射力和带动力。

杭州市"中华慈善日"主题宣传活动"钱塘善潮"论坛

二、完善社会保障体系

社会保障是保障和改善民生、维护社会公平、增进人民福祉的基本制度保障，是促进经济社会发展、实现广大人民群众共享改革发展成果的重要制度安排，发挥着民生保障安全网、收入分配调节器、经济运行减震器的作用，是治国安邦的大问题。杭州围绕"兜底线、织密网、建机制"，不断优化政策服务，强化兜底保障功能。社会保障基础不断夯实，覆盖面扩大，社会保障制度改革不断深化，覆盖城乡的多层次社会保障体系更加完善，社会保障制度的公平性、可持续性进一步增强。

不断完善社会保障政策体系。市第十二次党代会以来，杭州把社会保障体系建设摆上更加突出的位置，修订、出台了一系列民生保障政策和文件，实现社会保障政策体系从有到好的转变，社会保障制度更加完善。2017 年，修订《杭州市基本医疗保障办法》《杭州市基本医疗保障办法市区实施细则》，出台《杭州市区基本养老保险统筹管理若干问题的意见》。2018 年制定《杭州市社会保险费征缴办法》，完成基层社保服务综合标准化国家级试点建设。8 月，市人力社保局、市财政局联合印发《关于建立城乡基本养老保险待遇确定和基础养老金正常调整机制的通知》，从完善待遇确定机制、建立个人缴纳档次调整机制、建立缴费补贴调整机制、做好个人账户基金保值增值等 5 个方面，调整完善城乡居民养老保险制度，推动城乡居民养老保险待遇水平随经济发展而逐步提高。2019 年，印发《关于调整杭州市工伤保险费率有关问题的通知》，完善全市工伤保险费率政策，发挥工伤保险费率的杠杆作用。2020 年，市医保局推进医保市级统筹，修订《杭州市基本医疗保障办法》及其配套政策，加快推进商业补充医疗保险落地。在全市范围内基本建成以基本医疗保险为主体、大病保险为补充、医疗困难救助为托底，包括城镇职工医保、城乡居民医保、医疗困难救助、商业健康保险和大病保险在内的全覆盖、一体化、多层次、可转换的城乡统筹的医疗保障体系。

实施全民参保计划。2017 年，杭州市推进全民参保登记，建立社会保险基础数据库动态管理机制，全市城乡居民纳入全民参保登记管理。2019 年，杭州市开始实施“全民参保计划”，推动法定人群依法参保，实现城镇职工基本养老保险由制度全覆盖到人群全覆盖，城乡居民养老保险基本实现适龄参保人员应保尽保，失业保险、工伤保险实行向职业劳动者的广覆盖。2017—2021 年，杭州社会保险参保人数逐年增加。职工基本养老保险参保人数由 628.32 万人增长至 799.6 万人，增长 27.26%；职工基本医疗保险参保人数从 580.50 万人增长为 760.5 万人，增长了 31%；失业保险参保人数由 416 万增长至 563.5 万人，增长了35.46%。全市基本养老、医疗保险参保率达到98.95%以上，全民参保登记率100%，基本实现“人人享有社会保障”。

提高社会保障统筹。2017年，杭州实现参保人员跨省异地住院医疗费直接结算，主城区医保个人账户扩大使用范围并实行家庭共济。2018年1月1日起，萧山、余杭、富阳三区社保纳入市本级统筹，临安区与主城区就业社保一体化启动实施，实现临安区与主城区社保权益互查互认。2019年，杭州市社保全市一体化进程加快。10月1日，全市集中人力社保信息系统上线，临安区、桐庐县、淳安县、建德市四地社会保险信息系统纳入市本级统一管理，实现全市社保服务一个平台、就业经办一个应用系统、信息数据一个数据库，市域范围内社保关系自动接续、参保信息互通互享。同月，杭州市医保集中信息系统上线，实现数据集中管理、系统互通、资源共享。编制《杭州市医疗保险业务经办标准化手册》，实现经办服务标准一体化。12月，印发《关于全面推进杭州市医疗保障市级统筹的意见》，明确提出从2020年起用3年时间分步做实城乡居民基本医疗保险市级统筹的发展目标和工作计划。2020年8月起，全市就业社保信息系统纳入浙江省统一管理，推动跨层级、跨地区、跨部门信息共享和业务协同，为规范企业职工基本养老保险省级统筹提供支撑。2021年1月1日起，临安区与主城区就业社保全面一体化，实现与市区统一政策目标。

三、优化公共服务供给

基本公共服务是由政府主导，保障全体公民生存和发展基本需要，与经济社会发展水平相适应的公共服务。保障人人享有基本公共服务是政府的重要职责，是党的十九大提出到二〇三五年基本实现基本公共服务均等化目标的硬任务。杭州市自2010年就启动了推进基本公共服务均等化工作，是全国启动较早的城市。2017年4月，《杭州市社会发展（基本公共服务均等化）“十三五”规划》印发，实施基本公共服务清单制度，确定杭州市基础教育、就业创业服务、社会保障、基本住房保障、基本健康服务、基本公共文化服务、环境保护服务、社会治理服务等八大基本公共体系的125个基本公共服务事项。6月，杭州市建立推进基本公共服务均等化工作协调小组，由常务副市长任组长。以市领导挂帅的领导机构的建立，有效保障了全市层面统筹协调推进基本公共服务均等化。

"十三五"期间，杭州坚持普惠性、保基本、均等化、可持续方向，以清单化、标准化、制度化推进基本公共服务均等化的各项任务和工作举措，全面落实八大类125个便民惠民项目，基本公共服务规划目标全面完成。社会兜底进一步完善，2020年市区企业退休人员平均养老金水平提高至3272.86元/月，市区（不含临安区）城乡居民基础养老金标准提高到260元/月，城乡居民最低生活保障标准不断提高，目标人群覆盖率达100%。现代教育进一步均衡，全市小学、初中生日常公用经费预算安排标准均达到或高于省基准定额，学前三年入园率达到99.15%，九年义务教育巩固率维持在100%，各项教育补助政策全面落实。健康服务进一步优化，5岁以下儿童死亡率2.78‰，婴儿死亡率1.79‰，孕产妇死亡率0.0169‰，均保持在较低水平。就业规模进一步扩大，"十三五"期间，全市新增就业人数累计199.70万人次，城镇登记失业率始终控制在3%以下，城镇零就业家庭实现"基数归零、动态归零"。社会治理进一步增强，生产生活安全保障有力，环境质量稳中有升。城乡、区域、群体之间基本公共服务差距进一步缩小，基本公共服务标准化、均等化水平居全省第一，走在全国前列。

市第十二次党代会以来，杭州坚持以人民为中心的发展思想，坚持需求导向，以人民群众最关心最直接最现实的利益问题为突破口，坚持项目引领，推进学校、医院、养老、住房、交通等大型基础设施建设重点工程，提高公共服务能力，促进优质公共服务资源共享。

千岛湖配供水工程是保障杭州城市供水安全、提升饮水水质的重大民生工程，也是事关杭州长远发展的命脉工程。2011年，杭州市委、市政府为全面提升城市供水安全保障能力，改善原水水质、优化水资源配置，决定启动千岛湖配供水工程前期研究工作。邀请10多家省内外权威专业机构和高校，开展了长达3年深入调研和多达49项专题论证。通过全面采集数据，广泛征求意见，形成了工程水资源论证、环境影响评价、新安江电站优化调度等多项研究成果。在此基础上，市委、市政府作出科学决策，决定实施千岛湖配供水工程。2014年3月，千岛湖配供水项目建议书获得省发改委批复；12月，项目正式启动建设。千岛湖配供水工程由配水工程和供水工程组成。配水工程西起淳安千岛湖，东至余杭闲林水库，途经淳安县、建德市、桐庐县、富阳区和余杭区境内，全长113.22千米，洞径6.7米。供水工程为闲林水库向下游的输水线路，主要规划建设闲林水厂、九溪线、城北线、江南线等工程，线路总长73.04千米。2019年9月，历时近五年建设的千岛湖配供水工程正式通水运行。这标志着杭州城市供水格局从以钱塘江为主的单一水源供应，转变为千岛湖、钱塘江、东苕溪等多水源供水，杭城市民用水安全和饮水品质得到了有效提升。

千岛湖配水工程配水井全景

百年大计，教育为本。杭州市委始终把教育摆在民生工作的重要位置，着力推进义务教育优质均衡发展。实施名校集团化战略，是杭州破解“上学难”特别是“上好学难”问题成本最低、风险最小、成效最大的一条重要路径，也是杭州特色推进优质教育均衡化、平民化、普及化的一条成功之路。2018年，杭州市重点聚焦深化名校集团化办学的体制机制，推进新常态下全域优质基础教育资源的城乡互动、异地共享、精准推送。7月，市委办公厅、市政府办公厅印发《关于推进新名校集团化办学共建共享市域优质基础教育资源的实施意见》，标志着以“跨域突破、县域盘活、师资融通、技术带动、治理跟进”为主要特征的新名校集团化战略进入深化实施阶段。市属8所省一级重点高中全部成立跨区域教育集团，吸收桐庐、淳安、建德等地和六城区区属高中为集团成员，提升区县（市）属高中办学水平。2019年，建德市严州中学梅城校区加入杭州师范大学附属中学教育集团，西湖高级中学加入杭州学军中学教育集团，萧山区第九高级中学加入杭州第四中学教育集团。2020年，杭州市拓展以直属学校为骨干的跨层级新名校集团化办学规模。下城区的艮山中学加入杭州第十四中教育集团，江干区的夏衍中学加入杭州高级中学教育集团。至2020年末，全市教育集团发展到412个，全市中小学名校集团化覆盖率68%，幼儿园名校集团化覆盖率72%，城乡教育互助共同体覆盖率保持在98%以上。2021年，《杭州市教育改革发展“十四五”规划》提出进一步深化新名校集团化战略，加大市级层面对跨区域优质教育的统筹力度，推动各地采取有力措施提高校际均衡水平。

杭州把健康融入各项政策之中，大力推进“健康杭州”建设，加快推进医联体、医共体建设，发展智慧医疗健康服务，为人民群众提供全生命全周期健康服务。杭州依托城市医联体、县域医共体，推动“居家有保健—首诊在社区—大病在医院—康复回社区—居家有医疗”的全周期健康管理服务体系建设，推动城市优质医疗资源有效扩容、精准下沉和均衡布局。2017年，杭州落实优质医疗资源“双下沉、两提升”（人才、资源下沉，服务能力、服务效率提升）要求，加快进行分级诊疗。3个省级医院托管4个县级医院，7个市属三级医院托管20个县级医院，实现省、市医院对区县下沉全覆盖。30个县级医院托管137个乡镇卫生院（社区中心），实现县级医疗资源乡镇全覆盖。5个市级三级综合医院与主城区51个社区卫生服务中心建立的区域医疗联合体，实现市级医院对城区社区卫生服务中心全覆盖。启动特色专科联盟建设，形成跨区域补位发展模式，提升专科专病救治能力。2018年，杭州市出台“医联体建设”三年行动计划，强化顶层设计，构建紧密有序的合作办医关系。加快推进优质医疗资源“双下沉、两提升”工程，10个市级医院与23个县级医院建立城乡医联体，5个市级医院与主城区51个社区卫生服务中心组建城区医联体；9个市级医院牵头建立12个省级、市级专科联盟。2019年，杭州市组织专家对全市优质医疗资源“双下沉、两提升”工作开展评估督导，并将评估结果纳入市属医院综合目标考核。10个市级医院与24个区县（市）级医院建立城乡“医联体”。5个市级三级综合医院与主城区51个社区卫生服务中心建立紧密型城区“医联体”。在年度浙江省“双下沉、两提升”工作评估中，市第一医院、杭州师范大学附属医院、市第七医院牵头的4个城乡医联体评估为优秀。2020年，杭州市市级医院围绕医疗技术、学科建设、人员培训、双向转诊等内容，加大对基层的帮扶力度，下派常驻医务人员1130多人，短期人员3.5万人次。全市挂牌成立25个医共体，住院、手术等诊疗服务能力得到增强。基层就诊率平均67%以上，县域内就诊率90%以上。

2021年，杭州提出争当浙江高质量发展建设共同富裕示范区城市范例的发展目标。为适应城市新型空间格局，实现公共服务优质均衡，推进高质量发展和共同富裕，杭州市制定出台《构建共建共享公共服务体系专项计划》，从教育、医疗、住房、社会保障、养老、文旅等民生建设重点领域进行工作部署，进一步推动杭州共建共享公共服务体系建设，努力使广大人民群众的获得感、幸福感、安全感更加充实、更有保障、更可持续。

第四节　统筹推进疫情防控和经济社会发展

2020年1月初，在湖北省武汉市首先发现了“不明原因的病毒性肺炎”，即“新型冠状病毒肺炎”（简称新冠肺炎，2022年12月改名为新型冠状病毒感染）。新冠肺炎发生后，习近平总书记高度重视，及时对疫情防控作出指示、提出要求。国家卫生健康委员会（以下简称“国家卫健委”）及时公开疫情信息，组织疫情防控。杭州作为一座千万人口的省会城市，人口流动大、防控要求高、突发变数多。疫情发生后，杭州市坚决贯彻中共中央总书记习近平重要指示精神，按照中央和省委、省政府决策部署，全市人民万众一心、坚韧不拔，打了一场出色的抗击疫情的人民战争、总体战、阻击战，交出一份“战疫情、促发展”的高分答卷。经过这场大战大考，杭州市各方面工作都经受前所未有的全方位考验，也积累了丰硕的公共卫生治理经验。在这场疫情防控战中，制度优势是最根本的保证，人民群众是最深厚的伟力，综合实力是最硬核的支撑，数字赋能是最有效的手段，市域统筹是最关键的机制，基层组织是最坚强的堡垒。

一、疫情防控迅速响应

2020年，新冠肺炎疫情发生后，市委、市政府高度重视、严阵以待。1月20日，杭州市出现首例确诊病例后，市委、市政府迅速对全市抗疫工作作出部署。21日，市委常委会召开会议，传达学习习近平总书记关于新冠肺炎疫情的重要指示精神和国务院总理李克强的批示要求及国务院常务会议工作部署，成立市疫情防控工作领导小组，同步推动市、区县（市）两级建立疫情联防联控工作指挥部，严格执行24小时值班工作制度，确保疫情防控统一领导、统一指挥、统一行动。1月23日，杭州率先启动重大突发公共卫生事件一级响应，停办新春文旅等人员聚集活动，关闭全部景点、演艺吧等场所，对机场、车站、码头等全面开展防控。1月25日至2月5日，在重点地区传染源输入、全市新增确诊病例持续攀升期间，实行十项最严措施，迅速实施村庄、小区、单位全面封闭式管理，让城市迅速“静下来”。2月7日，市委科学研判疫情形势，在全国率先谋划启动企业有序复工复产。2月15日，在全市新增确诊病例出现零新增后，推动淳安县、建德市、临安区等疫情低风险区域在全省率先降低相应等级，首创对乡镇（街道）按风险等级分类管控；在全国大中城市中较早恢复城市公共交通和市域道路客运正常运营，率先开放全市公园、广场、露天运动场等，推动城市运转步入正常轨道。2月16日，开通全国首趟复工人员专列。3月2日，召开全市“战疫情、促发展”工作推进会，引导全市上下“戴着口罩抓发展、开足马力降损失”。3月3日，部署境外疫情输入防控工作，推进专班化运作、多部门协同，坚决守好“国门”。4月下旬，全市中小学和在杭高校分批复学复课。5月中旬，将疫情防控从应急状态转为常态化防控。

二、织密织牢疫情防控网

在疫情防控中，全市全面织密织牢疫情防控网。市委、市政府持续完善疫情防控工作机制，建立市领导负责疫情防控十大工作专班、市领导联系区县（市）疫情防控机制，市四套班子成员齐上阵，各地各单位守土有责、守土负责、守土尽责。在疫情防控最吃紧的时候，先后出台“五个全”紧急措施、八大管控机制和“疫情防控、人人有责”10项措施等疫情防控举措，严格入城管控。全市公安部门派出1.1万名干警对省市定点医院、137个隔离观察点以及135个水陆入杭通道进行驻点守护。杭州警备区组织民兵参加一线卡点布控、人员排查和值班值守，市、区县（市）两级3.3万名机关干部下沉街道、村社参与疫情防控，全市 191 个乡镇（街道）、3164 个村（社区）全面实行网格化管理，把好最后一道关、守住最后一道门。坚持“硬核隔离 + 暖心服务”，尽最大努力做好居家观察人员暖心服务。广大市民群众步调一致，“宅在家”就是“为大家”“戴口罩、少聚集、勤洗手、多通风”蔚然成风。密切关注境外疫情发展变化、精准有力管控杭州萧山国际机场等重点卡口，确保“外防输入”；及时应对国内偶发、散发疫情，加强重点地区重点人群核酸检测和社会管控工作，确保关口前移，防控有效。面对严重疫情，杭州市按照“集中患者、集中专家、集中资源、集中救治”原则，确定 8 个定点医院，组织 35 名专家组成市级专家组和 5 人核心专家小组，制定完善诊疗方案，特别是对重症患者实行“一人一案”医疗救治，全力挽救每一条生命，实现患者零死亡、医护零感染。

为实现既做好疫情防控，又方便市民出行和日常生活。2 月 11 日，杭州在全国率先上线杭州健康码，市民和拟入杭人员可自行在线申报，通过审核后，会产生一个专属颜色码。根据红、橙、绿不同颜色码，实行动态管理。显示绿码者，在杭州市内能亮码通行，进出杭州则扫码通行；显示黄码者，要进行 7 天以内的集中或居家隔离，在连续申报健康打卡不超过 7 天正常后，将转为绿码；显示红码者，要实施 14 天的集中或居家隔离，在连续申报健康打卡 14 天正常后，将转为绿码。杭州健康码是杭州数字化战“疫”的一大创新之举，为杭州抓防控、促发展提供了有力支撑，也为全国疫情防控提供经验。杭州健康码上线后迅速在浙江推广，随后，在国务院办公厅的指导下，基于全国一体化政府服务平台的全国统一健康码系统研发推出，助力全国疫情防控和复工复产。

三、积极开展联防联控合作

杭州市主动扛起大城市的责任担当，尽全力支持打好湖北、武汉保卫战。积极响应党中央号召，先后派出援鄂医疗队 6 批次 318 名医务工作者。广泛发动社会各界筹集医疗物资和善款，充分展现出杭州“一方有难，八方支援”的大爱情怀。2020 年 1 月 24 日除夕之夜，在未接到任何指令的情况下，对抵达杭州的新加坡 TR188 航班 335 名乘客提供周到细致的服务。1 月 25 日（农历正月初一），杭州市首批 17 名援鄂医疗队员奔赴武汉，随后有 6 批次、318 名医务人员驰援湖北主战场，实现“高治愈率、低死亡率，医务人员零感染、零伤害”的目标，兑现“整整齐齐出发、平平安安回来”的诺言。优先服从国家防疫物资统一调配，任务完成率100%；根据上级部署，组织对意大利、日本等20个国家和法国尼斯、瑞士卢加诺等31个国际友好城市的物资支援；不远万里为杭州籍海外华人华侨驰援物资，通过网上医疗平台进行远程医疗救助，协助确有困难的境外人员有序返回。认真落实长三角区域疫情联防联控机制，与兄弟城市共享信息、共管人流、共畅物流、共抓救治。在中央和省委、省政府的坚强领导下，杭州抗疫取得重大战略成果，较早遏制境内疫情蔓延势头，用16天实现每日新增病例降到个位，用30天实现本地每日新增确诊病例为零，率先较好地实现全面复工复产复市复学。

浙江援鄂医疗队返杭

四、推进有序复工复产

新冠肺炎疫情对经济运行产生严重影响，部分服务行业受到较大冲击，工业企业特别是中小企业生产经营困难加剧。2月3日，中央政治局常委会召开会议，提出要在做好疫情防控工作的前提下，全力支持和组织推动各类生产企业复工复产。根据党中央、浙江省委的部署，杭州市全力做好“六稳”“六保”工作，统筹推进有序复工复产，努力把疫情造成的损失降到最低。2月在全市新增确诊病例降为个位数、开始呈现下降态势后，杭州率先推动企业分类分区分时段有序复工。为了满足企业复工的用工需求、降低返程运输的疫情传播风险，杭州率全国之先，创新定制了返程复工人员专列，组织疫情相对平稳、来杭就业人员集中的贵州、成都等部分省市人员返杭。

2月10日，杭州市首批企业复工复产的第一天，为实现疫情防控与经济发展两手抓、两手都要硬，杭州市专门出台严格做好疫情防控、帮助企业复工复产的"1+12"系列政策。"1"指的是贯彻落实党中央、国务院和省委、省政府出台的一系列政策举措，"12"指的是系列政策涉及金融支持、社保支持、租金减免、财政补助、服务保障等多个方面，包括降低企业融资成本、免收企业担保费用、临时性降低医保费率、降低企业住房公积金缴存比例、减免企业房租、补贴商贸服务企业、加大对物业企业扶持力度、发放企业员工租房补贴、统筹解决返工人员过渡性住宿、引导解决双职工家庭"看护难"、全力保障防疫物资采供、加大法律援助力度等12条具体措施。"1+12"政策主要有三个特点：一是聚焦企业需求。市委、市政府针对疫情给广大企业和员工正常生产生活造成的影响，用1周的时间，抽调精干力量，组成27个组，深入调查研究，摸准企业的痛点、堵点和需求点，制定相关政策。组织开展机关干部"助万企、帮万户"活动，抽调2018名市直机关干部组成196支服务分队，下沉到190个乡镇（街道）深入服务基层企业群众；抽调5000多名健康指导员，手把手帮助企业和学校解决复工复学面临的健康防疫难题。二是体现最大诚意。市委、市政府通过进一步削减"三公"经费和专项资金，千方百计挤出资金，最大限度地提升企业和员工获得感，助力企业尽快恢复正常生产经营秩序，政策涉及支持企业资金达100亿元。三是注重操作落地。12条举措每一条都可以直接操作和落地。全年兑现企业员工租房补贴61.6万人次，3.08亿元，涉及企业11.50万个；减免社保费369.17亿元，新增减税降费552.26亿元；为37.21万个企业减征职工医保费62.72亿元，减少公积金缴存金额8.41亿元，涉及企业2232个、职工14.59万人；暂缓公积金缴存金额1.55亿元，涉及企业1180个、职工3.66万人；为民营企业新增减税降费超过500亿元，争取各类政府债、企业债483.40亿元；为中小民营企业和个体工商户减免房租、水电气费、高速通行费24.19亿元。

杭州充分运用数字技术赋能复工复产，创造性开发上线“企业复工数字平台”，创新“人员一码通”“物流一证通”，首创“亲清在线”“读地云”等应用，打通企业复工复产的堵点。“亲清在线”是杭州市亲清新型政商关系数字平台，是“一键通”的新型政商数字协同系统，于2020年3月2日在全市“战疫情、促发展”工作推进会上正式上线。杭州疫情期间，惠企政策陆续通过“亲清在线”平台实现在线兑付。作为城市大脑的运用，“亲清在线”数字平台前端可分别向企业、政府部门提供政策兑现和互动交流服务等操作功能；后端通过城市大脑中枢系统，与部门及区县（市）业务系统进行数据协同，实现企业诉求在线直达、政府政策在线兑付、政府服务在线落地、服务绩效在线评价和审批“许可”在线实现五大功能，实现政企交流从“上门收集”转变为“在线呼应”、政务服务从“坐店等客”转变为“互动平等”、政策制定从“大水漫灌”转变为“精准滴灌”、政策兑现从“层层拨付”转变为“瞬间兑付”、政策效果从“绩效后评”转变为“实时可测”五大转变。全年，“亲清在线”数字平台上线政策330条，接收53万个企业的210万次政策申请，累计兑付资金126万笔、76亿元，惠及企业27万个、员工80万人。

“亲清在线”数字平台

“读地云”是杭州土地资源要素推介、交易、服务的统一平台，是实现企业“看地、读地、拿地、开发”和政府“规划、计划、供地、服务”政企直达、信息共享、全流程闭环运维制度的统一载体。“读地云”平台主要包括云上读地、网上交易、线上签约和码上服务四大模块，具有全要素云上看、全过程云上办和全环节云上管3个特征，核心内容是打破信息不对称、打破竞争不充分、打破单一竞价模式，通过优惠的土地价格，招引亩均税收高的制造业企业，进一步提高产业用地效益，促进工业用地要素市场化配置。具体做法是充分公开信息、取消资格审查、优化竞价规则、降低用地成本、强化权证管理和强化履约监管。杭州市构建“读地云”，推行工业用地“云供地”出让新模式，解决“有没有地”“地在哪里”“怎么拿地”等问题，杜绝“关系地”“人情地”等现象出现，实现“净地收储”等项目，构建公开、公平、公正、透明、清廉的要素市场化配置新环境。至年末，实现“云供地”出让模式的工业用地 25 宗、40.6 公顷，参与竞买的企业 126 个。杭州实行工业用地“云供地”的做法，得到多方肯定。《中国自然资源报》两次头版头条报道，并配发题为《线上一小步、便企一大步》的评论员文章。

在杭州统筹推进疫情防控和经济社会发展的关键时刻，2020 年 3 月 29 日至 4 月 1 日，习近平总书记到浙江调研疫情防控和复工复产情况。3 月 31 日，他实地调研了西溪湿地和杭州城市大脑运营指挥中心。习近平总书记对统筹做好疫情防控和经济社会发展的重要指示，为杭州统筹做好疫情防控和经济社会发展指明了方向。市委认真贯彻总书记指示精神，及时出台支持企业发展政策，通过强化数字赋能“六新”建设，开展“战役引才”持续推进数字经济和制造业高质量融合发展，抓“六稳”、促“六保”、拓“六新”，杭州经济运行实现“二季红、半年正、三季进”，经济社会发展呈现持续向好态势。

五、全面落实常态化疫情防控

随着疫情防控取得阶段性胜利，疫情防控进入常态化。杭州市委、市政府深入贯彻习近平总书记重要指示精神和党中央、国务院重大决策部署，全面落实常态化防控措施，建立健全及时发现、快速处置、精准管控、有效救治的常态化防控机制。在常态化疫情防控阶段，杭州强化出入境人员管理，不断强化对疫情严重国家和地区的风险监测，严格落实对入境人员实施全面核酸检测、对高风险航班入境人员实施核酸加抗体双检测以及航班熔断等措施，建立健全航班专场停靠、分流专用通道、筛选专业检测、转运专车接送、属地专责管控等闭环管理机制。同时，杭州强化疫情监测预警，根据疫情发展最新状况加大高危人群筛查力度，严格规范发热患者诊治流程，严格落实信息报告制度，强化医疗机构等重点场所管理，加强对隔离场所管理。

凭借严密科学高效的防控体系，杭州每次出现局部疫情时，总能以成熟的应对机制在较短的时间内化解危机，最大限度保护人民群众的生命安全，不断交出疫情防控的高分报表。2022 年 1 月 26 日，杭州市通报新增 1 例新冠肺炎患者病例，当日增至 6 例。疫情发生后，杭州迅速激活应急响应机制，快速识别管控重点区域和重点人员，快速查找疫情传播源头，尽快切断传播链条，统筹推进疫情防控工作。为阻断疫情，确保疫情不外溢、降总量、早清零，杭州全面落实以精密智控平台为手段的指挥决策机制、“三责”（指党委政府的决策、控制疫情责任，卫生健康和疾病预防控制机构的监测吹哨、医学流调责任，公安部门的流调排查、人员管控责任）联动快响激活机制、“三区”（指封控区、管控区、防范区）最小单元管控机制、“五快”（指快检测、快流调、快编组、快转运、快隔离）循环落实机制、“三情”（指疫情、舆情、社情）联动机制和分阶段“清零”机制。杭州市筛选出集中隔离人员超过 3 万人，自 2022 年 1 月 29 日始，杭州新报告的新增确诊病例均来自集中隔离点密接人员，社会面风险迅速得到控制。2 月 2 日，实现无新增本土确诊病例和无症状感染者，本轮疫情得到有效控制。

第三章　加强民主法治
健全人民当家作主制度体系

党的十九大报告强调指出，要健全人民当家作主制度体系，发展社会主义民主政治。我国社会主义民主是维护人民根本利益的最广泛、最真实、最管用的民主。发展社会主义民主政治就是要体现人民意志、保障人民权益、激发人民创造活力，用制度体系保证人民当家作主。杭州市第十二次党代会以来，市委、市政府认真践行党中央及浙江省有关精神，对发展中国特色社会主义民主法治提出了更高要求，通过不断改革创新提升政府治理新效能，通过法治杭州建设不断推进政府依法治理新水平，通过积极践行全过程人民民主理念不断激发政治新活力，通过市域社会治理现代化的有关探索不断唱响杭州城市治理新品牌。

第一节　改革创新提升政府新效能

杭州市第十二次党代会提出，共享是建设世界名城的根本目的。必须统筹各项民生社会事业，着力推进城市治理体系和治理能力现代化，努力把杭州建设成为共治共管共建共享的东方品质之城。围绕这一目标，杭州市通过不断改革创新，提升政府治理新效能，推进城市治理体系与治理能力现代化。

一、“最多跑一次”改革着力打造服务型政府

党的十八大尤其是十九大以来，党中央、国务院提出建设服务型政府的新目标，并将深化“放管服”改革作为推动政府职能转变，进而增强市场活力和社会创造力的一项关键举措。2016 年 12 月，浙江省在总结行政审批制度、“四张清单一张网”改革经验的基础上，提出了实施“最多跑一次”的改革要求。同样，“最多跑一次”改革也是市第十二次党代会以来，杭州认真贯彻落实中央及浙

江省相关决策部署基础上，以深化政府自身改革，进而撬动各领域全方位改革的一项生动而有为的实践。

2017年6月，杭州市召开"最多跑一次"改革工作专题会议，拉开了全市"最多跑一次"改革的序幕。省委常委、市委书记赵一德在会上强调，要坚持制度创新与技术创新"两个轮子一起转"，更好地把顶层设计与重点突破结合起来、把"单兵作战"与"整体作战"联动起来，大刀阔斧推进改革、提升效能、优化服务。要做好"加减法"，进一步减层级、减事项、减材料、减环节，加快构建全覆盖的"一次办结"机制，努力实现个人公共服务事项"社区办""就近办""全城通办""多点可办"和"网上办""自助办"，同时积极创新监管方式、模式，健全"部门联合、随机抽查、按标检查、一次到位"的协同监管机制，提高事中事后监管的针对性、有效性。要强化互联互通，大力推进跨部门联办事项"一窗受理、集成服务"，积极推广"互联网＋政务服务"，切实加大数据开放共享力度，加快构建建设集约、服务集聚、数据集中、管理集成的政府服务网络，让数据多跑路、群众少跑腿。要推进"最多跑一次"事项办理标准化工作，尽快拿出"办事清单＋办事流程＋办事指南"，以流程优化促进便捷化，以标准化促进规范化，保障改革真正落地。

"最多跑一次"

此后，在市第十二次党代会以来的历次全会上，"最多跑一次"改革均成为政府改革的重要内容。如2017年8月，杭州市委十二届二次全体(扩大)会议，提出要围绕"跑一次是原则，跑多次是例外"的目标，聚焦群众和企业反映强烈的“难点”和“堵点”，全力以赴打通关节、破除阻力，真正实现“最多跑一次”乃至“一次都不跑”，确保杭州在全省率先成为“审批事项最少、办事效率最高、政务环境最优、群众和企业获得感最强”的市。2018 年 1 月，杭州市委十二届三次全体（扩大）会议再次提出，要以“一窗受理、集成服务”为主抓手，全市 9593 项事项实现“最多跑一次”，不动产登记全流程“60 分钟领证”跑出全国最快速度，个人办事全面实现“简化办、网上办、就近办”，“1+N”+X 商事制度改革持续深化，并提出全力推进“网上办”，扩大“零跑次”事项范围，逐步实现市县两级政务服务事项全流程网上可办（涉密事项和特殊事项除外）。优化实体办事大厅服务，推进政务办事事项向行政服务中心集中、与群众关系密切的事项向乡镇（街道）便民服务中心和村（社）代办点延伸，实现全城通办、就近能办。2018 年 7 月，杭州市委十二届四次全体（扩大）会议提出，要依托互联网和大数据优势，以“一窗受理、集成服务”为抓手，完善“杭州办事服务”App、综合自助办事服务机等平台，推动“简化办、网上办、就近办、移动办”不断突破，加快实现便民服务“最多跑一次”全覆盖，打造“审批事项最少、办事效率最高、政务环境最优、群众获得感最强”的移动办事之城。2019 年 1 月，杭州市委十二届六次全体（扩大）会议提出，要加快基础数据资源归集、打通、共享，推进“一证通办”“一网通办”“一件事情联办”“一个窗口受理”，优化“杭州办事服务”App 和综合自助服务机的功能，着力打造“移动办事之城”。杭州市委十二届六次全会与七次全会，就如何利用“最多跑一次”改革引领营商环境建设进行了具体部署。

市第十二次党代会以来，杭州市紧紧围绕“最多跑一次是底线、一次不用跑是常态、跑多次是例外”等目标，通过持续深化改革，便捷了居民的办事流程、优化了营商环境，为居民和企业带来了诸多实惠。根据 2020 年市政府工作报告，全市 585 项公民个人事项实现了“一证通办”；“杭州办事服务”App 上线即办事项达 310 个。81 项“一件事”全面实现多部门联办、“网上办”和“掌上办”。市发改委持续推进企业投资项目审批“最多 90 天”。而截至 2021 年 8 月，杭州新赋码项目“最多 90 天”实现率达到 100%，小型项目“最多 60 天”实现率也将达到 100%。杭州推行区县（市）建设工程项目电子招投标，目前已经服务投标企业约2000家，节省办理时间2/3以上；市、区（县、市）两级行政服务中心开设“常态化企业开办专窗”，在全省率先实现全市域企业开办全流程一日办结。“最多跑一次”改革不仅让企业享受到了“杭州温度”和“杭州速度”，还持续吸引着更多市场主体在杭州“落地开花”。截至2021年末，全市共有各类市场主体1528946户，自2014年以来市场主体年均增幅达14%以上。全市民营经济（私营内资企业）达67.8万户，其中民营经济小微企业（个体工商户）65.9万户，占比达97.2%。在2021年发布的中国民营企业500强中，杭州有36家企业入围，连续19次获得全国城市第一。

二、“数字化改革”助推政府治理效能

2020年3月31日，习近平总书记考察杭州城市大脑运营指挥中心，指出：“推进国家治理体系和治理能力现代化，必须抓好城市治理体系和治理能力现代化。”[①]运用大数据、云计算、区块链、人工智能等前沿技术推动城市管理手段、管理模式、管理理念创新，从数字化到智能化再到智慧化，让城市更聪明一些、更智慧一些，是推动城市治理体系和治理能力现代化的必由之路，前景广阔。习近平总书记希望杭州在建设城市大脑方面继续探索创新，进一步挖掘城市发展潜力，加快建设智慧城市，为全国创造更多可推广的经验。市第十二次党代会以来，杭州市不断加大数字政府建设的力度，提高政府信息化水平、优化治理流程，以数字化赋能政府治理能力提升。《中国城市数字治理报告（2020）》显示，杭州位列中国城市数字治理水平排行榜首位。

2017年8月，杭州市委十二届二次全体（扩大）会议上，省委常委、市委书记赵一德提出政府数字化改革的两项关键举措。一方面，要以加快城市“数据大脑”建设为抓手，在深化大数据交通治堵的同时，积极推动在公共安全、城市管理、民生服务等领域的探索应用，加快形成“用数据说话、用数据决策、用数据管理、用数据创新”的城市治理新方式；另一方面，要以“一窗受理、集成服务”为抓手，在数据互通共享、“互联网+”政务、跨部门联办事项上

① 《习近平在浙江考察时强调：统筹推进疫情防控和经济社会发展工作　奋力实现今年经济社会发展目标任务》，《新华每日电讯》2020年4月2日，第1版。

持续发力，推动公民个人办事事项的“网上办理”与“就近办理”，最终实现“一网通办”“全城通办”。此后，在市第十二次党代会以来的历次全会上，这两项举措均构成为杭州推进政府数字化建设的基本路径。如 2018 年 7 月，市委十二届四次全体（扩大）会议指出，一方面要“全面系统抓城市数字化”，在完善功能设施的基础上，推进城市大脑在城市治理中的全面应用，推动各部门数据全归集全打通全共享，着力构建数字化引领、大数据支撑的城市治理现代化体系，努力成为数字治理系统解决方案输出地。另一方面，依托互联网和大数据优势，以“一窗受理、集成服务”为抓手，打破信息孤岛，完善“杭州办事服务”App、综合自助办事服务机等平台，推动“简化办、网上办、就近办、移动办”不断突破，加快实现便民服务“最多跑一次”全覆盖。

从主要成就来看，杭州市第十二次党代会以来，政府数字化改革取得了明显治理成效，突出体现在如下四个方面：

数字政府体系基本形成。在全国率先设立了以“数据资源”命名的市县两级政府机构，建立杭州城市大脑建设工作领导小组（数智杭州建设工作领导小组）、杭州市推进政府数字化转型联席会议（杭州市智慧电子政务建设工作领导小组），重塑了城市数据资源治理体系。同时形成了系统谋划、专班运作、比学赶超、揭榜挂帅、政策激励的工作推进机制，初步形成了“以人为本、平台为基、应用为要、整体智治、高效协同”的数字治理建设体系。

政务服务效能显著提升。依托国家、省政务服务平台，全面推进“减时间、减跑次、减材料”。截至 2020 年底，83 个部门（单位）进驻浙江政务服务网，行政许可事项承诺时限压缩比达 97.65%，跑零次行政许可事项数达 1013 项，行政许可事项即办率达 89.60%，率先全国实现不动产登记颁证 60 分钟出证。按照“一键直达”的理念，持续推进杭州市政务服务 2.0 建设，完成 75 个“一件事”联办。深化部门间“最多跑一次”协同服务，实现政府内部事务“一网办理、一键直达，自动核验、智能秒办，字段复用、数据默认，全域覆盖、数据共享”，5068 个内部事项 100% 线上办理。加强“互联网 + 监管”，深化“双随机一公开”，深入推进电子证照复用，营商环境不断优化。2018、2019、2020 年度国办全国重点城市网上政务服务能力第三方评估杭州分别列第 3 名、第2名、第2名。

数字基础设施统筹整合。截至2020年末，杭州市着力完善了政务“一朵云”。政务云提供5.4万核CPU、200TB内存、26.5PB存储服务能力，累计支撑106家单位750个业务信息系统上云，使用云服务器4229台。全市政务网纵向从市至区、从区至乡镇街道覆盖195个政府单位，市级横向连接290家政府部门，区县横向连接900家政府部门。完成57个备网节点建设和政务外网IPv6改造对接。累计汇聚13.9万路视频监控，累计接入视联网点位2356个。新一代数字基建加快建设，累计建成5G宏基站2万个，在2020年工信部的移动网络质量测试中杭州市5G网络速率排名第一，光网覆盖率95%以上，全国互联网交换中心正式挂牌启用。

数据支撑保障有力。截至2020年末，杭州市一体化智能化公共数据平台累计汇聚全市自建业务系统1304个，编制数据目录1.75万条；汇聚69个部门1590亿条数据，累计交换1580亿条，日均交换量500多万条；发布共享数据接口1676个，累计调用107亿次，日均调用量800多万次。探索公共数据开放，49个部门、14个区（县、市）、管委会开放898个数据集、911个数据接口、8.5亿条数据，形成138项数据开放应用。已建和在建数据中心70个，服务器使用超过40万台。建立覆盖云网、平台、系统、数据等“多维联动、主动防御”的安全管控平台，接入211个市级单位的3682个网络资产，覆盖14个区（县、市）、管委会，实现对政务信息基础设施、政务云平台、政务信息系统和政务数据的立体安全防护。

三、政府机构改革理顺府际关系

深化党和国家机构改革，是以习近平同志为核心的党中央从党和国家事业发展全局高度作出的重大决策部署，是推进国家治理体系和治理能力现代化的一场深刻变革。而地方结构改革是国家治理体系调整的延伸，是深化党和国家机构改革的重要内容。杭州市第十二次党代会以来，市委、市政府高度重视政府机构改革，将其作为一项重大政治任务，通过认真谋划、统筹安排、精心组织、周密部署，于2018年12月28日召开杭州市委十二届五次全体会议，专题研究传达学习了《杭州市机构改革方案》；2019年1月3日，市委、市政府召开全市机构改革动员大会，对推进机构改革进行动员部署，标志着杭州市机构改革进入全面实施阶段。

从改革的总体情况来看，本次机构改革后，共设置市级党政机构54个，与中央和省基本对应。党委机构15个，其中，纪检监察机关1个，工作机关14个。政府办公厅和工作部门39个。市委职能部门和市政府工作部门在机构设置和职能配置上，与中央和省基本对应。同时，为适应杭州经济社会发展需要，本次机构改革在机构限额内因地制宜设置了部分机构，优化调整一些领域的机构职能。

市委机构改革。本次市委机构改革主要着眼于健全加强党的全面领导制度，确保党始终总揽全局、协调各方，确保党的领导更加坚强有力。在建立健全和优化市委对重要工作的领导体制机制方面，杭州市组建了市监察委员会、市委审计委员会、市委教育工作领导小组，改建市委全面深化改革委员会、市委全面依法治市委员会、市委网络安全和信息化委员会、市委财经委员会、市委国家安全委员会、市委外事工作委员会。同时，加强市委职能部门的统一归口协调管理职能，市委组织部统一管理市委机构编制委员会办公室，统一管理公务员工作；市委宣传部统一管理新闻出版和电影工作；市委统战部统一领导民族宗教工作、统一管理侨务工作。

市政府机构改革。本次市政府机构改革主要着眼于强化社会管理和公共服务职能，切实解决人民群众最关心、最直接、最现实的利益问题。改革后的市政府工作部门一共有39个。其中，市科学技术局、市规划和自然资源局、市生态环境局、市农业农村局、市商务局、市文化广电旅游局、市卫生健康委员会、市退役军人事务局、市应急管理局、市医疗保障局、市投资促进局、市对口支援和区域合作局为新组建部门。市司法局、市林业水利局、市市场监督管理局为重新组建部门。此外，本轮机构改革还优化了市发展和改革委员会、市审计局、市统计局等部门的职责。

市人大、市政协、群团组织改革。在组织实施党政机构改革的同时，杭州市还统筹推进了市人大、市政协、群团组织改革。其中，市人大机构改革方面，整合了市人大内务司法委员会、财政经济委员会、教育科学文化卫生委员会的相关职责，组建市人大社会建设委员会，作为市人大专门委员会。市人大内务司法委员会更名为市人大监察和司法委员会。市政协机构改革方面，市政协经济和农业农村委员会联系农业界和研究“三农”问题等职责调整到市政协农业和农村委员会，市政协经济和农业农村委员会更名为市政协经济委员会。市政协文史委员会更名为市政协文化文史和学习委员会，市政协教科文卫体委员会承担的联系文化艺术界等相关工作调整到市政协文化文史和学习委员会。市政协教科文卫体委员会更名为市政协教科卫体委员会。此外，杭州市还进一步优化了群团组织机构的设置和职责，支持和鼓励群团组织承接适合其承担的公共服务职能，促进党政机构同群团组织功能有机衔接，探索群团组织机关综合性设置。

杭州市重新组建市场监督管理局

事业单位改革。在事业单位改革方面，杭州市将完全、主要和部分承担行政职能的事业单位全部纳入改革范围，全面清理事业单位承担的行政职能，将行政职能划归行政机构。除行政执法机构按照中央部署推进改革外，不再保留或新设承担行政职能的事业单位。结合党政机构调整，撤并整合职责相近、设置重复分散、规模过小的事业单位，同步划转涉改部门所属相关事业单位。面向社会提供公益服务的事业单位，理顺同主管部门的关系，逐步推进管办分离，强化公益属性；主要为机关提供支持保障的事业单位，优化职责和人员结构，同机关统筹管理。

综合行政执法改革。在深化综合行政执法改革领域，在这次机构改革中，杭州市还整合组建了市场监管、生态环境保护、文化市场、交通运输、农业等5个领域执法队伍。加大跨部门跨领域综合行政执法力度，完善“部门专业执法+综合行政执法+联合执法”的行政执法体系。在强化行政执法属地监管责任的同时，健全完善县乡行政执法统筹指挥机制，规范执法职责，改进执法方式，提高执法效能。

桐庐县新组建综合行政执法指导办公室

总体而言，杭州市这次机构改革是一次全方位、大力度、深层次的重大改革，改革力度之大、触及利益之复杂，历史上都是少有的。这一改革具有十分鲜明的特点，具体体现在六大方面：始终坚持和加强党的全面领导；全面贯彻以人民为中心的发展思想；坚决贯彻中央改革精神和各项要求；充分体现杭州的市情和特色；坚持把强化市级统筹与充分调动区县（市）积极性结合起来，理顺市与区县（市）、条与块的关系；坚持一件事情原则上由一个部门负责，理顺部门间责权关系。此外，这次杭州机构调整还充分体现了鲜明的市情和地方特色，根据杭州城市发展特点和功能定位，聚焦关键环节和重点领域，在限额内因地制宜优化调整机构设置，结合杭州市“最多跑一次”改革、数据资源管理、投资促进、军民融合发展、对口支援和区域合作等方面的改革实践，积极探索了具有杭州特色的机构设置。比如，2017年，杭州适应信息化和大数据时代特征，在整合部门数据资源管理职责基础上，组建了大数据管理机构，走在全国全省前列。又如，本次机构改革，按照“三化”融合发展要求，为更好促进产业升级、推进智慧城市建设、打造数字政府等，杭州继续保留市数据资源管理局。杭州市推出的这轮机构改革，充分体现了中央的决策部署，也充分体现了杭州的市情特点，为杭州建设独特韵味别样精彩世界名城、打造展示新时代中国特色社会主义的重要窗口提供了坚强而有力的组织保障。

四、行政区划改革助推杭州区域协调发展

党的十九届四中、五中全会都明确提出要优化行政区划设置，发挥中心城市和城市群的带动作用。浙江省"十四五"规划指出要全面提升中心城市能级，大力培育国家中心城市。杭州市作为浙江省省会、长三角南翼中心城市，在长三角一体化发展国家战略中居于重要地位。近年来，杭州市坚决贯彻习近平总书记重要指示精神，各项事业发展取得历史性成就，但"对照中央和省委、省政府赋予的战略使命、经济社会发展的趋势性变化，现有部分行政区划已严重不适应新阶段新形势新要求，区域空间不协调、产业布局不合理、人口密度不均衡、空间规划不协同等问题日益凸显，已成为制约城市高质量发展的瓶颈。"[①] 在这一背景下，优化调整部分行政区划成为杭州城市发展的必然要求。

2020 年 11 月，市委十二届十次全体会议通过了《中共杭州市委关于同意杭州市部分行政区划优化调整的决议》。该决议指出，实施全市部分行政区划优化调整，是深入贯彻习近平总书记重要指示精神的实际行动，有利于不断厚植历史文化名城、创新活力之城和生态文明之都特色优势，加快建设新型智慧城市和宜居城市，更好肩负国家战略使命，更好服务构建新发展格局；是优化城市内部空间结构的重大举措，有利于增强中心城市承载和辐射功能，促进区域协调发展，使生产关系更好适应生产力发展、上层建筑更好适应经济基础；是贯彻以人民为中心发展思想的具体实践，有利于优化资源要素配置，推动公共服务优质均等，提高城市治理现代化水平，不断满足人民群众美好生活向往，持续擦亮最具幸福感城市"金名片"。在此基础上，2021 年 4 月，杭州市发布

① 2019 年，杭州常住人口从 2018 年的 980.6 万人增长到 1036 万人，增量达 55.4 万人，年度增量首次超过深圳和广州，位居全国第一。这一年，杭州城区人口达到了 682.2 万人，首次超过南京，成为长三角第二大城市。

《杭州市人民政府关于调整杭州市部分行政区划的通知》，决定：撤销上城区、江干区，设立新的上城区，以原上城区、江干区的行政区域（不含下沙街道、白杨街道）为新的上城区的行政区域；撤销下城区、拱墅区，设立新的拱墅区，以原下城区、拱墅区的行政区域为新的拱墅区的行政区域；撤销余杭区，设立新的余杭区，以原余杭区的余杭街道、仓前街道、闲林街道、五常街道、中泰街道、仁和街道、良渚街道、瓶窑镇、径山镇、黄湖镇、鸬鸟镇、百丈镇的行政区域为新的余杭区的行政区域；设立临平区，以原余杭区的临平街道、东湖街道、南苑街道、星桥街道、运河街道、乔司街道、崇贤街道、塘栖镇的行政区域为临平区的行政区域；设立钱塘区，以原江干区的下沙街道、白杨街道和萧山区的河庄街道、义蓬街道、新湾街道、临江街道、前进街道的行政区域为钱塘区的行政区域。

进入 21 世纪以来，杭州行政区划调整主要是向周边扩张的行政区划调整，包括萧山、余杭撤市设区，以及后来富阳、临安先后设区。这些行政区划调整主要通过外拓的方式来解决发展空间不足的问题。而新一轮行政区划调整着眼于内部结构的优化。实施此次部分行政区划的优化调整，对杭州长远发展具有重要意义，不仅有利于更好传承历史文脉、彰显杭州特色，更是优化城市内部空间结构的重大举措。

传承历史文脉、彰显杭州特色。此次部分行政区划的优化调整有利于更好传承历史文脉、彰显杭州特色，也符合地名管理有关规定。比如，“上城”是南宋皇城及重要官署所在地，集聚杭州历史文化名城精华，继续沿用该行政区名，将有利于传承和提升中心城区的影响力，形成广泛的文化认同。“拱墅”之名具有鲜明的杭州特色，分别取自具有深厚历史底蕴的拱宸桥、湖墅，代表了杭州运河文化的历史内涵。“余杭”“临平”都具有广泛的群众接受度，有利于传承弘扬古地名。而“钱塘”是杭州地域内设立最早的县之一，也是最能代表杭州历史文脉的符号之一。

优化城市空间结构与布局。部分行政区划的优化调整有利于解决当前杭州市人口密度和公共服务供给不均衡的突出矛盾，优化城市内部空间结构。多中心、郊区化发展，是逐步解决中心城区人口和功能过密问题的必由之路，有利于解决杭州市不同城区之间“大的过大、小的过小”问题，防范化解大城市病等治理风险隐患，提高城市治理现代化水平。通过这一轮行政区划部分调整，杭州市将把优化公共服务布局作为着力点，围绕新的余杭区、临平区、钱塘区，优先布局一批教育、医疗、文化等公共基础设施，进而切实缓解当前主城区人口密度和公共服务供给不均衡的突出矛盾，实现整个城市在空间布局上更加优化、合理，促进区域协调发展，增强城市承载力和辐射力。

助推未来高质量发展。部分行政区划的优化调整还有助于为杭州市未来的高质量发展按下“快进键”。杭州市在“十四五”规划中提出，要打造“一核九星、双网融合、三江绿楔”的特大城市新型空间格局，有效遏制城市单体规模无序蔓延，形成“众星拱月”的组团式发展形态。此次整合设立新的上城区和拱墅区，正是做强做优“一核”的题中之义。优化调整后，杭州原上城区和原下城区发展空间不足的状况将被极大扭转。新的上城区将着力打造为全国重要的高端服务业中心、消费中心、创业创新中心和宋韵文化传承展示中心，更高质量融入拥江发展，努力成为一流国际化现代城区。而新的拱墅区也将定位为产业转型升级样板区、城市有机更新样板区、大运河国家文化公园样板区，高质量建成运河沿岸名区。新的上城区、拱墅区将与西湖区一起成为杭州大都市的国际会客厅。而新设立的余杭区、临平区、钱塘区则承担着郊区新城建设的使命和重任。新的余杭区将打响创新余杭、品质之区、文明圣地的城市品牌；新的临平区有望依托区位优势和产业优势，打造融沪桥头堡、未来智造城、品质新城区；钱塘区将努力成为长三角地区产城融合发展示范区、全省标志性战略性改革开放大平台。总体而言，新的发展空间布局，将为杭州市未来高质量发展打下坚实基础。

第二节　深入推进“依法治市”

党的十八大以来，以习近平同志为核心的党中央从坚持和发展中国特色社会主义的全局和战略高度推进法治建设，围绕着为什么要全面依法治国、怎样全面依法治国这个重大时代课题，从理论和实践上进行全面探索总结，形成了习近平法治思想，推动我国法治建设取得历史性成就。市第十二次党代会以来，杭州市按照党的十九大关于“深化依法治国实践”新要求、“建设法治政府”新部署，以及《中共中央国务院关于印发〈法治政府建设实施纲要（2015—2020年）〉的通知》、浙江省委十三届六次全会对全面深化法治浙江建设的新部署，以“在深化法治浙江建设进程中发挥龙头领跑示范带动作用、在全面落实依法治国各项任务中走在全国重要城市前列”为目标，持续深化法治政府建设，在统筹推进法治政府建设、促进高质量立法、推动综合行政执法改革、积极推进行政争议预防化解等方面取得了一系列成效，为加快建设世界名城、打造展示新时代中国特色社会主义的重要窗口，提供了坚强的法治保障。

一、全面推进政府依法行政

全面推进政府依法行政，是依法治国基本方略的重要内容，是行政机关运作方式的基本特征，是体现党的执政地位和执政作用的重要方面。市第十二次党代会以来，杭州市政府在全面推进政府依法行政方面推出了诸多重要举措，推动政府工作在法治轨道上高效运行。

全面加强对依法治市工作的组织领导。在《中共中央办公厅国务院办公厅关于印发〈党政主要负责人履行推进法治建设第一责任人职责规定〉的通知》颁布不久，杭州市就组织全市各级党政主要负责人参加全省领导干部依法执政专题研讨班，深刻学习领会新形势下推进依法执政的重要意义、关键问题和对各级领导班子、领导干部能力素质的新要求。市政府常务会议、市建设法治政府（依法行政）工作领导小组多次听取并研究新形势下推进法治政府建设重大问题。制定了杭州市法治政府建设工作年度工作要点，对年度重点工作做出具体部署并进行任务分解。此外，杭州市还推进了政府法律顾问制度建设，杭州市本级以及13个区县（市）政府和36家市级主要执法部门实现政府法律顾问全覆盖，聘请了一定数量的政府法律顾问，促进政府法律顾问工作的规范管理，确保政府各项行政行为的合法性。

不断强化对政府依法行政的有关考核。市政府主要领导与13个区县（市）政府、36个市级责任单位以及市政府重点工作牵头单位签订法治政府建设目标管理责任书，明确法治政府建设的主要职责。在此基础上，坚持内部评价、社会满意度测评、专业机构评估“三位一体”考评模式，制定年度法治政府建设（依法行政）工作考评内部评价指标及评分标准，组织开展对各区县（市）政府和36个市级责任单位进行考评，把考评结果纳入党委、政府对部门和区县（市）年度综合目标考核体系。实施法治政府建设月度测评，及时向各区县（市）政府和36个市级责任单位通报反馈存在的问题，提高主要负责人对法治政府建设考核工作的重视程度和执行力度。

规范行政机关各类文本的合法性审查与备案审查。为规范政府有关合同，杭州市制定出台了《杭州市行政机关合同合法性审查工作指引》，推出了部门重大合同备案、预警报告、年度专题报告制度，组织开展行政合同清理，规范行政机关合同合法性审查，预防和减少合同纠纷。同时，杭州市还加大行政规范性文件备案审查以及异议审查处理工作，出台《处理行政规范性文件异议审查建议的若干规定》，认真落实和抓好各部门以及县级部门和乡镇政府规范性文件备案审查工作。如2017年杭州市共收到各地各部门规范性文件备案审查申请376件，其中，受理区县（市）政府规范性文件224件，予以备案219件，不予备案5件。在此基础上，杭州市政府还加强与市委、市人大备案审查工作机构的协作配合，建立了行政规范性文件合法性审查、备案审查与司法审查衔接联动机制。

全面推进政务公开。推进重要政府信息公开，进一步提高公众获知、查阅政府信息的便利度，是全面推进政府依法行政的重要保障。市第十二次党代会以来，杭州市不断规范政府信息依申请公开办理流程，坚持柔性答复；完善市政府门户网站网上听证、建言献策等栏目，积极开展政务公开社会评议；建立健全决策、执行、管理、服务、结果“五公开”纳入办文、办会工作制度，在政府及部门门户网站信息公开平台设立专栏，加强政策解读和舆情回应，完善重点领域信息公开目录体系建设。

二、高质量立法保障人民权益

杭州市第十二次党代会提出要全面推进“法治杭州”建设以来，全市不断完善了党委领导、人大主导、政府依托、各方参与的立法工作格局，建立健全科学、民主、依法立法的机制程序，加大创制性立法力度，形成“不抵触、有特色、可操作、重实效”的地方立法，以良法促进发展、保障善治。在此基础上，杭州市委十二届八次全体（扩大）会议又再次专门提出“良法之治”的改革要求，要求构建完备的法律规范体系，完善地方性法规体系和包括市民公约、乡规民约、行业规章、团体章程在内的社会规范体系，立良法、促发展、保善治。

高质量制订地方性法规。从时间线索看，近五年来，杭州市及时顺应经济社会发展的新形势、新要求，牢牢坚持高质量立法，为经济社会的健康可持续发展奠定了重要的法治基础。2017 年，制定了国内首部《杭州市城市国际化促进条例》，全年制定《杭州市会展业促进条例》等地方性法规 6 件，《杭州市地下空间开发利用管理办法》等政府规章 6 件；对涉及“最多跑一次”改革的 92 件市地方性法规、103 件市政府规章、2000 余件市政府行政规范性文件进行清理；修改市地方性法规 3 件、市政府规章 3 件，废止市政府规章 9 件、市政府行政规范性文件 107 件。2018 年，制定《杭州市萧山湘湖旅游度假区条例》等 3 件地方性法规、《杭州市排水管理办法》等 4 件政府规章；对 100 余件规章进行全面清理，废止市政府规章 11 件，修改《杭州市城市公厕管理办法》等 5 件规章。2019 年，完成《杭州市钱塘江综合保护与发展条例》等 3 件地方性法规草案和《杭州市城市地下综合管廊管理办法》等 4 件市政府规章的起草审查工作，同时，出台《杭州市人民政府关于机构改革涉及市政府规章规定的行政机关职责调整问题的决定》，对全市现行有效的政府规章积极开展专项清理，共清理规章 89 件，其中，修改 16 件、废止 7 件。2020 年，向市人大常委会提交审议《杭州城市大脑赋能城市治理促进条例（草案）》等地方性法规 4 件，制定《杭州桐庐无规定马属动物疫病区管理办法》等政府规章 5 件。2021 年，制定《杭州市西湖龙井茶保护管理条例》等 11 件法规、规章；组织开展 87 件市政府规章涉及行政处罚内容的专项清理，废止和修改 8 件；此外，还专门出台了《杭州市行政规范性文件后评估办法》，对 36 件市政府规范性文件、29 件市委市政府联合发文规范性文件进行合法性审查，对 266 件区县（市）政府和市级部门规范性文件进行备案审查。

市第十二次党代会以来，杭州市聚焦大局所需、群众所盼、问题所在，在立法工作中呈现了如下三方面的特点与亮点：

注重“四个突出”。一是突出创制性立法。在全国率先制定会展业促进、城市国际化促进、城市大脑赋能城市治理促进等条例，为杭州市经济社会高质量发展提供制度支撑。二是突出特色性立法。制定修改第二水源千岛湖配水供水工程管理、萧山湘湖国家旅游度假区、钱塘江综合保护与发展、淳安特别生态功能区、西溪国家湿地公园保护管理、西湖龙井茶保护管理等条例，为打造杭州特色优势、引领绿色发展提供法治保障。三是突出城市治理立法。制定修改流动人口服务管理、道路交通安全管理、机动车驾驶员培训管理、城乡规划、客运出租汽车管理、城市轨道交通管理、公共场所控制吸烟、居家养老服务、电梯安全管理、生活垃圾管理、机动车排气污染防治、警务辅助人员管理、社会信用、国有土地上房屋征收与补偿、物业管理、燃气管理等法规，着力提升城市治理法治化水平。物业管理条例在全国率先启动人脸识别禁止性条款，入选“2020 年度中国十大宪法事例”。四是突出法制教育。积极依托“五四”宪法纪念馆，大力组织实施“七五”普法规划，成立杭州市习近平法治思想普法宣讲团，积极筹建国家宪法宣传教育馆，大力推进全国民主法治示范村（社区）的建设。

创新立法工作机制。完善党委领导、人大主导、政府依托、各方参与的立法工作格局。率先制定、认真执行《关于重大立法事项向市委报告的实施办法》。建立常委会主要领导担任组长的重要法规草案起草领导小组、双组长、立法工作专班、两审三表决、三审四表决等制度，切实提高法规立项、起草、审议质量。探索与兄弟城市开展协同立法机制。组织高校专家、立法咨询委员会参与立法论证、提供智力支持。采取召开座谈会、公开法规草案、立法协商等方式，广泛征求人大代表、基层立法联系点和社会公众意见，充分吸纳民意、汇集民智。全市 23 家基层立法联系点提出 1000 多条意见建议，9 家被选树为“最美基层立法联系点”。

实行立法全周期闭环管理。建立健全法规实施情况定期报告、立法后评估、执法检查、法规清理等制度，持续开展法规动态维护。听取智慧经济促进条例等10件法规实施情况报告。对客运出租汽车管理条例等5件法规进行立法后评估。废止《杭州市预算监督条例》《杭州市蔬菜农药残留监督管理条例》《杭州市宗教活动场所管理若干规定》。落实全国人大常委会和省人大常委会部署，围绕疫情防控、《民法典》实施、优化营商环境等，开展8轮地方性法规专项清理工作。

三、深入推进行政综合执法改革

推进综合行政执法是全面深化改革的重要内容，也是杭州市第十二次党代会以来社会治理领域改革的重要方向。自2017年以来，杭州市作为综合行政执法改革的前沿阵地，大力贯彻落实法治改革政策，聚焦综合行政执法改革的体制机制，突出执法改革重点，明晰执法改革难点，在法治改革进程中不断突破执法桎梏，探索出了一套新的行政综合执法模式。

杭州市综合行政执法局挂牌成立

2017年1月，杭州市出台了《杭州市推进综合行政执法工作实施方案》，旨在以简政放权、放管结合、转变职能为核心，以建立健全基层行政执法体系为重点，以推动行政执法重心下移、相对集中行政执法权、整合规范执法主体、优化执法力量配置为主要内容，全面推进城乡统筹的跨部门、跨领域综合行政执法。在此基础上，杭州市又根据《浙江省人民政府关于深化行政执法体制改革全面推进综合行政执法的意见》《浙江省人民政府办公厅关于加强行政执法协调指挥和协作配合工作的指导意见》等文件要求，于2017年6月28日正式挂牌成立杭州市综合行政执法局，推进行政执法重心下移，不断探索镇街综合执法平台建设、完善行政执法权限协调机制，为加快形成权责统一、权威高效的综合行政执法体制进行了大量卓有成效的改革探索。从具体改革举措与成效来看，近年来的这些改革包括如下内容：

积极推动加快综合行政执法体制改革。在 2017 年成立杭州市综合行政执法局的基础上，2018 年杭州市又进一步推进行政执法重心下移，打造了镇街综合执法平台，推进相对集中行政许可权工作，全面实行执法人员持证上岗和资格管理制度。2019 年，杭州市全面完成了市县两级综合执法队挂牌工作，试点推进了“部门专业执法 + 综合行政执法 + 联合执法”的执法体系建设，统筹配置行政处罚职能和执法资源；积极开展了集市场监管、生态环保、文化市场、交通运输、农业农村等五大领域于一体的综合执法体制改革。进一步探索了基层综合行政执法改革，在上城区南星街道、拱墅区（原下城区）长庆街道、桐庐县分水镇 3 个乡镇（街道）开展基层综合执法改革试点工作基础上，进一步推进乡镇（街道）“一支队伍管执法”改革，南星街道等 14 家单位、拱宸桥街道等 7 家单位分别被列为省级、市级基层综合执法改革培育单位。2021 年，杭州市又制定《杭州市推进“大综合一体化”行政执法改革实施方案》，明确要求将 60% 的高频率高综合高需求执法事项纳入综合执法，综合执法事项拓展到 65% 以上的执法领域，县级及以下综合执法力量达 85%。

通过多种方式规范综合行政执法行为。主要体现在三大方面：一是在行政执法制度建设方面，根据《国务院办公厅关于印发推行行政执法公示制度执法全过程记录制度重大执法决定法制审核制度试点工作方案的通知》要求，杭州市在 2017 年启动了市城管委等 5 部门行政执法公示、全过程记录、重大执法决定法制审核“三项制度”（《杭州市行政执法公示办法》《杭州市行政执法全过程记录办法》《杭州市重大执法决定法制审核办法》）的建设试点工作，并于 2019 年正式发布，推动了行政执法“三项制度”的全覆盖；在全省率先出台保障新行政处罚法实施的 10 条工作指引，率先推出规范行政执法职责争议处理的工作机制；下发《关于深化开展行政执法主体资格确认公告工作的通知》，加强对行政执法主体和执法人员的资格管理与动态管理，推进行政执法机构、职能法定化。二是在行政执法的方式方法上，细化完善执法程序，推广运用说服教育、劝导示范、行政指导、行政奖励等非强制性执法手段，创新执法方式，落实行政执法与刑事司法衔接机制，提高执法水平和执法实效，增强群众对行政执法的满意度和获得感。三是在行政执法的管理方式上，进一步健全完善行政裁量基准动态调整制度，规范执法裁量权，探索推广轻微违法告知承诺制等机制，推进非现场执法，推广应用省统一行政处罚办案系统；实现“浙政钉·掌上执法”系统市县两级全贯通，部门应用全覆盖（垂直系统除外）；构建监管执法“一件事”全链条，探索“事项三色清单、分类刚柔并济”的新型监管机制。

杭州市组建新的城市综合执法队伍

通过多种形式加强对综合行政执法的监督。主要体现为五大方面：一是加大法治审核。制定《报送市政府审批的行政执法决定法制审核规程（试行）》《报送市政府审批的行政执法决定事项目录》，开展市政府批准的重大行政执法决定清理工作，严把重大执法决定法制审核关。二是加强对行政执法案卷的评查，推行执法案件主办人制度和案件审核、质量跟踪评判制度，重点对行政执法全过程记录制度落实情况和执法过程中形成的音像记录立卷、归档、保管情况进行评查，在案卷评查中把行政处罚案件裁量基准的适用作为评查的重点项目。三是加大行政执法信息的公示。按照“定性有精度，定量减幅度”的原则，全面推行阳光裁量；严格按照规定在浙江政务服务网统一公示行政执法信息，在政府门户网站和行政服务窗口等场所公开行政执法主体和相关执法人员、职责、权限、随机抽查事项清单、依据、程序、监督方式和救济渠道等信息。四是组织开展专项执法监督。如组织开展行政执法“三项制度”实施情况、贯彻落实《浙江省重大行政决策程序规定》情况、“双随机、一公开”监管情况、《浙江省企业权益保护规定》实施情况、农民工工资支付情况、食品药品监管执法司法情况等专项执法监督。五是推进特邀行政执法监督员制度的落实，健全与人大常委会、监委等协作的监督机制。

四、积极推进行政争议预防化解

推进行政争议预防化解，不断提升行政复议公信力，是确保政府依法行政的重要保障。第十二次党代会以来，杭州市始终坚持以习近平新时代中国特色社会主义思想为指导，深入贯彻习近平法治思想，从源头上预防、化解行政争议，促进行政争议诉源治理，不断推进行政复议的规范化建设、推进政府依法积极履行行政应诉职责、持续加强行政调解与行政裁决不断加强行政复议的规范化建设。2017 年，杭州市率先响应浙江省政府关于深化复议体制改革相关要求，在市本级挂牌成立杭州市政府行政复议局。2019 年，杭州市推进了市、区（县、市）两级政府 14 家行政复议局全部正式运行，市本级 37 个市直部门的复议权集中到市行政复议局，至此全市行政复议体制改革按期保质完成。在机构改革基础上，杭州市又高标准抓好行政复议的规范化建设，出台《杭州市行政复议规范化建设实施意见》，不断畅通行政复议渠道、加强行政复议工作的规范化建设。一是进一步发挥复议监督指导作用。建立行政复议案件请示报告制、重大案件集体讨论制、责任追究制、通报排名制等工作机制，为改革落地见效提供保障开展复议“以案治本”专项行动，加大对涉企涉商类案件的分析研判。妥善处理市直部门复议事项引导、梳理、交接等工作，确保相对集中复议权工作平稳推进。二是加强复议信息化建设，推进复议档案电子化和“智慧复议”建设。改进复议案件审理方式，加大听证审理和实地调查核实证据力度。落实复议决定书网上公开制度，进一步畅通复议渠道，建设“智慧复议”，加强复议规范化、信息化建设。三是完善复议案件繁简分流制度，召开专家论证会，探索专家参与案件审理，加强疑难案件研究会商。抓好专家咨询、调解和复议决定书网上公开等制度的落实，进一步提高复议公信力，注重通过实地调查、面谈、听证等方式查明事实、定纷止争。正是通过一系列规范化建设，杭州市各类行政案件复议案件的败诉率大幅下降。2021 年全市办结复议案件 6010 件，直接纠错 182 件，纠错率 8.2%，比上年下降 2.4 个百分点；全市发生一审行政诉讼案件 2187 件，败诉 128 件，败诉率 5.85%，比上年下降 4.23 个百分点。

长庆街道组建社会治理综合服务中心

依法积极履行行政应诉职责。为贯彻落实《浙江省人民政府办公厅关于加强和改进行政应诉工作的实施意见》，杭州市于 2017 年制定出台了《杭州市人民政府办公厅关于进一步加强行政应诉工作的意见》，并于 2019 年制定出台了《杭州市行政机关负责人出庭应诉工作指引》，不断推动政府应诉意识和应诉水平的提升。一是严格落实行政机关负责人出庭应诉报备通报制度，完善负责人出庭应诉监督考核机制，提高负责人出庭应诉率。健全败诉案件报告、应诉统计与分析等工作机制，推动败诉问责工作的落实。二是完善复议诉讼联动、联席机制。联合市法院召开复议诉讼案件审理情况新闻发布会，针对政府信息公开领域和消费投诉领域滥用申请权和诉权现象，与市法院召开复议诉讼联席例会，建立健全滥权甄别规制机制。在此基础上，杭州市还进一步推进了复议诉讼联席机制常态化建设，合力解决化解争议领域、依法行政领域中的突出问题。三是完善市人大常委会专题听取市政府关于行政机关负责人出庭应诉的情况报告。通过落实行政机关负责人出庭应诉报备通报、败诉案件分析报告、应诉统计与分析等机制，着力提升负责人出庭应诉率。2021 年全市发生一审行政诉讼案件 2187 件，败诉 128 件，败诉率 5.85%，比上年下降 4.23 个百分点。进一步提高行政机关负责人出庭应诉质效，全市行政机关负责人出庭应诉率 95%，比上年上升 3.75 个百分点。

杭州市行政复议咨询委员会成立

持续加强行政调解与行政裁决工作。市第十二次党代会以来，杭州市还不断完善政府负总责、司法行政机关牵头、各职能部门为主体的行政调解工作体制，提升行政调解工作水平，增强司法行政机关、法院、检察院化解行政争议的合力，发挥行政争议调解中心作用。从近五年的工作情况来看，杭州市的行政调解与行政裁决工作均取得了明显成效。在行政调解工作方面，杭州市积极推动行政调解与司法调解、人民调解衔接互动，并于 2018 年正式成立了“杭州市行政争议调解中心”，通过制定《杭州市行政争议调解中心程序规定》《关于加强杭州市行政复议调解工作的若干意见》《杭州市社会矛盾纠纷多元化解办法》等文件，不断规范行政调解中心的制度建设和实质性运行，确保了行政复议定纷止争主渠道作用的充分发挥。此外，2021 年，杭州市还出台了《杭州市行政赔偿和追偿办法》，在全国首创设立政府行政赔偿追偿委员会。在行政裁决工作方面，近年来杭州市也进行了诸多富有成效的改革探索。如在 2017 年，杭州市正式挂牌成立了杭州国际仲裁院、杭州网络贸易仲裁院，浙江省知识产权仲裁调解中心；不断加快推进仲裁工作的国际化，与国际商会仲裁院、联合国贸法会成功举办“跨境电商国际仲裁（争端解决）论坛”，与 10 家境外机构、12 个跨境电商综试区城市仲裁机构签订合作协议，加快吸引国际高端仲裁资源，建设杭州国际仲裁中心。2018 年，杭州市着力健全知识产权纠纷多元化解机制，成功主办“2018第二届跨境电商争端解决国际论坛”，做强“跨境电商国际仲裁”品牌，进一步助推了国际仲裁中心的建设。

杭州互联网仲裁院成立

第三节　有序推进全过程人民民主实践

2019年11月，习近平总书记在上海市长宁区虹桥街道古北市民中心，与参加法律草案意见建议征询会的居民交谈时首次提出：“我们走的是一条中国特色社会主义政治发展道路，人民民主是一种全过程的民主。”[①] 在2021年召开的中央人大工作会议上，习近平总书记再次强调：“我国全过程人民民主实现了过程民主和成果民主、程序民主和实质民主、直接民主和间接民主、人民民主和国家意志相统一，是全链条、全方位、全覆盖的民主，是最广泛、最真实、最管用的社会主义民主。”[②] 习近平总书记关于“全过程民主”的重要论述，为杭州大力推进民主政治建设提供了基本遵循，也是杭州市第十二次党代会以来有关民主全过程探索的生动写照。

一、全面开展“五个民主”实践

全过程的民主包括民主选举、民主决策、民主管理、民主协商、民主监督

① 《让人民当家作主，打造全过程人民民主最佳实践地》，《人民日报》2022年6月25日，第3版。

② 习近平：《全过程人民民主是最广泛、最真实、最管用的社会主义民主》（2021年10月13日），《习近平谈治国理政（第四卷）》，外文出版社，2022年，第260—261页。

等过程。市委十二届党代会以来，杭州在全过程民主的五大环节都进行了积极探索，取得了明显成效。

民主选举的规范化参与稳步形成。近年来，杭州在全过程民主的首要环节“民主选举”方面进行了大量探索。一是选举流程规范化。从杭州市实践来看，全市各市县、乡镇都以党委、政府名义出台了深入推进村（社区）换届选举的工作方案或实施方案，推选村民选举委员会和村民选举监督委员会并召开第一次会议、第二次会议、登记参加选举的村民名单、审核发证、召开选举委员会第三次会议、推选村民代表、确定职数、候选人条件及产生方式、提名产生候选人初步人选、确定正式候选人等关键环节，均规范有序，流程标准。二是换届选举监督机制规范化。严格落实会议决策制度，按时将每一阶段的工作结果以公告的形式张贴于村内人口密集的地方，形成了“会议决策→公告安排→推进程序→公示结果”工作机制。在每个程序进行先后，都会发布相应公告，形成工作安排告知与结果公布相结合的信息公开机制。

民主决策科学实施的常态化进行。在杭州市的全过程民主实践中，各级党委、人大、政府以及基层自治组织的决策都始终贯彻民主集中制的基本原则，践行民主的基本程序。一是民主决策智力支持系统建设逐步完成。杭州市在重大事项决策中实践专家论证、技术咨询、决策评估制度，不断完善民主决策信息和智力支持系统，提高科学决策水平。其中，杭州市上城区海潮社区居民委员会换届选举决策咨询委，积极依托在杭专家资源，分别组建经济组、政治组、文化组、社会组和生态组，对全市经济社会发展战略和重大问题、重要政策、重要规划、重大项目等进行咨询论证等活动，促进了政府决策日益科学化。二是民主决策程序建设完善。经过多年实践，杭州市政府形成了重大民主决策四程序：决策事项的提出→决策的准备→决策的确定→决策的实施。在民主决策过程中，推行政务公开、接受人民群众的监督，实现决策过程的信息公开、现场监督、验收评估、质量回访的共同决策机制。三是民主决策与民主监督融合机制形成。如针对新形势下村级权力运行监督出现的新情况，余杭区推出了“121工作法”。针对村社民主决策中“该决不决、决而不定、决前定调、决后随意变更”等问题，区纪委区监委建立了《村级重大事项决策清单》制度。决策清单于每季度初由村监会主任围绕工程建设、“三资”管理等 14 个方面事项，征求各班子成员意见后确定，并于每季度末逐项进行核对销号。

上城区海潮社区居民委员会换届选举

民主管理精准实施提升城市治理效能。杭州市通过多层次开展民主管理，实现了城市治理效能的整体提升。一是通过数字赋能定位城市管理痛点。杭州通过城市大脑应用场景建设，主动盘点城市资源，感知城市生命体征，形成一大系统 48 个场景同步推进的局面。在智慧交通、智慧医疗、智慧文旅等方面，主动识别城市管理需求，提供智能化民主管理方案，变“有问题找政府”为“政府主动找问题”。如智慧医疗是从多次付费、开药、挂号、检查环节费时间，把时间节约下来，真正用于看病。二是搭建智慧公共应用平台凸显管理效果。杭州市在民主管理的过程中主动搭建公共服务平台，主动服务有需要的群体。如“亲清在线”平台是针对新型政商关系数字平台，助力惠企政策精准推动、补贴资金实时到账。在“亲清在线”平台框架下，77.3 亿元“政策红包”秒达，惠及 27 万家企业；100 个企业高频事项上线，29 个事项自动秒办，累计办件 90.5 万余件。

民主协商广泛实践促进人民有序参与。协商民主是杭州推进民主政治建设的重要内容，在整合社会关系、促进民主监督、提升决策效率等方面展现出了独特优势。一是民主协商机制日益成熟。目前，杭州市已形成较为成熟的五大民主协商机制：建立公开征求市民意见、开阔政府工作思路的民意征询机制；建立重大政务决策直接邀请市民参与意见表达机制；建立重大工程民众直接参与项目评判机制；建立利益相关人为主体的权益纠纷协商解决机制；建立政府工作直接邀请民众评议的机制。并且形成了“公民导向、多元主体、政府主导、合作治理”的地方治理结构，以及“党政界、知识界、行业界、媒体界”四界联动的多方参与协商解决的基层民主治理范式。二是民主协商方式多样且议题丰富。“杭网议事厅”“我们圆桌会”“湖滨晴雨工作室”“民情观察室”“市民监督团”“公述民评”以及和事佬协会等平台和组织，都是基于这一背景发展并成为杭州市民民主生活的重要平台。协商议题丰富多样、涵盖面广，包括“五水共治”“垃圾清运新模式”“垃圾分类”“偷倒建筑垃圾问题”“城市防涝”“门前新三包”“老小区加装电梯”等人民关切的城市管理热点，满足了人民对于美好生活的要求与期待。

民主监督全面展开构建民主生活闭环结构。市第十二次党代会以来，杭州市为促进人民群众近距离监督、便捷化监督，形成了多种民主监督的探索形式。一是民主监督形式多样。如杭州市滨江区形成了人民政协民主监督的 11 种有效形式，分别为会议协商监督、专项集体民主监督、民主评议监督、民主监督小组监督、提案监督、视察监督、反映社情民意监督、政情咨询问政监督、对口监督、联合监督以及其他监督形式。二是民主监督效果显著。近年来，杭州市政协精心挑选 158 名政协委员，组成 18 个政协民主监督小组，把委员的分散力量整合为集体的合力，把委员的个体监督行为上升为集体监督活动。三是数字赋能增强民主监督时效性。如杭州市人大采用线上线下联动的方式，利用城市大脑平台开展数字经济高质量发展专项监督，走访企业 455 家，召开座谈会 48 场，广泛听取线上线下意见建议，就发展在线新经济、推进新型基础设施建设、加快企业数字化转型等提出意见，将人大制度优势转化为城市治理效能，全面提升了民主监督的时效性。

二、民主参与汇聚“民意直通车”

近些年来，杭州市的民主政治发展日益成熟，民主参与内容、渠道与形式日益丰富，在“民主选举”“民主决策”“民主管理”“民主协商”和“民主监督”等方面均进行了全方位探索，但从工作推进的角度来看，市第十二次党代会以来，杭州市最具代表性与最具影响性的民主政治形式，突出表现为通过开门问策、集思广益，构建民意直通党委政府的连心桥，较好探索出了一套“民意直通车”的民主政治形式与工作机制。

自2019年1月起，杭州市积极探索了“民意直通车”机制，通过建立“收集—办理—督查—反馈”的工作运行机制，以及一系列兼具上报、督办、反馈的复合型功能，杭州市集思广益、开门问策，极大地提高了各项决策的科学性、代表性与实效性。两年多以来，杭州“民意直通车”共推动办结具体民意问题18265件，开展27场“民意直通·市民体验”活动，参与市民360余人次。每一个问题、每一次走访、每一次调研，背后都沉淀着广泛的民意基础、群众基础。正因为如此，在市委十二届八次全体会议上，杭州市明确提出要大力推进“协商之治”，进一步健全“民意直通车”长效机制。进一步发挥“我们圆桌会”“问计于民”等载体作用，总结推广人大代表联络站、政协委员工作室、社情民意联络点等好经验好做法，完善街道居民议事制度，健全民主恳谈会、民主听证会、民情沟通日、百姓议事日等工作机制，不断畅通“民意直通车”民情收集渠道，切实了解民情、掌握民意。随着“民意直通车”工作机制的日益成熟及其影响力的不断扩大，这一机制也成功入选2020年度“全国市域社会治理创新优秀案例”，成为杭州在城市民主建设中的又一张金名片。

从“民意直通车”的运行来看，这一机制之所以能够取得良好的民主互动效果，在于拥有积极参与的市民以及各类媒介所搭建的平台与互动。

广大市民的积极参与。一批积极关心城市发展的热心市民构成为民意直通车的重要民意来源。一座城市的人民幸福与否，关键要看广大市民对所在城市有没有归属感与主人翁意识，而归属感与主人翁意识则系于市民在城市建设、城市治理中的地位，发言权决定参与度。2020年，杭州市专门推出了“民意好声音”评选结果出炉，最终评选出“民意好声音”优秀代表30人、“民意好声音”优秀组织者6人、“民意好声音”优秀载体4家。如作为杭州市政协委员的周震，是杭州的一名出租车司机兼杭州旅游大使，也是“民意好声音”的优秀代表之一。杭州市推动火车东站的网约车停车与禁止车辆违法鸣号这两个重要决策就源于他的调研与建议。“作为一名出租车司机，我非常关注的是火车东站的出租车停车点问题，在我们的建议下，网约车停车的问题解决了，这是一个很大的进步。

第二个是市区禁止违法鸣号问题。我们在调研后开了一个小型的座谈会，通过座谈会我们也了解了为什么要这样做，这是城市文明进步的一个重要构建。”他说：“正是‘民意直通车’问需于民、问计于民、问效于民，这样的机制，对城市发展能起到有力的推动作用。”

媒体充当市民与政府的连接桥梁。媒体是民意表达的载体，是连接市民和政府的桥梁。在“民意直通车”机制中，媒体被赋予了更多的功能，它们不仅是收集民意的渠道，而且已经成为“多元参与，共同治理”架构中的组成部分。在这个架构中，媒体是民意表达的载体，是连接市民和政府的桥梁，更作为一个治理主体参与到城市治理中。如在2020年度获得此次“民意好声音”优秀载体的杭州电视台《我们圆桌会》栏目，2019年就曾荣获第29届中国新闻奖“新闻名专栏”，近些年来在搭建政府专家与公众之间沟通桥梁方面发挥了重要作用。除了杭州电视台的《我们圆桌会》，在杭州传递民意的载体还有杭州网的《杭网议事厅》，都市快报的《问计于民》，19楼网站的《网言网事》，杭州广播电台的《民情热线》，杭州电视台的《民情观察室》《今日关注》等媒体栏目，以及“人大代表联络站”、“政协委员联络站”、“人民建议征集”、“公述民评”电视问政、12345市长热线等这五个部门载体。

杭州“民意直通车”改革之所以具有广泛而深远的影响，关键在于三个方面的“创新”：一是有创新价值。党委政府的执政行为是民意的凝聚，了解民意才能顺应民意，并且只有支持和帮助人民群众充分表达才能了解民意。二是“多元表达”的路径创新。要确保民意表达的正当性、合理性、程序性，就需要构建完善的、明确的沟通渠道。“民意直通车”形成民意表达的多元均衡渠道，充分利用现代网络传播技术，鼓励、支持、引导民众运用现代信息技术表达意愿，为公民的政治参与提供更为丰富的渠道和手段，消除“技术鸿沟”。三是“积极回应”的反馈创新。“民意直通车”积极回应民意的工作机制，推动全市党员干部“听取意见在一线、办公在一线、问题解决在一线”，初步形成了“基层组织—政府部门—市委领导”这种民意解决的三个闭环。换句话说，问题提出了，如果能在基层解决，那么就止步于基层；如果基层解决不了，就往上送到相关部门，再不行就送到决策部门手中。“有表达、有渠道、有回应，沟通、协商、解决、回应，这是民主协商的基本要素，而‘民意直通车’恰恰涵盖了这些要素”。

三、大力推进基层民主协商制度化

城市归根到底是人民的城市、老百姓的幸福乐园。市第十二次党代会以来，杭州市除了在市级层面大力推进“民意直通车”，开放更多渠道以获取更加全面深入的民意，从而更好地推出各类民生实事工程、促进政府各类决策外，还在基层大力探索了“有事好商量、众人的事情众人商量着办”的基层民主协商制度化实践，聚焦基层民生关键小事组织协商，最大限度凝聚共识、凝聚人心、凝聚智慧、凝聚力量，成为近年来推进基层民主治理改革的一项关键性创新内容。

以杭州城市社区为例，许多社区通过基层民主协商破解了小区治理难题。一段时期来，杭州小区物业管理水平良莠不齐、业委会能力参差不齐、街道社区管理指导手段不足等成为小区治理矛盾频发的重要因素。2017 年起，拱墅区坚持党建引领与小区治理有机结合，在全省首创“三方治理”的基层协商民主模式，充分发挥居委会、业委会、物业企业“三驾马车”在住宅小区治理中的关键作用，有效解决了一批长期困扰政府部门和居民群众的突出问题。此外，辖区其他街道和社区也开展了各种形式的基层民主协商探索，打造了一批基层协商品牌。如和睦街道在老旧小区提升改造过程中，充分发挥“和睦议事厅”作用，实现“共谋、共建、共管、共评、共享”新格局；半山街道夏意社区在“一队五组”居民议事会的基础上成立小区网格圆桌会，突出协商主体、内容、形式和机制四个重点；大关街道南苑社区的“百姓圆桌会”，每月定期讨论居民反映集中问题；等等。为开展基层协商民主进行了有益探索。小河街道创新打造了“红茶议事会”这一基层民主协商品牌，借鉴罗伯特议事规则，以此实现居民的高参与率和议事的高效率。

在农村基层社区，同样有大量关于基层民主协商的探索。如余杭区径山镇小古城村，十多年来一直保持“众人的事情由众人商量”的自治传统。在此基础上，市第十二次党代会以来，余杭区还进一步探索了全域基层民主协商。如良渚街道新港村对基层民主协商模式的探索和创新，村民们自称为“草帽议事”。

“‘草帽议事’最初主要针对义务劳动中碰到一些困难问题，村班子当场召集党员、代表、村民共同商议、现场解决问题。”新港村党委书记何建国说，因劳动中大家都戴草帽，很多时候又都是在田间地头，“草帽”变成了新港村的一道独特风景。时至今日，新港村从一顶“草帽”中衍生出了内动力，演变成“党员走在前、有事大家议、有难大家帮”的民主协商平台，累计现场解决问题 120 余件，调解村民纠纷 16 次，推动了护溪河、拆围墙、清土地、整立面等不少村务工作。针对“块状经济”整治，仁和街道云会村首创“大禹治水式”基层民主协商，短短 4 个月时间，关停了 64 户家庭作坊。在云会村党委委员陈丽丽看来，“正是有了村民的参与，大家‘难题共解’，工作才推进得这么顺利”。

而在富阳区春江街道春江村，在 2018 年起探索建立了党组织领导下的、村民感到亲切的“小队会议事”新模式。该模式以村民小组为单位，由村委确定时间、地点、人员，每年定期在村民小组层面轮流召开各类协商议事会。春江村也因此获评为民政部 2021 年度全国村级议事协商创新实验试点单位。这种村级议事新模式以零距离拉家常的方式，激发老传统“新能量”，用“小板凳”代替“主席台”，用干部“走下去”代替“群众跑上来”。街道干部、街道组团联村成员、辖区片警、属地“区两代表一委员”、街道议事代表、村干部等利用闲暇、晚间空隙，与村民搬着小板凳，围坐促膝长谈，诚心诚意沟通交流。为引导民意充分表达，对涉及群众利益的问题痛点，群众可以当场发问，由各级代表和街村（社）干部现场答复；对垃圾分类、宅基地审批、失地农民保险、三孩生育等政策热点，各级代表和街村（社）干部领学解读，引发干群共鸣；对群众普遍关注关心的村级安置性留用地开发、村级集体经济发展等发展难点，各级代表和街村（社）干部引导大家群策群力，将共识转化为共为。现如今，春江村建立的“小队议事”这一新型村级议事协商平台已经成为富阳“民呼我为”的民意直通车，使民声、民意得到有效抒发，民惑、民忧得到合理表达，民需、民呼得到切实回应，极大了增进了干群关系，优化了基层治理。

四、以智慧化赋能基层民主的闭环管理

全过程民主不仅是不同的民主环节的创新，同时还要求这些民主环节之间

建立有机联系，因为就基层治理而言，一个民主过程通常包括了民主征询、商讨、协商、决策与监督等过程，是一个有机的连续统。而问题的关键在于如何实现这些环节之间的有机衔接与闭环管理。在这方面，市第十二次党代会以来，杭州充分发挥数字治理的技术优势，依托城市大脑以及各种基层小微智治平台，如拱墅区米市巷街道打造了“小区协商铃”、上城区彭埠街道打造了“云尚杨柳”、西湖区翠苑街道打造了“呼应为”、桐庐县桐君街道的“亲清地图”、建德市大洋镇的“社区微脑”等等，为基层民主实现闭环管理提供了技术赋能。

近年来，杭州市许多地方政府搭建了贯通“部门—街道—社区—小区—居民”的数字平台，探索以群众呼声为导向、以民主商议为手段、以数字赋能为支撑的“线上 + 线下”“技术 + 制度”“网络 + 数据”的联动回应模式。该模式以科技为人、协商与民、协商为民的宗旨，通过建立基层民主协商的数字平台，实现快速、可及、便捷、精准、高效的协商；通过数字平台整合各方力量，增强矛盾调处能力，推动部门和街道的治理结构优化、流程优化、力量优化；通过数字平台实现政社互动、一键通达、多方响应、协同处置，不断推动基层社会治理共建共治共享新格局的升级跃迁。具体来看，智慧化赋能基层民主的闭环化管理，突出体现在四个方面：

技术赋能民意的感知与收集。通过开发各类手机端小程序，收集居民的民生意见、建议，或者通过这些小程序就村（社）重要工作设想提前征询居民意见。近年来，杭州市许多地方打造了“一键直达”的智慧化民意感知系统，建立群众快速反映诉求、政府及时收集知悉民意的新渠道。这些智慧化的民意感知小程序，通过“线上”和“移动”的方式拓展民意收集的广度和便捷性。居民群众可以直接通过手机端搜索打开这些小程序进行意见表达与各类建议留言。以拱墅区米市巷街道的“小区协商铃”为例，该小程序同时向三类协商提请主体开放：一是重点保障居民提请协商。小区居民、小区党支部书记、楼道长、业委会等在日常生活工作中表达诉求、遇到问题、发现矛盾、建言献策都可启用“协商铃”。二是同时兼顾社区提请协商。社区两委班子、一线社工、网格长、协管员等遇到需要多方协商解决的诉求也可启用“协商铃”。三是适时引领街道提请协商。街道本级包括执法中队、市场监管所、派出所基层下沉站所等认为有必要协商解决的问题也可提请协商。

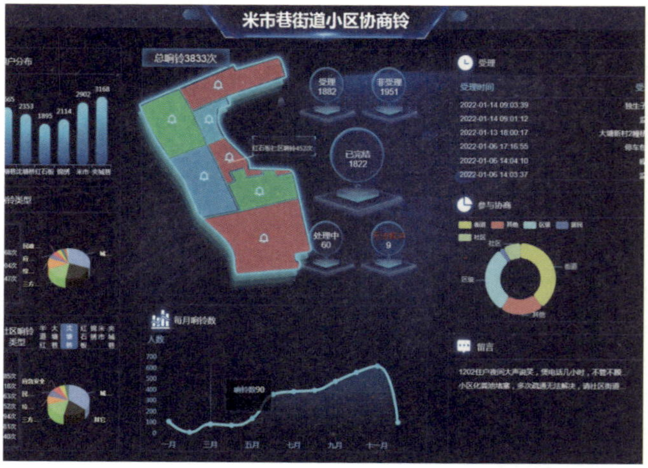

拱墅区米市巷街道“小区协商铃”数字治理系统

技术赋能打造智慧化民意回应系统。在居民意见收集完成后，不少地方还通过信息化手段，将各类党员代表、村（居）民代表的决策过程通过技术媒介向居民实时直播，将决策结果及时向居民反馈。在协商事件回应处置过程中，各级地方政府推进多方参与协商联调，不断提升协商服务能力。同样以米市巷街道的“小区协商铃”为例，“协商铃”的工作规程涵盖提出协商申请、受理协商事项、发起协商约请、对接协商事项、确认参会信息、召开协商会议、联审协商结果、通报协商结果、评价协商结果等九大步骤。明确区分协商与非协商事项，对应街道“六办三中心”架构厘清协商事项的权责边界，实现协商内容的靶向精准。在流程开展过程中，一是树立党委、政府的协商权威，加强各级党组织领导下街道、社区和区级部门对协商事项进行指导、答复的能力；二是引入专业化协商服务力量，积极引导专业化力量参与基层协商，通过政府购买机制共同推进小区自治水平的提高；三是嵌入社会化协商服务功能，整合法务、调解、仲裁、建筑、市政等各类社会资源参与民主协商，提供专家型意见建议。正是通过完善的工作规程集结社区、街道、区级部门等政府人员及社会专业力量等各类社会资源，杭州市许多基层镇街均打造出了一套“数字化支撑、社会化参与、专业化服务、协同化治理”的协商共治模式。

技术赋能打造智慧化民意反馈系统。从这些基层智慧化管理系统的全程反馈信息来看，信息涵盖人口、环境、资源、民生等种类繁多的大量数据，这些数据是保障基层治理结构合理化和激发基层治理活力的重要资源。街道通过对各类事件处置的案例分析和信息归集，实时掌握辖区居民诉求热点，将处理成功的协商事件形成案例为后续解决相似事件提供参考。这也改变了街道和部门以往依靠经验分析判断基层问题的状况，针对属地管理服务中的重点难点问题，做到先行科学决策从而防患于未然。同样以米市巷街道的“协商铃”为例，2020 年上半年，街道 7 个社区累计接到按铃申请 111 次，实际受理申请事件 99 件，成功协商解决 63 件，非协商事项 12 件。居民需要协商的事件主要集中在“物业管理”“城管城建”“有机更新”等问题，合计占全部协商申请量的 50% 以上；除非协商事项外，办结率达到 72.4%，居民对办结的满意度达到 99.5%。

技术赋能实现全程闭环留痕与全程数据赋能。具体体现为：一是源头赋能，用微信小程序将处置端口前移并深入辖区所有居民，确保协商源头介入，降低矛盾扩大、外延的可能性；二是过程赋能，通过数字平台实现事件记录、处置、答复可视化，保障处置过程一览无余、及时干预；三是记录赋能，协商事件全程记录留痕，既保障事件处置落地有声，也实现事件溯源可及。结合浙江省数字化改革的推进，目前杭州市还正在不断开发数字化应用场景，推动这些基层小微智治平台与“基层治理四平台”和杭州市城市大脑的纵横互通，探索形成“民呼我应”的市域大闭环体系，真正实现在听民声、解民忧、聚民心上进一步重心下移、关口前移、责任后移，切实从源头上把纠纷矛盾降下来、把社会杂音降下来、把群众怨言降下来，提升居民群众的获得感和满意度。

第四节　深入推进市域社会治理体系和治理能力现代化

党的十八大以来，以习近平同志为核心的党中央着眼于国家长治久安、人民安居乐业，把平安中国建设置于中国特色社会主义事业发展全局中谋划推进，平安中国建设体制机制逐步完善，社会治理社会化、法治化、智能化、专业化水平大幅度提升，续写了社会长期稳定奇迹。市第十二次党代会以来，杭州市牢牢把握统筹发展和安全这一根本要求，把“平安杭州”作为一条重要主线贯穿到发展全过程、各方面，积极探索“基层治理四平台”、创新市域社会治理“六和塔”体系、探索基层社会治理“六和指数”评估体系、推进矛盾纠纷化解体制机制创新，加快构建科学高效、安定有序的城市安全新格局。

一、全面开展乡镇（街道）“四个平台”建设

围绕推进基层治理体系和治理能力现代化的目标，统筹条块力量，2016 年 9 月浙江省委办公厅、省政府办公厅下发了《关于加强乡镇（街道）“四个平台”建设完善基层治理体系的指导意见》，提出探索建设乡镇（街道）综治工作、市场监管、综合执法、便民服务等四个功能性工作平台。2017 年杭州市第十二次党代会以来，大力推进基层治理“四个平台”建设也由此成为杭州市重塑基层治理体系，全面提升乡镇（街道）统筹协调和综合管理能力的一场重要的体制性变革。

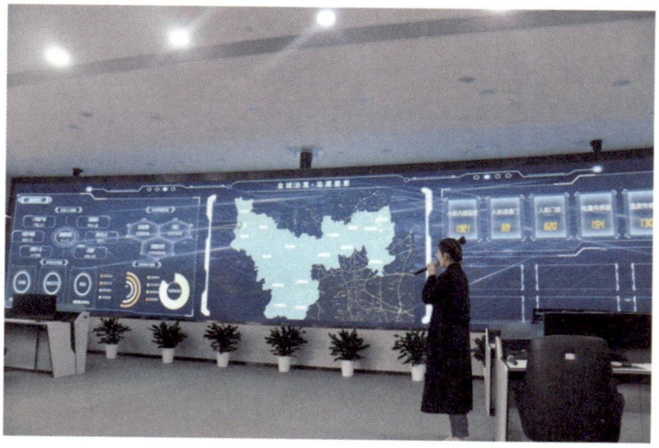

余杭区基层治理综合信息指挥中心指挥平台

所谓基层治理体系“四个平台”，是一个资源集合平台。它运用矩阵化管理理念，把乡镇（街道）和部门派驻机构承担的职能相近、职责交叉和协作密切的日常管理服务事务进行归类，完善机制，整合力量，形成综治工作、市场监管、综合执法、便民服务四个功能性工作平台，并以综合指挥、属地管理、全科网格、运行机制为支撑。实现信息来源多元化、上报流转信息化、指挥调度扁平化。杭州建设“四个平台”的重点是完善“1”个服务管理中心，整合“1”个综合指挥室，建立“4 个”平台工作机制，深化“1 张”基层社会治理网，打造具有杭州特色的“1141”社会治理体系。

实体化运作的社会治理综合指挥中心

基层治理“四个平台”改革的核心是在乡镇（街道）设立四个功能性的结构平台。其中，综治工作平台旨在承担社会治安综合治理、维护稳定、平安建设等功能，主要依托乡镇（街道）综合治理办公室，统筹派出所、检察室、法庭、司法所、人武部和信访等工作力量。市场监管平台旨在承担面向企业和市场监管经营主体的行政监管和执法功能，主要依托乡镇（街道）食品安全委员会办公室、市场监管所，通过加强与农业、卫生等部门的协作联动。综合执法平台，旨在承担一线日常执法巡查和现场监管功能，主要以乡镇（街道）综合行政执法中队（执法办公室）为主体，统筹其他相关条线的行政执法力量；建立行政执法指挥协调机制，进行统一指挥协调开展联合执法。便民服务平台，旨在承担基层各类公共服务和便民服务功能，主要依托乡镇（街道）便民服务中心，并将其延伸至村（社）设立村（社）网上服务点。

从杭州近年来的实践来看，“基层治理四平台”改革的关键主要包括四大举措：

厘清基层治理内容。按照浙江省《关于加强乡镇（街道）“四个平台”建设完善基层治理体系的指导意见》要求，各乡镇（街道）将其职能相近、职责交叉的工作事项进行整合。

整合基层条块力量。条块关系整合是“基层治理四平台”改革的难点也是改革的亮点。各地区根据本地实际，采用“全下沉”“复合型”“自主型”等模式，推动人员力量下沉，强化乡镇（街道）对部门派驻机构人员的管理。在大的体制不发生变化（人员编制、人事关系还是保留在条线）情况下，对乡镇（街道）

派驻机构干部的日常管理和考核奖惩进行制度方面的优化创新，赋予乡镇（街道）对派驻机构干部考核管理方面的更大话语权，切实增强乡镇（街道）的统筹协调能力。

表 1　乡镇（街道）四平台的结构设置[①]

	综治工作平台	市场监管平台	综合执法平台	便民服务平台
负责人	分管政法负责人	分管食品安全负责人	分管负责人	分管社会事务管理负责人
牵头协调部门	综治办	经发办	城管服务中心	社会事务管理办
属地管理部门	公安、信访、司法、人武、其他相关条线	市场监管、农业、卫生、其他相关条线	城管、国土、安全监督、交通、住建、环保、民政、其他相关条线	民政、社保、计生、财政、城管、党群、税政、社会服务组织、其他进驻窗口、其他相关条线

做实基层网格治理单元。杭州市在“基层治理四平台”改革过程中，通过科学设置网格范围、细分网格治理事务、打造专职网格员队伍等手段，实现了网格管理的不断完善与优化，为及时排查网格内各类安全隐患、受理处置群众诉求、调解化解矛盾纠纷、维护合法权益等奠定了基础。

以信息化再造治理流程。杭州市通过打造一体化基层治理综合信息平台、整合基层治理 App 应用软件等方式，有效推动了社会治理从线下转向线下线上融合，从手动化、碎片化转向智能化、数字化，不断完善基层治理方式。综合信息指挥中心（室）的设立，成为基层治理的“最强大脑”。

以“四个平台”为载体，杭州不断完善基层治理管理体系，全面提升基层社会管理和服务群众水平，切实发挥信息化手段在社会治理创新中的作用，主动对接百姓的民生诉求，有力地促进了社会的和谐稳定。以杭州萧山区为例，该平台运行一年时间，累计采集事件信息超 81 万件，办结率达 99.9%，受理、

① 由于各区县（市）之间在结构设置上存在一些细小差异，本表根据杭州总体情况在适当取舍基础上综合而成。

办理事件量均位居杭州地区前列。网格层面上报至镇街综合信息指挥室流转处理量每月均超3000件，镇街流转至区指挥中心指派的事件每月超300件。临平区自2021年7月创新推出“基层治理四平台”自动考核评价系统以来，已备案登记下沉人员871人，全程考核受理各类事件15291件，所有事件均已及时受理，受理超时率为0%，满意率100%。上城区“基层治理四平台”自2021年以来，共受理网格采集上报事项345885件，办结345386件，办结率达99.86%。可以说，杭州“基层治理四平台”打造了新时代“枫桥经验”的升级版，真正实现了基层治理体系的大优化与基层治理能力的大提升。

二、“六和塔”体系护航“平安杭州”[①]

2019年2月22日，杭州市委召开政法工作会议，提出要坚持以习近平新时代中国特色社会主义思想为指导，全力打造“全国平安建设示范城市”和“社会治理标杆城市”。市委、市政府随即出台《关于推进市域社会治理现代化的意见》等“1+5”系列文件，明确了市域社会治理“六和塔”工作体系建设标准，首次提出“党建领和、社会协和、专业维和、智慧促和、法治守和、文化育和”的治理构架体系，为“平安杭州”建设保驾护航。

以“党建领和”为龙头完善社会治理工作体制。在“六和塔”工作体系的建构中，杭州注重加强党委领导下的社会治理工作体制建设。一是建立“六和塔”工作体系的运作机制。这八大运作机制包括组织领导机制、分工协作机制、项目化推进机制、工作例会机制、信息报送机制、宣传推广机制、教育培训机制、督查考核机制。二是规范提升区县（市）社会治理平台功能。统筹整合区县（市）政法、司法、行政、信访等资源力量，建设区县（市）社会治理综合服务中心（矛调中心），同步牵引和带动乡镇（街道）“基层治理四平台”“全科网格”和“智慧治理”建设。三是整合提升基层审批服务执法能力。将乡镇（街道）各类管理服务平台整合为一个综合性大平台，强化乡镇（街道）审批、服务、管理三项职能，促进“全科网格”和专职网格员队伍建设，全面完善“一平台、

① 本部分内容主要参考姜方炳：《“六和塔”工作体系：市域社会治理的杭州探索及启示》，《社会治理》2020年第5期，第26—36页。

三职能、一网格”的乡镇（街道）管理体制。四是全面提升基层党组织战斗力。深入开展“最强党支部”建设，积极推行“岗位建功”先锋行动，健全落实支部主题党日、党员民主评议、党员“先锋指数”管理、“两优一先”争创等制度，把基层党组织建设成为坚强的战斗堡垒。

以“社会协和”为基础完善基层社会治理体系。杭州通过创新群众参与机制，融合社会各方资源，构建富有活力和效率的新型基层社会治理体系。一是发挥群团组织的桥梁纽带作用。推动群团组织力量和服务活动双下沉，形成以镇街群团组织为龙头，以区域群团组织为中枢，以村社、网格为基石的群团组织参与基层社会治理网络。二是发挥社会组织与志愿服务的积极助推作用。建立市、区县（市）、乡镇（街道）三级社会组织培育孵化基地，加快培育与现代社会治理结构相适应的公益性、互助性、枢纽型社会组织。同时，出台《激发社会组织活力，推进社会共同治理》的工作意见，全方位引导、鼓励、规范各类社会组织参与社会治理。三是发挥基层自治组织的群防群治作用。充分发挥居委会、村委会等基层自治组织作用，拓宽人民群众参与渠道，形成以群众自治组织为主体、社会各方广泛参与的新型村（社区）自治体系。例如，在街道、社区层面建立社区“四会”（民情恳谈会、事务协调会、工作听证会、成效评议会）工作制度，不断拓宽社区居民有序参与渠道。

以“专业维和”为主导推进公共安全体系建设。在应对新型矛盾风险的过程中，杭州注重多举措加强社会风险防范，多元化推进社会矛盾化解，不断提高破难解难和应急处突水平。一是壮大社会治理专业力量。积极推进政法队伍正规化、专业化、职业化建设，全面提升政法干警的法律政策运用、防控风险、群众工作、科技应用、舆论引导能力。注重发挥专业性调解委员会、公正调解、律师调解等专业队伍的作用，健全完善矛盾纠纷多元化解体系。二是完善社会治理专业体系。建立完善市级统一指挥、合成作战、专业研判、分类打击机制，提升社会治安与公共安全的打、防、控、管、疏水平，健全完善网格化、信息化、立体化的社会面防控等级体系，加强诉调、检调、警调、访调对接，最大限度解决影响社会和谐稳定的源头性、根本性问题。三是强化重点领域专项治理。近年来，杭州紧盯交通安全、信访秩序、命案防控、消防安全、食药安全、涉众型案事件防范、平安三率提升、重点工作过程管控等“八大硬仗”，统筹资源力量，加强联动融合，坚决打赢平安创建攻坚战。同时，还重点开展了严打深挖、“打伞破网”、固本强基“三大行动”，全力推进扫黑除恶专项斗争向纵深发展。

以“智慧促和”为动能建设城市治理智能中枢。杭州注重发挥信息技术发展优势，加快推进城市大脑建设和应用，不断提高社会治理数字化、信息化能力和水平，打造了一个可复制、可推广的数字治理杭州样本。一是推进以智能化为特色的政法产品供给侧改革。建立智慧电子政务云、分布式计算资源和数据算法服务“三大平台”，为城市大脑实现“人过留影、车过留牌、机过留号、物过留痕”的超强感知提供足够的硬件支持。推进互联网法院、智慧法院、智慧检务、智慧司法、智慧安防小区建设，大力推广一体化办案系统应用和在线矛盾纠纷多元化解平台建设，推动“网上案件网上审”“网上纠纷网上调”“网上事项网上办”。二是推进城市大脑基层社会治理应用。深化“基层治理四平台”建设，健全信息收集和问题发现、流转、处置运行机制，完善市、区县（市）、乡镇（街道）、村社、网格五级联动指挥体系，进一步夯实基层智慧治理基础。聚焦社会治理最小单元，建立社区治理综合信息系统和社区治理云服务平台，分类推进城镇新建和老旧小区智慧安防建设，实现住宅小区智能管理，不断提升基层社会治理智慧化水平。

以“法治守和”为目标构建市域法治建设体系。杭州注重用好地方立法权、营造法治文化氛围，以法治思维、法治方式、法治手段协同社会关系、调处社会矛盾、维护群众利益。一是建立健全市域法律规范体系。紧紧抓住事关改革发展的重大问题，加快立法步伐，充分发挥法律制度的引领和推动作用。二是积极深化市域司法体制改革。为深化司法体制改革，杭州不仅出台了完善司法责任制、推动司法人员分类管理改革等30项司法体制改革措施，还在全国率先建立互联网法院，持续探索互联网司法改革创新未来发展之路，努力构建互联网技术深度应用、在线诉讼规则创新、依法治网实体裁判，完善3个层次的中国特色、世界领先的互联网司法新模式，引领全国涉互联网案件的集中管辖、专业审判的创新步伐，为依法加强治理给出杭州方案。三是营造浓厚的市域法治文化氛围。例如，充分发挥“五四宪法”历史资料陈列馆等特色法治宣传教育基地作用；又如，实施全市公务员“学法用法三年轮训行动”计划，在全社会培育和形成办事依法、遇事找法、解决问题用法、化解矛盾靠法的良好法治环境。

以“文化育和”为灵魂构建新时代平安文化体系。杭州坚持以“文化育和”为思想保障，构建以价值导向、道德引领、文化浸润为核心的平安文化体系，积极营造充满正气正义的人文社会环境。一是积极培育弘扬平安文化。注重加强社会公德、职业道德、家庭美德、个人品德建设，注重发挥乡贤文化、家训家风、生活礼俗的教化作用，不断提升群众道德素养。二是试点推广社会心理服务体系。作为浙江省唯一的全国心理服务体系建设试点，杭州拱墅区不仅将心理服务纳入城乡基本公共服务体系，还研发了全国首套社会心理监测预警信息系统，以“红、黄、绿”三色呈现相关人员的心理变化状态。目前，杭州正以此试点经验为基础，构建前端普遍服务、中端监测预警、末端精准干预的社会心理服务体系。三是积极构建城市信用体系。杭州是国内最早编制信用规划的副省级城市，近年来通过加强规划研究、平台建设、信用惠民等工作，在打造社会信用“杭州版”、提升城市社会信用水平方面成效显著，成为全国首批“社会信用体系建设示范城市”，并荣获全国首批“守信激励创新奖”。

三、探索基层治理“六和指数”评估体系

近年来，杭州市在打造市域社会治理“六和塔”工作体系基础上，还进一步探索了基层社会治理“六和指数”评估体系。该体系充分结合杭州近年来在“数字”方面的优势，通过科学设置评估指标，利用已有数据自动生成基层治理指数，准确评估了基层社会治理现状、科学预警了基层社会治理风险、有效引领了基层治理的改革创新，是杭州打造“全国数字治理第一城”的又一生动实践。

近些年来，杭州基层社会治理评估面临的突出问题在于，考核评估以条线部门为主，缺乏一套系统性、综合性考核评价体系。这导致考核内容交叉、数据零散、重复采集，既增加考核成本，也削弱了政府决策的整体效能。而通过设置“六和指数”评估体系，杭州通过科学设置基层社会治理指标体系，同时

借助城市大脑和公共数据共享优势，推动了基层社会治理考核评估的自动化、结构化与系统化，为准确评估基层社会治理现状、科学预警基层社会治理风险提供了条件。杭州市基层社会治理“六和指数”评估体系的建立，有利于深化信息技术在基层公共服务和社会管理领域的应用，推动社会各领域形成网络节点，加快社会关系的数字化、网络化、规范化，推动数字经济与数字治理互促共进，形成全社会共建共治共享的生动局面，实现“数字治理第一城”建设目标。

从“六和指数”的具体构成及其运作来看，主要涉及五大方面的举措。

评估指标的选取。杭州基层社会治理“六和指数”评估体系在指标的确立上，以《全国市域社会治理现代化试点工作指引（2020 年版）》《全国市域社会治理现代化试点工作——浙江省区域特色工作指引（2020 年版）》以及《杭州市推进市域社会治理现代化试点工作计划书》等文件为依据，以杭州市“六和塔”工作体系为基础，建构了一个由 6 个一级指标（党建领和、政府主和、社会协和、智慧促和、法治守和、文化育和）、20 个二级指标、59 个三级指标构成的杭州基层社会治理评估指标体系库，作为指标的基本来源。

评估对象的分类。杭州市基层社会治理“六和指数”评估体系以市域范围内的乡镇（街道）为评估对象，将全市 191 个乡镇（街道）分为山区型、集镇型、城关型、城郊型和主城区型等五种类型，各镇街在同类中展开比较。

评估数据的采集。杭州市基层社会治理“六和指数”评估体系，在数据的采集上充分发挥了杭州城市大数据共享的优势，体现了自主生成的智慧治理理念。指标数据一般都直接从城市大脑数据库中直接提取、自动生成，体现了客观性、智慧性，极大地节省了数据的采集成本。对于个别难以通过城市大脑直接抓取的数据，也明确了由分管部门建立数据采集平台、标准化数据算法，形成数据有效采集的路径。

指标权重的设置。“六和指数”评估由三层指标体系构成，由于每一层次的指标设置与基层社会治理领域的具体工作实践紧密相关，评估结果也直接影响到各乡镇（街道）的绩效考核情况，因此，每个层级的指标权重由市域社会治理“六和塔”六个工作专班根据年度工作目标导向和重点任务提出建议，经征求各区县（市）意见后，由市域社会治理“六和塔”工作领导小组研究确定。

评估结果的通报。在根据采集的指标数据分类加权加总计算出各区县（市）、乡镇（街道）“六和指数”的统计得分和排序后，“六和指数”评估结果的通报分为季度性通报和年度性通报两种形式。季度性通报，主要通过杭州电视台、《杭州日报》、“平安六和”、“杭州发布”等主流媒体平台进行；年度性通报，则在每年的平安杭州暨推进市域社会治理现代化工作会议上发布，并通过各类主流媒体进行宣传报道。

从“六和指数”的运作成效来看，杭州市基层社会治理“六和指数”评估体系的建构，不仅有助于对全市各乡镇（街道）基层社会治理状况进行有效评估，横向上比较排位，纵向上考察位序进退，起到一般性考评的效果；而且还可以通过各区县（市）基层社会考评结果的进一步加权，对杭州市域范围基层社会治理总体水平进行评估，及时准确把握市域基层社会治理的总体现状和水平，为推进市域社会治理现代化有关决策提供重要参考。此外，杭州市基层社会治理“六和指数”评估体系的建构，还有助于预警基层社会治理风险。一是实时预警。通过对评估指标内各类基层社会治理已发事件数量进行最高阈值设置，进行风险预警。二是趋势预警。通过对基层各类已发事件数、过往累积事件数以及相关支撑数据的综合分析，对基层社会治理各类事件的发展趋势进行风险预警。三是能力预警。通过对一段时间内治理事件的增减数量、发生数量与解决数量比值、矛盾纠纷上交数等的综合分析，对乡镇（街道）基层社会治理能力进行有效评估。三大风险预警以大家普遍关心的火警、交通亡人、电诈、偷盗等八类社会治理重点事件为中心，设置相应的黄橙红三色触碰标准，自动进行风险的警报提示，供各层级及部门及时发现问题、查找工作不足，督促各区县（市）、各乡镇（街道）直观了解自身短板、积极改进工作。此外，杭州市基层社会治理评估体系中的指标设置（类别与权重）还是定期动态调整的，通过精心设置引领性评估指标、合理设置加分项等方式，可以起到引领基层社会治理改革的效果。

四、推进基层矛盾纠纷化解体制创新

2015 年 10 月 13 日，中央全面深化改革领导小组第十七次会议审议通过了

《关于完善矛盾纠纷多元化解机制的意见》，强调要引导社会各方面力量积极参与矛盾纠纷化解，建立健全有机衔接、协调联动、高效便捷的矛盾纠纷多元化解机制。市第十二次党代会以来，杭州市紧紧围绕着中央及省有关这一工作的具体要求，在全省率先出台《关于推进区县（市）社会治理综合服务中心（信访矛盾联合调处中心）建设的指导意见》和《关于深化县级社会矛盾纠纷调处化解中心建设的实施意见》，启动区县（市）、乡镇（街道）、村（社）三级社会矛盾调处化解中心建设，畅通“只进一扇门”诉求渠道，健全“一站式解决”服务机制，切实打造矛盾纠纷多元化解治理共同体。

矛调中心作为新生事务，杭州在具体的建设推进过程中，核心抓了如下四个方面的重点工作。

抓力量整合。整合政法委、信访局、司法局三家单位整体入驻，整合公安、检察院、法院、人社局部分业务常驻单位柔性入驻；依托乡镇街道中心、全科网格片区，打造覆盖性矛盾纠纷调处化解网；积极吸纳社会组织、行业协会、律师等社会力量，并与人民调解员、公证员、司法鉴定员、法律工作者等专业力量同频共振共治；有效发挥“两代表一委员”、新闻媒体作用，提升矛盾纠纷采集和化解效率。当前，各地矛调中心均已完成资源整合、物理融合，所有来访实行“一窗口”综合受理、“一站式”分类调处。

抓闭环管理。制定出台《县级社会矛盾纠纷调处化解中心（信访超市）受理事项处置全链条闭环管理工作规范》，因地制宜，健全完善登记受理、办理反馈、回访督办、考核评估的全过程处置链，构建起诉调、警调、检调、仲调、专调、访调等多种模式调处化解的联动体系，保障中心的平稳高效运行，形成矛盾纠纷化解的闭环管理。

抓机制建设。重点在于完善“即接即办、教育疏导、会商研判、协调办事、公开监督、考核管理”六大机制。

抓考核问效。制定《县级社会矛盾纠纷调处化解中心（信访超市）年度考核细则》《县级社会矛盾纠纷调处化解中心（信访超市）年度考核细则评分办法》，围绕优化平台、闭环管理、系统推进、工作成效等四方面内容，以考核评分、星级评定等方式加强对区县化解矛盾纠纷能力的评估，提高矛盾纠纷化解工作效能。

杭州矛调中心的建设及其运作赋予了自身的鲜明特色，主要体现为如下三个方面：

推进三级中心建设的有机整合。杭州市在区县（市）、乡镇（街道）与村（社）三级均建成了矛调中心，并建立了三个层级之间联合接待、联合调处、联合帮扶的联系机制，形成金字塔形矛盾纠纷化解架构。对各级中心受理、网格排查到的矛盾纠纷按照“一般矛盾纠纷—重大矛盾纠纷—疑难复杂矛盾纠纷”的分类模式进行分级处置，形成上下一体贯通的矛盾纠纷处置合力，实现矛盾纠纷自下而上逐级过滤、有效化解。

推进警诉信三源融合。杭州市抓住警情、诉讼、信访三类矛盾纠纷汇集点，突出“三源”治理针对性举措，打好“三源融合”治理的组合拳。如在“警源”方面，建立了“警员与网格员”联动、“警情与民情”联处的“网事警情”机制。110警情涉及矛盾纠纷的，由公安警力与四平台下沉力量、基层网格力量联勤联动，现场无法处结的，就近引导至村社、镇街中心跟进处理；“诉源”方面，通过建设“微法庭”“商会微法庭”等平台，把诉讼服务和人民调解、行业调解资源延伸到基层；“访源”方面，编制信访代办代跑清单，搭建镇长（主任）公开服务电话，推行领导干部“开门搞信访”。

萧山区成立社会矛盾纠纷调处化解中心

注重“数字赋能”。杭州市运用大数据、云计算、人工智能等手段，依托杭州城市大脑，构建了“用数据说话、用数据管理、用数据决策、用数据创新”的社会智慧治理新模式强化归集新秩序，织密“区—镇街—村社—网格”四级防控网络，实现对矛盾纠纷风险的超前感知、精准研判、扁平指挥、高效处置。

杭州区县（市）、乡镇（街道）、村（社区）三级社会矛盾纠纷调处化解中心自运行以来取得了明显的治理成效。2020 年 1—7 月，全市信访走访总量人次同比下降 54.2%，越级上访人次同比下降 57.4%，进京上访批次同比下降 81%；一审民商事案件收案 73640 件，同比下降 22.49%，民商事案件万人成讼率同比下降 30.43%；人民调解组织调解民间纠纷 51074 件，同比下降 8.4%，调解成功 50760 件，成功率 99.4%，群众满意率达 97.43%。而从区县（市）的情况来看，各地的矛盾纠纷化解率也得到了明显提高。如下城区矛调中心自 2019 年 8 月份成立以来，一年时间累计化解矛盾 13864 起，矛盾化解率达 92%，群众满意率 93%；临安区矛调中心自 2019 年 6 月建成运行以来，近一年时间，来区访批次、人次分别下降 30.6% 和 48.1%，并通过调解累计化解了 2000 多件纠纷；萧山区 2020 年 1—10 月份，全区人民调解总量为 13840 件，其中 10 月份共受理各类社会矛盾纠纷 1242 件，成功调处 1236 件，成功率达 99.5%。

第四章　推进文化繁荣 高质量建设历史文化名城

习近平总书记强调，“杭州的灵魂在于历史文化名城，在保护文化遗存、延续城市文脉、弘扬历史文化方面应该做得更好”①。1982 年被列为全国首批历史文化名城后，杭州的城市文化发展虽然曾历经曲折，但历史文化名城始终是城市文化建设的总方向、总抓手。市第十二次党代会以来，杭州扎实推进历史文化名城建设，深入实施文化兴盛行动，实证中华五千多年文明史的良渚古城遗址成功申遗，三大世界遗产交相辉映，中国国际动漫节等品牌会展国际影响力越来越大，获得“全球 15 个旅游最佳实践样本城市”称号，成为国际文化交流重要城市。

第一节　统筹推进优秀传统文化保护传承利用

中华优秀传统文化是中华民族的精神命脉。杭州历史悠久、文化底蕴深厚，有着丰富的历史文化遗存。杭州市第十二次党代会提出，要“坚持保护第一、应保尽保，实施城市记忆工程，充分挖掘良渚文化、吴越文化、南宋文化等传统文化资源，加大对物质和非物质文化遗存的保护利用力度”。市第十二次党代会以来，杭州高度重视城市历史文脉的保护传承弘扬，在打造世界遗产群落、推进非遗保护、建设博物馆之城等方面取得显著成效。2020 年 12 月，市委十二届十一次全体（扩大）会议上，杭州将高水平打造“数智杭州·宜居天堂”、加快建设社会主义现代化国际大都市作为城市发展目标。此后，杭州进一步加

① 刘捷：《高举习近平新时代中国特色社会主义思想伟大旗帜　奋力打造世界一流的社会主义现代化国际大都市——在中国共产党杭州市第十三次代表大会上的报告》（2022 年 2 月 23 日），《杭州日报》2022 年 2 月 28 日，第 2 版。

大了文化遗产保护和城市文脉延续的力度，努力塑造古今交汇的文化盛景。

一、打造世界遗产群落

世界遗产是指被联合国教科文组织和世界遗产委员会确认的人类罕见的、无法替代的财富，是全人类公认的具有突出意义和普遍价值的文物古迹及自然景观。截至2021年7月，世界遗产总数达到1154项，其中中国拥有56项，皆是中华优秀传统文化的典型代表，也是最闪亮的城市金名片。西湖和大运河申遗成功后，杭州全力投入良渚古城遗址申遗工作，并取得成功，为后备申遗工作提供了经验借鉴。

杭州市委、市政府高度重视良渚申遗工作，推动了良渚古城遗址成功申遗。2019年7月6日，“良渚古城遗址”成功列入“世界文化遗产名录”，成为实证中华文明五千多年历史的圣地。杭州因此成为拥有西湖文化景观、中国大运河、良渚古城遗址三项世界遗产的城市，世界遗产数量仅次于北京，与洛阳并列第二。世界遗产委员会认为，良渚古城遗址符合世界遗产六条标准中的两条——见证价值和典范价值①。良渚古城遗址申遗成功的第二天，集考古遗址本体及其环境的保护展示、教育、科研、游览、休闲等多项功能于一体的良渚古

① 按照联合国教科文组织要求，满足世界文化遗产项目六大标准——创造价值、交流价值、见证价值、典范价值、环境价值、关联价值中的一项，就可以申报世界文化遗产。良渚古城遗址符合其中的第三和第四项标准。其见证价值主要表现在：良渚古城遗址作为良渚文化的权力与信仰中心，建造了距今5000年的规模宏大的城址，功能复杂的外围水利系统，分等级墓地（含祭坛）等一系列相关遗址，以及以具有信仰与制度象征的系列玉器为主的出土物，揭示了中国新石器时代晚期在长江下游环太湖地区曾经存在过一个以稻作农业为经济支撑的、出现明显社会分化和具有统一信仰的区域性早期国家，并以其时间早、成就高、内容丰富而展现出长江流域对中华文明起源阶段“多元一体”特征所作出的杰出贡献，填补了《世界遗产名录》东亚地区新石器时代城市考古遗址的空缺，为中华五千年文明史提供了独特见证。其典范价值主要表现在：良渚古城遗址在空间形制上展现出的向心式三重结构——宫殿区、内城与外城，成为中国古代城市规划中进行社会等级“秩序”建设、凸显权力中心象征的典型手法，揭示出长江流域早期国家的城市文明所创造的“藏礼于器”和“湿地营城”的规划特征；以及作为城市水资源管理工程的城址外围水利系统，在工程的选址、规模、设计与建造技术方面展现出世界同期罕见的科技水平，展现了五千年前中华文明乃至东亚地区史前稻作文明发展的极高成就，在人类文明发展史上堪称早期城市文明的杰出范例。

城遗址公园有限开园。同年 11 月，良渚古城遗址展项在第二届中国国际进口博览会展出，以"良渚古城——实证中华五千多年文明史的圣地"为主题，展示中华文明的源远流长。习近平总书记向各国元首介绍中华第一城——良渚古城，并对良渚古城遗址保护、研究、传承、利用工作给予勉励。

良渚古城遗址申遗成功不仅是一件值得所有中国人庆贺的事情，同时还具有重大的意义和深远的影响。一是从学术上印证了中华五千年文明。一直以来我们所说的中华五千年文明，在国际上始终未得到认可，国际学术界只认可中国三千多年的历史。而良渚古城遗址以无可辩驳的实物依据印证了中华文明五千年历史，为其提供了确凿的学术支撑。良渚古城遗址申遗成功，意味着它所代表的中华五千年文明得到了国际的广泛认可，这对于国家和民族意义重大。二是在践行习近平总书记"三个有利于"指示精神的首场战役中取得的重大胜利。2016 年习近平总书记提出的"三个有利于"[①]对我国申遗工作进行了系统的概括，提出了方向性指引和战略性的要求，良渚古城遗址申遗成功正是在习近平总书记"三个有利于"指引下取得的首个重大胜利。三是建立了扩大中华文化影响力的重要阵地。中国目前已经成为世界第二大经济体，但中国文化在国际上的影响力与其五千年历史的深厚底蕴还很不相匹配，还要从文化上着力，以中华文明和优秀传统文化来感召整个世界。申遗成功预示着良渚古城遗址成为扩大中华文化影响力的重要阵地，中国将依托这一阵地加快中华文明走向世界、影响世界的步伐。四是实现了保护和申遗工作服务经济社会发展的成功探索。服务于经济社会发展的指导思想始终贯穿于良渚古城遗址保护和申遗工作。市、区两级以及良管委（指挥部）做了积极而有效的探索，建立了成熟的"良渚模式"，包括居民搬迁、社区建设、文化传播等等，既发掘、传承、弘扬古代文明，又积极服务于经济社会发展，取得了良好的效果。五是献给新中国成立 70 周年的大礼。在新中国成立 70 周年之际，良渚古城遗址申遗成功，五千

① "三个有利于"，指申报世界文化遗产工作要统筹安排，申报项目要有利于突出中华文明历史文化价值，有利于体现中华民族精神追求，有利于向世人展示全面真实的古代中国和现代中国。（《"寻味经典"与君守望五千年——寻访良渚文化实证中华千年文明的历程》，《杭州日报》2021 年 6 月 30 日。）

年前的良渚文化赢得了全世界的喝彩，这将极大地增强中华民族的国家认同感、民族凝聚力和民众的自豪感、自信心、自尊心，是献给新中国70华诞的最大贺礼。

良渚古城遗址

杭州市委、市政府高度重视世界遗产的综合保护利用，协同推动三大世界遗产联动发展。一是加强遗产保护利用。杭州有序开展西湖、运河、良渚遗产监测，确保遗产真实性和完整性。2017 年，杭州在全国率先出台《杭州市大运河世界文化遗产保护条例》，2019 年又出台了《杭州市大运河世界文化遗产保护规划》，将遗产保护规划与杭州城市总体规划、土地利用规划衔接，实现了保护城乡规划、国土、港航、水利、防洪、水环境、旅游等多规划融合，为遗产保护和城市发展找到了“最大公约数”。大运河杭州段和良渚古城遗址监测年报被评为“中国世界文化遗产 2019 年度优秀监测年度报告”，西湖世界遗产保护管理工作则被中国文化遗产研究院评估为 2019 年度 5 星等级。为深入贯彻落实习近平总书记考察浙江、杭州时的重要讲话精神，杭州市委、市政府按照“山水相融、湖城合璧、拥江枕河、人水相亲”的发展理念，坚决破除“碎片化”现象，优化调整管理体制机制，2020 年 6 月 24 日，在首个“杭州西湖日”，西湖西溪一体化保护提升正式启动，开启“双西合璧”的新时代。二是加强专业研究。杭州通过设立西湖学、运河学、良渚学等杭州学分支学科研究机构，对世界文化遗产深入开展研究，形成了通史、丛书、研究报告等一系列成果。2018 年，西湖世界遗产入选“世界遗产推动可持续发展”国际研究项目，杭州西湖文化景观成为全球四处之一、国内唯一的全球世界遗产发展研究案例地。

三是扩大社会参与。自 2019 年起开展的中国大运河文化带京杭对话活动，通过建立由北京市人民政府新闻办公室、浙江省人民政府新闻办公室、杭州市人民政府、中国新闻社、世界运河历史文化城市合作组织（WCCO）组成的五方合作机制，形成了合作共建大运河文化带的普遍共识。为推动遗产宣传和全民共享，2020 年 6 月 19 日，杭州市十三届人大常委会第二十八次会议经表决通过作出决定，自 2020 年起，将 7 月 6 日设立为“杭州良渚日”，将 6 月 24 日设立为“杭州西湖日”。四是推进联动发展。2020 年 6 月 13 日，杭州市 2020 年“文化和自然遗产日”主场活动在良渚古城遗址公园召开，成立了首个世界遗产联盟。2020 年 7 月 6 日，“杭州良渚日”暨首届杭州良渚文化周启动仪式上，杭州正式推出 10 条杭州三大世界遗产精品旅游线路，并成立长三角杭州三大世界遗产旅游市场推广联盟。这 10 条线路为：中华文明经典游、华东五市精品游、杭衢黄世界遗产经典游、杭州三大世界遗产串联游（三日游）、西湖运河精品游、西湖良渚精品游（两日游）、运河良渚精品游（两日游）、西湖爱情文化之旅（一日游）、杭州运河文化之旅（一日游）、良渚文明朝圣之旅（一日游）。2020 年 11 月，杭州承办首届中国世界文化遗产年会暨世界文化遗产城市市长论坛，会议以“世界文化遗产价值传承与城市可持续发展”为主题，举行了专业培训，发布了中国世界文化遗产保护状况年度报告、推荐优秀监测年度报告、特色保护管理案例，并举办了监测成果展、遗产地摄影作品展以及调研、沙龙等一系列公众活动。

杭州申遗工作方面积累了成功的经验，市第十二次党代会以来，杭州充分发挥良渚、西湖、大运河世界遗产的“长板”带动效应，陆续启动了海塘遗址、德寿宫遗址、天目窑遗址等重大考古项目，建立了后备申遗资源库。2019 年，市委十二届七次全会指出，要“进一步加大都市区申遗力度，联手深化吴越文化、南宋文化和钱塘江文化挖掘，推进南宋皇城遗址、钱塘江古海塘等项目申遗，推动历史文化遗产串珠成链，共同打造世界文化遗产群落”。2020 年，杭州成立世界遗产联盟，天目窑遗址群、钱塘江古海塘遗址、南宋皇城遗址等世界遗产后备项目所在地政府都成为联盟成员单位，联盟通过例会工作机制，定期开展遗产保护工作交流和相关工作协调，有序推进后备申遗工作。同时，杭州还启动了“打造世界文化遗产群落（杭州可申遗项目）”专题研究，对杭州潜在的世界文化遗产进行系统梳理和研究。

2020 年 11 月，2020 年中国世界文化遗产年会暨世界文化遗产城市市长论坛在浙江杭州良渚古城遗址召开

2021 年 8 月，浙江省委文化工作会议提出实施“宋韵文化传世工程”，强调“让千年宋韵在新时代‘流动’起来、‘传承’下去”。杭州是“南宋都城”，是宋韵文化资源最丰富、传承宋韵文化条件最优越的城市之一。杭州坚持以习近平新时代中国特色社会主义思想为指导，深入贯彻落实省委文化工作会议精神，以南宋皇城遗址保护利用工程为牵引，突出抓研究、抓传播、抓转化，一体化、整体性推进宋韵文化的挖掘、保护、提升、研究、传承，持续擦亮“南宋古都”城市品牌，为高水平推进历史文化名城建设提供重要支撑。南宋皇城遗址德寿宫保护展示工程加快推进，各大博物馆联合推出了“宋韵千年——百馆联动展”、“宋韵探博”研学实践活动等宋韵文化展示活动，20 条宋韵研学及旅游线路引发社会关注，宋韵文化品牌初步打响。

总体而言，杭州的世界遗产群落效应正在不断放大，良渚、宋韵、大运河等文化品牌正在成为继西湖之后崭新的杭州金名片，为历史文化名城增色添彩。

二、加大文物保护工作力度

文物是人类历史记忆的载体，是宝贵的历史文化遗产。作为历史文化名城，杭州在保存历史记忆、加强文物保护方面不断加大力度。五年来，杭州不断提升文物保护力度和文物展示能力，推动文物保护工作再上新台阶。2020 年，杭州市园文局获“良渚古城遗址申遗工作先进集体”“全国文明单位”称号，是杭州文物保护工作走在前列的佐证。

2017 至 2021 年，杭州共投入 10 亿元历史文化名城专项经费用于文物保护修缮、博物馆以及文化景观的提升改造。至 2021 年末，杭州共有世界文化遗产 3 处，全国重点文物保护单位 49 处，省级文物保护单位 93 处，市县级文物保护单位 542 处，文物保护点 508 处，历史建筑 1611 处，成片的历史文化名城、名镇、名村、历史文化街区和传统村落数量总计 169 处，文保单位完好率保持在 95% 以上。五年间，杭州建成了良渚古城考古遗址公园，完成了泗洲宋代造纸遗址保护一期工程，启动了吴越国王陵考古遗址公园、德寿宫遗址博物馆、良渚文化玉架山考古遗址公园（博物馆）建设。南高峰塔遗址、圣果寺遗址、吴越国光孝明因寺遗址（净土禅寺）、德寿宫遗址、新登古城门、严州府城墙西水门和总兵府遗址等重要发现，为研究杭州古代城市的布局与历史变迁提供了重要的线索。与此同时，革命文物保护工作持续推进，20 余处革命旧址作为革命类的陈列馆、纪念馆向公众免费开放。2019 年 3 月 6 日，淳安县入选国家首批革命文物保护利用片区县。

杭州市委、市政府重视文物保护工作的系统化与法制化推进。2017 年，杭州启动《杭州历史文化名城保护规划》修编工作，在构建总体保护框架的同时，因地制宜地制定了保护思路，建立了保护对象目录体系，形成了跨行政区界的保护联盟。2020 年，杭州市启动新一轮《杭州历史文化名城保护规划》编制，从全域整体保护入手，建立保护对象目录体系，推进保护规划的实施管理，彰显杭州历史与现代交汇的特色风貌。2021 年，杭州发布紫线规划，确定“两级五类三层”的杭州紫线体系。《杭州市紫线规划》主要有三方面的创新：一是形成新体系，建立全域全要素的保护对象体系，促进杭州历史文化名城的整体保护。杭州紫线保护涵盖“城镇与乡村、地上与地下”，建立“两级五类三层”的紫线分级分类分层体系。具体包括“法定与预保”两级，“世遗类、文保类、三名类、地下文物埋藏区类、预保类”五类对象，“保护区、建控区、环控区”

三层控制线。二是构建新平台，建立全市紫线信息管理专项平台，完善国土空间“一张图”管理。杭州市紫线规划管理平台是杭州市国土空间规划“一张图”实施监督信息系统在紫线专题上的深化管理子系统。各类紫线数据都通过杭州市紫线规划管理平台进行入库、展示，并推送到杭州市国土空间规划“一张图”实施监督信息系统。三是制定新机制，建立紫线动态更新实施管理机制，持续保障历史文化资源利用管理。根据杭州实际保护管理情况，按“名录升级、增补调整、撤销、预保新增”等更新情况，建立“重大调整类 + 日常维护类 + 预保新增类”紫线更新机制。

杭州积极探索历史建筑精细化保护管理模式，将保护向“全覆盖、高品质”推进。2017 年，杭州成功列入国内首批历史建筑保护利用试点城市。2018 年，杭州出台《杭州市历史建筑保护利用试点工作方案》，目的是按照“独特韵味别样精彩世界名城”的城市定位，列入国家“第一批历史建筑保护利用试点城市”为契机，积极推动历史建筑保护利用相关工作，强优势、补短板，使历史建筑保护利用工作成为助推城市国际化、城镇特色化、乡村振兴的重要力量，形成可复制可推广、走在全国前列的“美丽中国”杭州范例。2020 年，杭州重点推进萧山区、桐庐县、建德市等四区三县（市）历史文化保护，对四区三县（市）潜在的有保护价值的古建筑开展普查，摸清底数，做到“应保尽保”，实现保护“全覆盖”。

桐庐分水镇

从“为何保，保什么，谁来保”逐步转向“如何保，用起来，活起来”，杭州历史建筑保护工作形成了精细化保护管理的杭州模式。一是创新建设历史建筑保护利用标准体系。围绕历史建筑保护利用“全生命周期”，制定内容涵盖历史建筑建档、测绘、修缮、利用、日常维护等标准规范，这些标准推进指导全市历史建筑建档测绘与日常维护工作，服务指导百余处历史建筑修缮与利用。二是创新开展历史建筑价值评估和导则编制工作。创新构建由历史价值、艺术价值、科学价值、环境价值、使用价值五大评价因素和建筑年代、建筑风格等 18 项评价因子构成的价值评估体系，并在全国范围内创新编制《杭州市历史建筑保护利用导则》，明确不同保护等级历史建筑的管理、修缮、维护、使用要求，量身定制每幢建筑的“保护利用说明书”。三是不断健全历史建筑保护技术体系。探索有针对性地保护修缮技术，在防潮、节能、表皮修复等难点上找到“杭州路子”，实现传统与现代修复技术的有机结合。四是坚持优化历史建筑“活化新生”模式，打造文化反哺、社会共享新局面。先后推出 50 余处历史建筑保护利用示范项目，形成了南山路、北山路、中山路等多条历史建筑活化利用集中线。同时，运用新兴技术和数字信息管理平台等构成的“多位一体”历史建筑“云展示”和全民互动数字化平台，推出了“足不出户逛杭州”“走进历史建筑时光里”等系列活动，创新了市民与文化遗产之间的链接途径。

博物馆是历史文物的存储空间，也是文化记忆的承载者，具有保存和延续文化记忆的功能。在打造“博物馆之城”的目标引领之下，杭州博物馆事业发展迅速。至 2021 年底，全市经登记注册的各级各类博物馆达到 80 家。其中，国家一级博物馆 4 家，二级博物馆 4 家，三级博物馆 1 家，位居全省第一。为了传承红色根脉、突出城市特色，杭州还建成了“五四宪法”历史资料陈列馆、G20 杭州峰会历史资料展示厅、中国共产党杭州历史纪念馆、中国动漫博物馆等一批特色鲜明的专题类博物馆。博物馆已经成为展示杭州城市文化和开展社会教育的重要场所和窗口，据不完全统计，全市各大博物馆每年举办 100 余场临时展览，参观总人数突破 2700 万人次。在第十四届全省博物馆陈列展览中，杭州市有 1 个博物馆获中华人民共和国成立 70 周年特别奖，5 个博物馆获精品奖。各大博物馆推出抗击新冠肺炎疫情主题展览，杭州博物馆推出的“艺术的温度——全国抗疫主题书画、摄影作品展”入选 2020 年度国家文物局“弘扬优秀传统文化、培育社会主义核心价值观”主题展览推介项目。

杭州致力于挖掘杭州文物元素，采取线上线下、视频传播等形式，探索文物推广新模式。2020年，“让文物活起来”主题宣传活动被国家文物局誉为“文化遗产价值研究与传播”的“杭州模式”。“让文物活起来”主题宣传活动是杭州文物全媒体数字化传播项目。该项目与杭州网等新媒体开展密切合作，精心打造了“5+1”的主题板块。“5”指的是“双十佳案例评选”“讲解员技能竞赛”“最美文物守望者”“文物走近你”“青少年艺术作品集”五个板块，集中展示了杭州2020年“让文物活起来”文物主题活动的五大类成果。“1”指的是“杭州云文博”，下设“云展览”“云课堂”“云文物”三个子板块，汇集了全市50余家文博单位的3000条线上特色资源，通过图文、音频、视频、VR/AR虚拟、3D展示、直播互动等多种形式，系统展示杭州的世界文化遗产、特色文物建筑、馆藏珍贵文物等精品文物资源和智慧博物馆建设成果。“让文物活起来”网络宣传平台阅读总点击量高达1800万人次。其中“2020年讲解员职业技能竞赛”直播活动，5天内点击量达到385万人次；“中国文化和自然遗产日良渚主场活动”直播活动，1天内点击量达到157万人次。相比较传统文物宣传模式，其传播的覆盖面和效果实现了“飞跃式”提升。2021年，杭州市“红色记忆”网络宣传平台被国家文物局和新华网收录至全国网上展览资源平台，并荣获“杭州市100个网络正能量精品”、入围中央网信办“五个一百”百项网络正能量宣传活动。

三、做好非遗保护传承

非物质文化遗产是一个国家和民族历史文化成就的重要标志，是优秀传统文化的重要组成部分。杭州拥有得天独厚的自然和人文环境，在数千年的文明发展史中，积淀了丰厚的非物质文化遗产资源。杭州认真贯彻落实《非物质文化遗产法》，拓展保护载体，强化传承弘扬，促进社会共享，“三位一体（市、区县、乡镇街道三方联动）”“五力合一（非遗机构、专家、责任保护单位、传承人和社会力量五力相融）”和“全民参与”的保护模式取得明显成效，非遗保护工作成为国内典型，在业界有“全国非遗看浙江，浙江非遗看杭州”之说。截至2021年末，全市有联合国教科文组织认定的人类非物质文化遗产代表作名录 4 项，国家级非物质文化遗产代表性项目名录 48 项，国家级非遗数量位居全国同类城市第一位。“杭州刺绣”等 24 个非遗代表性项目入选首批浙江省传统工艺振兴目录，入选数量居全省第一。2020 年 3 月，在浙江省文化和旅游厅公布的《浙江省非物质文化遗产保护发展指数评估指标数据（2019 年度）》中，杭州市在全省 11 个设区市中排名第一。2021 年，杭州出台了《杭州市市级非物质文化遗产代表性项目管理办法》和《杭州市市级非物质文化遗产代表性传承人管理办法》，进一步完善了非遗保护的政策法规。

杭州通过实施“城市记忆”工程，挖掘整理传承老字号、古村镇、古建筑、古书等优秀传统文化资源，有效推进非遗活态传承。通过用好“非遗”平台、集合“非遗”力量、打造“非遗”特色等举措，杭州创新发展了“非遗＋扶贫”“非遗＋互联网”“非遗＋旅游”等跨界融合保护新模式，进一步搭建帮扶桥梁、赋能乡村振兴、实现活化传承，推动非物质文化遗产加快融入现代生活。目前，全市范围内已经形成花边、扇艺、刺绣、织锦、窑瓷、陶瓷、石雕、铜雕、木雕、剪纸等门类比较齐全的民间传统工艺精品体系，以及竹纸、竹笛、殿堂壁画、传统医药、传统餐饮、名优特产等链条较为完善的产业集群。依托联合国教科文组织全球创意城市网络“工艺和民间艺术之都”建设，杭州传统工艺不断得到活化利用，万事利丝绸、王星记扇子、朱炳仁铜雕等已成为全国驰名的文化品牌。市区两级联合推动建设的南宋皇城小镇，突出南宋非遗，按照“皇家文化、南宋风情、古都商业、宋学经典、宫廷养生”五大板块布局，挖掘覆盖中医药养生、特色美食、制作技艺等在内的各级各类非遗项目 40 余个，国家及省市区各级非遗传承人 50 多人，成为集非遗保护、传承、体验于一体的特色集聚区。

为了进一步推动非遗活起来、传下去，杭州通过组织非遗保护领域知名专家讲座、访谈、论坛等活动，向社会公众普及非遗保护知识；通过媒体发布非遗保护工作进展和成果，进行社会宣传和广泛动员；通过传统戏曲曲艺巡演、“风雅颂”民间艺术展示和传统手工技艺展等，以及区县（市）举办的大型民间艺术展演活动为重要平台，让更多的人认识、了解和喜爱杭州的优秀非遗文化。2017 年，文化部非遗司专门组织中央电视台、新华社、人民日报、光明日报、经济日报、中国文化报等 6 家中央主流媒体，开展“走进非遗第一线”中央主流媒体杭州行活动，对杭州铜雕、王星记等特色非遗代表性项目进行了全方位报道。2018 年，杭州创新推出“互联网 + 非遗”跨界融合保护机制，使传统工艺从传统营销向网络营销转变，推动了非遗传统技艺的产业化发展。2021 年，杭州推出“杭韵明珠 · 非遗微课堂”“潮玩非遗游杭州”“千年运河观非遗看杭州”等非遗宣传活动，引起了很高的关注度。

第二节　努力加强新时代精神文明建设

习近平总书记指出：“我国现代化坚持社会主义核心价值观，加强理想信念教育，弘扬中华优秀传统文化，增强人民精神力量，促进物的全面丰富和人的全面发展。”[①] 物质文明和精神文明协调发展是社会主义现代化的必然要求。市第十二次党代会提出，杭州要全面倡导社会主义核心价值观，持续打造“最美现象”品牌，深化全国文明城市创建，提升市民文明素质和社会文明程度。五年来，杭州通过推动社会主义核心价值观进一步落细、落小、落实，高水平推进全国文明城市建设，完善“最美人物”评选机制，引领市民素质不断提升。

一、深入践行社会主义核心价值观

核心价值观是最持久最深层的精神力量，培育和践行社会主义核心价值观是新时代精神文明建设的根本任务。杭州通过主流思想宣讲、“我们的价值观”主题实践、红色教育和党史教育等活动载体，扎实推动社会主义核心价值观落地落实。

市第十二次党代会以来，杭州深化“历史文化名城、创新活力之城、生态文明之都”的城市研究和理论挖掘，坚持以思想聚人心、以文化促共富。五年来，杭州深入学习宣传贯彻党的十九大和历次全会精神，深入开展“百支宣讲团、千名宣讲员”基层宣讲活动，积极探索“互联网 + 青年 + 理论宣讲”新模式，推动党的创新理论“飞入寻常百姓家”。“三分钟理论快讲”“好声音宣讲团”获中宣部“基层理论宣讲先进集体”荣誉，建德市“堂前燕”宣讲队等入选全

① 习近平：《坚定不移推进中国式现代化》（2020 年 10 月 29 日），《习近平谈治国理政（第四卷）》，外文出版社，2022 年，第 123—124 页。

省基层理论宣讲成绩突出的集体，80后、90后“青春力量”杭州宣讲团广受好评。2018年起，杭州市积极探索“互联网+青年+理论宣讲”新模式，持续打造“三分钟理论快讲”网络宣讲新品牌，以短视频的形式切入社会关注热点，郎朗、唐家三少、吴菊萍、李佳吟、傅园慧、叶诗文、石丹等一大批青年才俊走上理论宣讲讲台，给人们送上了一堂堂接地气、聚人气、有温度的微型党课，拉近了理论宣讲与年轻人的距离，在青年群体中引起强烈的情感共鸣、思想共鸣和理论共鸣。2021年，杭州培养了一批涵盖90后、00后能讲、会讲、善讲的青年宣讲员，通过“点单”“派单”“接单”“评单”工作模式，开展红色歌曲联唱、红色经典诵读、党史知识问答、重温入党誓词、宣讲团旗交接仪式等丰富多彩的主题活动，在增强群众参与性、获得感的同时，强化活动的庄重性、仪式感。

“我们的价值观”主题实践活动是杭州践行社会主义核心价值观的重要创新。自2011年启动以来，“我们的价值观”主题实践活动始终强调实践性，不断创新工作载体，推动社会主义核心价值体系大众化，将社会主义核心价值观教育渗透到人民群众日常生活中，与人民群众普遍关心关注的重要工作结合起来。市第十二次党代会以来，杭州持续开展“我们的价值观”主题实践活动，通过实施《“我们的价值观”主题每月实践活动方案》，每月举办一次主题讲座、组织一次互动讨论、开展一系列主题实践活动，推动社会主义核心价值观通俗化、普及化。杭州坚持把“学习”作为推动城市发展的基因工程，推动终身学习成为全民的一种精神状态和生活方式。五年来，杭州通过举办杭州学习节、杭州诗词大会等标志性活动，建设“满城书香”、杭州数字阅读平台等重要工程，稳步推进学习型城市建设。2017年，杭州荣获联合国教科文组织学习型城市奖章。

“爱国”是社会主义核心价值观个人层面的价值准则之一。为庆祝新中国成立70周年，弘扬爱国主义，2019年3月，杭州市委宣传部（杭州市文明办）与杭州公交集团携手推出的杭州首条“爱国主义教育公交专线”。专线在双休日、节假日和寒暑假期开行，以“最美浙江人”展示馆（浙江展览馆）为起始点，中途停靠五四宪法馆（北山街馆区）、岳王庙、盖叫天故居、杭州苏东坡纪念馆、淞沪战役纪念碑等9个站点，环西湖行驶一圈，成为杭州市民的爱国主义流动教育基地。2020年，杭州以“英雄、感恩、爱国、传承”为四季主题，开展形式多样、主题鲜明的爱国主义教育实践活动。

2019年，《杭州市革命文物和红色资源保护利用工程（2019—2022年）实施纲要》发布，将扎实开展红色资源点梳理、建立红色资源库作为重要工作任务。2021年，杭州遴选了51家爱国主义教育基地作为党史现场教学基地，“五四宪法”历史资料陈列馆入选中宣部红色基因库建设试点。围绕党的十九届六中全会精神，杭州开展了“六讲六做”大宣讲行动，组建了“市领导＋市直单位领导＋区县（市）领导＋专家学者＋基层干部＋青年宣讲员＋媒体记者”的“大宣讲团”。“新村夜话”宣讲团获“2021年全国基层理论宣讲先进集体”荣誉称号，国网杭州供电公司制作的《永远绽放的笑容》被中宣部评为“2021年优秀理论宣讲微视频”。

全国首条“爱国主义教育”公交专线开通运营

市第十二次党代会以来，杭州市社会信用体系建设始终走在全国前列，发挥示范引领作用。“信用杭州”“道德银行”“诚信积分”“诚信档案”等诚信建设品牌得到进一步推广，诚信社会建设效果显著。2017年，杭州成为全国首批社会信用体系建设示范城市，举办首届中国城市信用建设高峰论坛，在首届全国信用信息共享平台和信用门户网站建设观摩会上荣获“示范性平台网站”称号；2018年，杭州成为全国首批守信激励创新试点城市；2019年，杭州率先实现信用应用场景跨城市互认；2020 年，在全国城市信用状况监测排名中，杭州长期位列副省级城市前二。

二、持续推进文明城市创建

全国文明城市是目前我国城市综合类评比中的最高荣誉。市第十二次党代会以来，杭州以提高城市文明程度、市民文明素质和人民群众获得感、幸福感为目标，持续巩固全国文明城市创建成果，不断强化价值引领、人民中心和创新导向，放大“最美”效应，成为全国唯一连续 15 年入选的“最具幸福感城市”，并获“幸福示范标杆城市”称号。2020 年，杭州实现全国文明城市“四连冠”。

在全国文明城市创建过程中，杭州广泛开展文明城市、文明单位、文明村镇、文明家庭、文明校园创建活动。至 2021 年底，全市共有 37 个全国文明单位，7 个全国文明镇（乡），27 个全国文明村，3 户全国文明家庭，3 个全国文明校园。2017 年，桐庐县成为杭州市首个县级全国文明城市；2020 年，建德市首次获“全国文明城市”称号。2021 年，杭州深入推进打造“国内最清洁城市”，新创建 99 个打造“国内最清洁城市”示范点，遴选表彰其中 30 个工作成效突出的示范点。杭州是全国首批出台文明行为促进条例的城市，2021 年 7 月，杭州在全国范围内率先对《杭州市文明行为促进条例》进行修改。修改后的《条例》在排队等候、文明观赛、公共场所控制吸烟等方面作出完善，对新时代公民文明行为提出更高要求。同时，杭州还通过颁布“杭州市城市文明程度指数测评体系”“杭州市民公共文明指数”等举措，建立健全城市文明建设的长效机制。杭州对市民文明行为的地方立法，荣获第五届“浙江省宣传思想文化工作创新奖”，是全省文明系统唯一获奖项目。

杭州市重视文明实践的载体创新，通过开展“我守规　我文明　我安全”“文明餐桌　公筷公勺”“节约粮食”“我的城市我清洁”“窗口树形象　服务展风采”等系列文明专项行动，引导市民群众养成文明好习惯。通过开展“文明出行　杭城更美”实践活动，引导市民“礼让斑马线、喇叭不乱鸣、有序停单车、排队上公交、文明乘地铁”。2019 年，杭州市着力打造社区“敬亲”“养亲”“悦亲”新载体——“孝心车位”，制定了以“探亲优先、规范停放、服从管理、文明谦让”为内容的孝心车位公约，设计便于识别的“孝心车位”标识，做好车位预约、车位协调、车位开放时段管理等工作，大力整合社会车位资源，提高“孝心车位”供需匹配。至 2021 年底，全市已有 800 多个社区建设了 4400 多个“孝心车位”。此外，杭州邻居节、公民爱心日、全市墙景美化大赛等群众性精神文明建设活动常办常新，《人民日报》专门刊文赞誉杭州城市文明程度和市民文明素质。

杭州在全国率先开展“斑马线前礼让”活动，成为杭州精神文明建设“金名片”

按照“办好一个会　提升一座城”的总体要求和《杭州市亚运城市行动计划纲要》的具体要求，杭州全市启动“城市文明共建行动”，将丰富多彩的赛事和活动与文明城市建设有机结合。2020 年 9 月 27 日，亚运会国际文明礼仪大赛启动仪式举行，大赛以“文明你我，亚运有礼”为主题，采用线上线下同步报名。亚奥理事会主席艾哈迈德亲王、中国奥委会分别发来贺信。启动活动现场邀请留学生代表发出倡议，动员更多外国友人积极参加“国际组”比赛组别，展现杭州国际化的城市形象。12 月 29 日，“亚运四进”首场“亚运进企业”活动：杭州亚运主题宣讲团走进长龙航空暨国际文明礼仪大赛动员大会举行，开展礼仪表演、亚运主题宣讲、国际文明礼仪大赛动员、赛事服务礼仪培训等活动。

杭州的志愿者服务活动很有特色，形成了杭州西湖志愿者服务总队等一批志愿者服务品牌。市第十二次党代会以来，杭州重视优化提升志愿服务水平，加强志愿者队伍培训。在深入贯彻国务院《志愿服务条例》的基础上，全市持续推进“学雷锋”志愿服务常态化、制度化，持续开展雷锋广场志愿服务活动，创新推出“文明帮帮码”数字服务平台。“十三五”期间，全市共有注册志愿者343万余名，占全市常住人口的33%以上，志愿服务组织3.2万余家。涌现出西湖志愿者服务总队、浙江省公羊会公益救援促进会、“小青荷”等一批品牌志愿者组织。杭州西湖志愿者服务总队成立于2004年，以“热爱西湖、宣传西湖、保护西湖、管理西湖”为宗旨，以“和谐景区、世界共享”为目标，最终实现“和平、和谐、和爱、和美”思想与“更快、更高、更强”精神的完美结合。2017年，西湖志愿者服务总队被中共中央宣传部授予全国最佳志愿服务组织。“小青荷”成为2017年全国向上向善好青年群体、全国学雷锋志愿服务“四个100”先进典型项目。2020年10月，浙江省公羊会公益救援促进会获抗击新冠肺炎疫情青年志愿服务先进集体称号。2021年，结合“亚运城市行动”，开展数百场“亚运四进”活动，常态化开展“迎亚运讲文明树新风”志愿服务，在全市营造起“杭州欢迎你”的亚运氛围。依托数字赋能，杭州打造新时代“文明实践”+“志愿服务”杭州市文明帮帮码2.0版本的数智系统，“红十字救在身边”被中央文明委确定为重点工作项目15个基层联系点之一，“快一点”救在身边与“慢一点”礼让斑马线成为杭州文明实践的两张“金名片”，西湖区志愿者协会被评为全国最佳志愿服务组织，上城区“盲人看电影”、拱墅区“武林大妈”、市科协“数字经济”科技志愿服务项目获评全国最佳志愿服务项目，全国“四个100”获奖数量位居全省第一。

新时代文明实践中心是探索文明实践的新载体新举措，杭州也发挥了先行先试的带头作用。2018年8月，中共中央办公厅印发《关于建设新时代文明实践中心试点工作的指导意见》，桐庐被列为全国50个新时代文明实践中心试点建设县之一。继桐庐县后，拱墅区、西湖区被列为第二批新时代文明实践中心全国试点区，江干区、富阳区、临安区被列为第二批省级试点区。目前，全市新时代文明实践中心建设已经走向全面铺开、深化发展的阶段。截至2021年底，所有区县（市）文明实践中心全部挂牌，共建成实践所193个，实践站2973个，覆盖率98.5%，新时代文明实践中心成为打通宣传群众、教育群众、关心群众、服务群众的“最后一千米”的重要载体。

“复兴少年宫”是中央文明办、财政部、教育部等部门联合实施的惠民工程，是深化文明城市创建和推进未成年人思想道德建设工作重要载体，是衔接中小学生课内外教育、拓宽育人渠道的有效途径。2021 年 6 月，桐庐县作为全国 50 个乡村“复兴少年宫”建设试点县之一，按照“县级少年宫组团 + 示范复兴少年宫 + 精品复兴少年宫”打造“1+9+X”三类“复兴少年宫”，全县 195 个农村新时代文明实践所（站）和 22 个社区青少年俱乐部全部纳入乡村“复兴少年宫”。

三、不断擦亮杭州“最美”金名片

市第十二次党代会以来，杭州通过载体创新、手段创新、传播创新，不断推动最美现象从“盆景”变为“风景”“风尚”，持续擦亮杭州“最美”金名片。截至 2021 年底，杭州共有全国道德模范 7 人，浙江省道德模范 17 人，杭州市道德模范 160 多人，“最美杭州人”112 人，各级各类“最美”人物 26000 多人。陈立群被授予“时代楷模”称号，吴光潮获评全国诚信之星，俞果被评为首届全国“新时代好少年”。

杭州市道德模范（平民英雄）评选揭晓颁奖现场

作为最美现象的发源地，“最美杭州”已经成为城市品牌。2013 年开始，杭州每年举行“最美人物”、平民英雄、道德模范等一系列评选活动。市第十二次党代会以来，杭州以市—区—街道三级联动的形式，每月开展“杭州好人榜”评选，每年命名“文明家庭”“十佳好女儿”“十佳贤妻”“十佳好邻居”等活动，把“道德模范”“最美杭州人”“身边好人”“美德少年”等系列评选活动进行整合，通过基层评“好人”、头条上推“最美”、综合树“模范”，放大“最美”效应。2021 年，通过“我推荐、我评议身边好人”活动，新选树 60 名“杭州好人”、31 人入选浙江好人榜，9 人入选中国好人榜，全市“最美”人物群像日益壮大。杭州日报、杭州电视台、杭州电台开辟《发现“最美杭州人”》《感动杭州》等专题栏目，深入挖掘凡人善举，宣传“最美人物”的先进事迹；杭州网、“杭州发布”等网络媒体和微信公众号平台通过“最美”专题栏目建设，以专题联动、原创报道、网络视频、网络评论、网络访谈、微博微信互动等方式，弘扬“最美现象”正能量。同时，杭州还以“最美人物”“最美现象”“最美精神”为主题，创作征集电视短片、微电影、动漫短片、墙景彩绘等公益广告作品，在全社会树立起见贤思齐、崇德向善的良好氛围。

市民正在参观“最美杭州人”光荣墙上的最美人物事迹

通过宣传、宣讲、新媒体传播等途径，杭州的“最美声音”已经传播到全国各地，对国内的精神文明建设方面起到了示范和催化作用。2020 年起，杭州创新开展“最美相融·携手追梦”文化润疆系列活动，催生了“最美”共生效应，促进了民族团结进步，推动了援疆工作新格局的形成。“最美相融·携手追梦”文化润疆系列活动通过鼓励、引导“最美人物”发挥所长，为阿克苏提供力所能及、针对性强的帮扶，带动杭州更多的企事业单位、社会组织和市民参与到援疆工作中。

第三节　不断提升公共文化服务效能

市第十二次党代会以来，杭州市深入贯彻《中华人民共和国公共文化服务保障法》和国家、省、市印发的《关于加快构建现代公共文化服务体系的实施意见》《基本公共文化服务标准》等文件，着力在推进公共文化服务公益性、基本性、均等性、便利性上下功夫，有效地促进了全市公共文化服务运行机制不断创新，公共文化服务设施不断升级，公共文化服务效能不断提升。近五年来，在全省基层公共文化服务评估中，杭州地区总评分始终走在前列，中央电视台、人民日报、中国文化报、浙江日报等媒体多次对杭州公共文化服务体系建设工作经验进行了大幅报道。

一、优化公共文化阵地建设

市第十二次党代会以来，按照“市有五馆一院一厅（图书馆、文化馆、博物馆、美术馆、非遗馆、大剧院、音乐厅）、县有四馆一院（图书馆、文化馆、博物馆、非遗馆、大剧院）、区有三馆（图书馆、文化馆、非遗馆）”的目标，加快推进杭州市音乐厅、杭州市文化馆（新馆）、杭州市非遗中心（新馆）、钱塘区大剧院等市本级和区县（市）重大公共文化设施落地建设。至2021年年末，全市有文化馆（含省）13个，公共图书馆（含省）13个，剧场（含省）11个，音乐厅（含省）12个，全市公共文化设施面积达500余万平方米。此外，杭州合理布局杭州书房、城市书房、未来社区、社区文化家园、农村文化礼堂等文化空间建设，不断拓展公共文化新阵地、新空间。

杭州图书馆吸引社会力量，以联建、众筹、招募等方式建设主题分馆，使阅读空间呈现分众化、主题化、社会化、网格化的特点。结合“数智杭州　宜居天堂”数字化改革，杭州图书馆打造“一键借阅”杭州地区公共图书馆线上服务一体化平台 2.0 版，创立了“1+13+X”服务模式，把市区两级 14 家公共图书馆的馆藏文献资源、数字资源、书店和书商的新书资源，以及物流公司的服务能力全方位深度整合，形成了以数字化平台为依托、“全体、全域、全时段”覆盖的图书馆线上服务网络，实现“线上借书”“书店借书”“数字阅读”三大图书馆服务应用场景的多跨联动。杭州市民读者只需登录“一键借阅”平台，即可随时随地享受“手机下单，纸本图书快递到家”“书店选书图书馆买单”“手指点点，百万免费数字资源”的新型图书馆服务。结合社会需求和地方特色，2021 年杭州图书馆新建艺术、旅游两家主题分馆，累计建成音乐、电影、运动、科技、环保、佛学、钢琴、财商、旅游、茶文化、智慧交通等 28 家主题分馆。

2018 年，杭州启动“杭州书房”建设，致力于打造“家门口”的图书馆。杭州书房是以图书免费借阅为主要功能，同时提供文化活动、数字阅读、视听体验、展览展示、智慧旅游服务等多种功能的微型文化综合体，有利于提高杭州市公共文旅服务的创新能力、服务水平和社会影响力。2019 年，“杭州书房”作为杭州公共文化服务创新实践的重要内容，开始高质量推进。2020 年，各书房共组织开展各类主题活动 1000 余场，吸引市民群众参与 10 余万人次，实现图书流转 55 万余册次。截至 2021 年底，全市累计建成杭州书房 94 家。杭州书房助力“15 分钟阅读圈”建设，已经成为公共图书馆服务体系的有益补充。

社区文化家园是集教育功能、展示功能、文化精神传承功能和娱乐功能于一身的文化综合体，致力于打造城市居民的“精神家园”。2017 年，杭州制订《关于开展城市社区文化家园建设的实施意见（征求意见稿）》，要求社区文化家园重点培育邻里文化、志愿文化、社工文化，制定了社区文化家园的“6+X”建设标准，使文化家园真正用起来、活起来。“6”是指有“市民文化讲堂”、有“社区文化展示”、有“社区文化社团”、有“社区文化品牌”、有“社区文化节日”、有“网络文化平台”，“X”指多项社区惠民服务。根据省、市社区文化家园建设的整体部署，杭州以“文化驿站、共享空间”为基本定位，通过改建、扩建社区已有文化设施，充分整合社区文化资源，面向社区居民，组织开展文化讲座、工艺美术、教育培训等各类文化公益服务活动，组建由居民组成的各类社区文化队伍。2018 年，《杭州市社区文化家园建设管理办法（试行）》《杭州市社区文化家园专项资金管理使用办法（试行）》等文件出台，探索社区文化家园的精细化和长效化管理。截至2021年底，杭州共建成社区文化家园795家。其中，五星级社区文化家园20家，四星级社区文化家园40家，三星级社区文化家园116家。社区文化家园以社区群众文化需求为导向，以文化建设、智能平台和惠民服务为纽带，已经成为集思想引领、道德滋养、文明倡导、文化熏陶功能于一体的社区文化综合体。

杭州市在全省率先推出星级文化礼堂认定创新举措，对不同星级文化礼堂年运营经费实行“以奖代拨”政策，推动“建管育用”同步提升。截至2021年底，全市共建成农村文化礼堂1954家，其中，五星级文化礼堂129家，四星级文化礼堂150家。文化礼堂建设基本实现了500人以上行政村全覆盖。2019年，富阳区、建德市被评为浙江省农村文化礼堂建设示范县（市、区），西湖区转塘街道等10个乡镇（街道）被评为浙江省农村文化礼堂建设示范乡镇（街道）。

农村文化礼堂建设过程中，出现了硬件快速推进却人气不旺、品质不高的问题。为破解基层公共文化服务缺乏专业人才、服务效能不高、群众需求难以满足等瓶颈，萧山结合本地需求，探索打造了“文化管家”项目。具体是由政府出资购买，社会文化机构按照需求清单、以基层综合文化中心为阵地，让老百姓享受一揽子公共文化服务，内容包括人员服务及培育社团、培训课程、组织演出、礼堂特色品牌打造等。通过“文化管家”的专业指导，引导村民以主人翁姿态参与到基层文化服务的共建共享中来，实现了从“送文化”到“育文化”再到“秀文化”的华丽转变。“文化管家”项目自2018年底启动，2019年在萧山区范围内实现普遍化、制度化与常态化。2020年，杭州在全市推广“文化管家”社会化服务，共计引入第三方专业性文化组织13家，入驻“文化管家”197名，试点礼堂的文化活动场次平均提升40.1%，参与群众人次增加45.2%，受益群众达151.2万人。截至2021年底，礼堂“文化管家”社会化服务试点扩面增效，实现乡镇（街道）全覆盖，有效推进了文化礼堂的常态化运行。2021年4月，杭州市在全省工作会议上介绍了“文化管家”试点工作经验，随后全省开始推广“文化管家”新模式。

二、不断扩大优质文化产品供给

随着社会发展进步，群众对文化的需求已经从“缺不缺、够不够”提档升级为“好不好、精不精”，优质文化产品供给成为公共文化服务重要命题。市第十二次党代会以来，杭州不断完善群众文化“集约化、一体化”运行机制，健全网上预约通道和群文配送基层服务点建设，采取“你点我演”等方式，深入开展万场文化活动下基层活动，实现了群文配送与百姓需求的有效对接。五年来，杭州区县（市）每年组织群众文体活动 15 次以上，乡镇（街道）年举办文体活动 12 次以上，村（社）年组织文体活动 4 次以上。通过“你点我演”群文预约配送活动，达到文化活动覆盖城乡、惠及大众的目标，推进了全市群众文化共建共享的发展态势，给予了市民群众充分的选择权，提升了人民群众的幸福感和获得感。2021 年，全年群文预约配送文艺演出 250 场，开展各类活动 580 场。

与此同时，基层特色群众文化活动品牌建设大力推进，电影惠民、“我们的中国梦——文化进万家”、全民阅读、全民健身、“我演你秀”等文化惠民工程提质升级，“风雅颂”民间艺术展演、三江歌手大奖赛等文化品牌持续打响。五年来，杭州成功打造了良渚文化周、南宋文化节、钱塘江文化节、杭州国际音乐节、杭州国际戏剧节、苏东坡文化旅游节等系列重大文化节会活动，创新推出了“杭州市民日”“杭州良渚日”“杭州西湖日”等凸显杭州特色的群众性文化节庆。2017 杭州（国际）音乐节是杭州首次以城市名义举办的音乐节，也是杭州规模最大、邀请表演团体最多的音乐节。音乐节历时 21 天，组织驻节演出项目、大师班教学培训、音乐讲堂、“乐进基层”系列演出活动、中国交响乐峰会、克莱夫·巴达摄影回顾展等六大系列 23 场活动。美国林肯中心爵士乐团、维也纳爱乐铜管重奏团、德国慕尼黑爱乐室内乐团、中央歌剧院等 9 个著名乐团的 400 多位中外艺术家参加演出，1 万多名观众走进大剧院观看表演，300 多万全国观众通过央视、乐视等新媒体观看音乐节实况录像。2019 年，成功举办了亚洲美食节、世界环境日主场活动、第四届中阿广播电视合作论坛、APEC 工商领导人中国论坛以及中国国际茶叶博览会、西湖文化景观与意大利维罗纳老城文化交流、大运河文化带京杭对话等文化会展活动，杭州在全球会议目的地城市排行榜中居全国第三位，城市知名度和国际影响力持续提高。

市第十二次党代会以来，杭州统筹全市文艺精品创作生产，获得全国“五个一工程”奖作品数量居全国前列、全省首位，鲁迅文学奖、中国电视剧“飞天奖”、中国摄影“金像奖”等均有斩获，杭产动画获国家广电总局推荐数量连续5年居全国第一。越剧《汉兴未央》、舞台剧《平潭映象》等多部作品成功入选“浙江省精神文明‘五个一工程’”；话剧《钱塘人家》、3D昆曲《白蛇传》、音乐剧《流星》、大型滑稽戏《唐伯虎点秋香》等作品入围“浙江省文化精品扶持工程”项目名录；戏曲剧本《大清贤相》获得第六届中国戏剧奖·曹禺剧本奖大奖，杂技《头顶圈》荣获法国瓦兹河谷第17届国际马戏节评委会特别荣誉奖与最具独创奖；舞剧《遇见大运河》、话剧《聆听弘一》、话剧《生命密码》等13部作品入选国家艺术基金资助项目立项名单。原创魔术《牌·魂》荣获中国杂技最高奖“金菊奖”，纪录片《我与大运河》在央视首播，成为大运河文化带国家战略提出后首部播出的大运河主题纪录片。杭产电视剧《鸡毛飞上天》入选全国“五个一工程”奖，《麦香》《可爱的中国》获浙江省精神文明“五个一工程”特别奖；《外交风云》《绝境铸剑》获得第32届中国电视剧“飞天奖”优秀作品奖，《大浪淘沙》《绝密使命》等登录央视和一线卫视。编纂出版“杭州优秀传统文化丛书”40册，大力弘扬中华优秀传统文化。

“杭州优秀传统文化丛书”

第四节 加快建设全国文化创意中心

早在 2006 年，杭州就开始重点发展文化创意产业。十几年来，围绕全国文化创意中心建设目标，杭州通过政策引导、资金扶持、机制创新、平台支撑等系列举措，推动文化产业快速发展。2017 年，浙江省政府工作报告首次明确提出将打造“八大万亿产业”，文化产业与信息、环保、健康、旅游、时尚、金融、高端装备制造业一起，成为浙江省重点发展的战略新兴产业。2018 年 4 月，浙江省政府常务会议审议通过了由省委宣传部会同省发展规划研究院、杭州市委宣传部编制的《之江文化产业带建设规划》，提出了“一带一核五极多组团”的空间布局。2018 年 9 月，杭州发布《关于加快建设国际文化创意中心的实施意见》，将“构建在国际上有较高知名度、在全国具有引领示范作用的之江文化产业带”作为发展目标。2018 年 11 月，《杭州市全面推进文化兴盛行动实施方案（2018—2022 年）》发布，“文化创意产业发展引擎培育计划”被确定为六个专项计划之一。五年来，杭州文化产业发展迅速，国民经济支柱性产业的地位与作用日益彰显。

一、推进文化产业平台建设

产业引擎、产业园区、行业展会等，是文化产业提质增效的重要平台。2021 年，浙江数字文化国际合作区获批国家文化出口基地，成为全国唯一的数字文化贸易功能区；中国（浙江）影视产业国际合作区基地在中宣部、商务部等四部委开展的国家文化出口基地综合考评中位居全国前三。目前，以之江文化产业带为代表的产业引擎、以中国国际动漫节和杭州文化创意产业博览会为代表的重大节展，以及遍布全市的各级文化产业园区（基地），共同推动了杭州文化产业的快速发展。

2017 年 8 月，浙江省文化产业大会提出，要构建在全国具有引领示范意义的之江文化产业带。之江文化产业带建设规划布局以“一带一核五极多组团”区域范围为重点。“一带”指以钱塘江（杭州段）为依托，从上游淳安到下游大江东产业集聚区，总长约 77 千米的沿江方位布局发展的之江文化产业带。“一核”是指以之江新城为核心区的核心发展区块，规划面积 156 平方千米。“五极”

包括上城发展极、滨江（白马湖）发展极、奥体（湘湖）发展极、九乔发展极、富春发展极。“多组团”是指临安、建德、桐庐、淳安、大江东产业集聚区等上下游延伸区和之江互联网数字文化产业等 11 个特色文化产业组团，是之江文化产业带发展的重要节点。2019 年，杭州市落实《之江文化产业带建设规划》和《杭州市之江文化产业带建设推进计划（2018—2022 年）》，将建设之江文化产业带列入全市十大攻坚工程和“文化兴盛”专项行动。2021 年，之江文化产业带重点项目动态更新至 84 个重点项目，实现文化产业增加值 1060.9 亿元，同比增长 14.8%。规上文化企业 794 家，从业人员超 11.5 万人，全年实现营收 2475 亿元，同比增长 18.25%。

2018 年 6 月，《之江文化产业带建设规划》发布

杭州拥有国家文化和科技融合示范基地、中国国际影视产业合作实验区等 18 个国家级重点文化产业园区（基地），是国内承担文化产业“国家队”建设任务最多的城市之一。其中，白马湖生态创意城为国家级文化产业示范园区。2017 年，白马湖生态创意城入选文化部公示第一批“国家级文化产业示范园区”创建资格名单，成为“长三角”地区唯一入选的园区，并获得“2017 中国年度文化产业园区——最佳国际视野奖”。同年，全国唯一的国家级网络文学产业平台基地——“中国网络作家村”落户该园区。中国网络作家村致力于建设集网络文学作品创作、项目孵化、版权交易、作品改编、互动交流、影视动漫游戏衍生开发为一体的产业生态链，努力建设中国网络文学事业和网络文学产业发展的核心区和示范区。截至 2021 年底，该村已签约网络作家 200 多位。

中国网络作家村

中国国际动漫节由国家新闻出版广电总局（后为国家广播电视总局）①、浙江省人民政府主办，杭州市人民政府、浙江省新闻出版广电局（后为浙江省广播电视局）和浙江广播电视集团承办，是唯一国家级的动漫专业节展，也是国内规模最大、人气最旺、影响最广的动漫专业盛会。中国国际动漫节每年春天固定落户杭州举行，每年都评选出中国动漫最高奖项"金猴奖"。自 2005 年创办以来，中国国际动漫节始终为中国动漫、杭州动漫发展带来源源不断的人才流、资金流、信息流，先后被国家"十一五""十二五""十三五"文化发展规划纲要列为重点文化会展之一。2017 年，第十三届中国国际动漫节突出智慧节展概念，首次推出动漫节官方直播，首次推出"新零售"专题概念展区，首次采用大数据实时监控分析现场人流数。2020 年，受疫情影响，杭州以"春天云端聚、秋天杭州见"，创新探索线上线下动漫节展呼应、打造永不落幕动漫节的办节新模式，通过线上线下相结合，采取数字防疫手段，突显"国漫、国风、国潮、国创"，成为疫情常态化防控下创新展会服务模式的典型实践案例。2021 年，第十七届中国国际动漫节采取了严格的疫情防控举措，仍吸引了 56 个国家和地区的 335 家中外企业机构、4031 名展商客商和专业人士，通过线上

① 根据 2018 年 3 月《国务院机构改革方案》，在国家新闻出版广电总局广播电视管理职责的基础上组建国家广播电视总局，作为国务院直属机构。省市相关机构随之作出相应调整。

线下参与各项活动，开展一对一洽谈 1646 场，现场签约金额达 4.8 亿元人民币，线下及线上通过“云上国漫”平台参与动漫节互动的人数超过 1300 万人次，树立了疫情防控常态化形势下大型文化会展新标。

杭州文化创意产业博览会由杭州市人民政府、浙江大学、中国美术学院共同主办，中共杭州市委宣传部、杭州市文化创意产业发展中心承办，是展示国内外文创产业发展成果、深化国际文创领域交流合作的重要平台。自 2007 年始举办首届，杭州文博会至 2021 年已成功举办 15 届。作为杭州打造全国文化创意中心和推动长三角区域一体化合作的重要平台，杭州文博会凭借“国际化、专业化、产业化、品牌化”发展的办展理念和 15 年的积累与沉淀，已成为杭城的“文化金名片”，被誉为国内四大重点综合文化会展活动之一。2017 年，第十一届杭州文博会以“融——创生活·联世界”为主题，共计完成签约项目 168 项，实际成交金额达 38.6 亿元。2018 年，第十二届杭州文博会以“融——创意城市·美好生活”为主题，吸引了 41 个国家和地区的 2100 余家文创企业和机构参展。2019 年，第十三届杭州文博会以“创意城市·联结世界”为主题，有 53 个国家和地区的 2000 余家文创企业、机构参展，参加人数达 28.6 万人次，完成现场成交及签约项目金额达 167.5 亿元。2020 年，第十四届杭州文博会以“创意杭州·联通世界”为主题，重点围绕“新文化·新消费·新生活”进行专题策展，主会场接待嘉宾观众 6 万余人次，两大线上分会场点击量达 9.3 亿次。2021 年，第十五届文博会以“创意杭州·联通世界——文化引领美好生活”为主题，在做好疫情防控有关工作的基础上，采取“线上文博会 + 线下论坛及指数发布活动”相结合的方式办展，参展企业及品牌达 3000 余家，集中展示国内外最新的文化产业发展成果和各类文化精品。与往届相比，第十五届文博会强化了策展模式、消费模式和互动模式等方面创新，总体凸显“五大亮点”：一是办展模式强互动，加速企业数字化转型。根据疫情防控需求，本届文博会主打抖音“创意精抖云”、东家·守艺人 App“宋韵江南”两大线上分会场。二是专业论坛显高度，精耕“思想文博会”品牌。文创新势力颁奖盛典、杭州文化消费白皮书线上发布会、杭州文化创意产业投融资发展论坛、杭州—台湾“创意对话创意”高峰论坛等 4 场专业活动陆续在线上、线下举行，并同期发布《中国数字内容产业发展指数（2021）》、2021 杭州“文创青云榜”及十大文创新势力企业、《2021 杭州文化消费白皮书》《2020—2021 年度杭州文化创意产业投资发展研究报告》等最新行业发展指数研究成果。三是大咖对话显风采，传播行业正能量。本届文博会特别打造了《对话创意人》短视频访谈系列节目，走近多位杭州本土文创人士，与观众分享多年来自身在文化产业领域的亲历故事和人生体悟，并剖析各自行业的最新动态和前沿趋势，发掘杭州这座钟灵毓秀的城市赋予产业发展和人才成长的文化内核与积极力量。四是展会对接重实效，推进项目成果落地转化。坚持专业化、产业化、市场化的办展宗旨和原则，持续提升展会实效、推进成果转化。五是创新平台优服务，数字赋能促发展。深入实施文化产业数字化战略，“文创 e 点通”应用服务平台正式上线。

二、壮大文化产业规模

市第十二次党代会以来，在之江文化产业带和大运河（杭州段）文化产业带的引领带动下，全市基本形成以数字内容、影视生产、动漫游戏、创意设计、现代演艺等为优势发展行业的文化产业高质量发展格局，产业规模不断壮大。

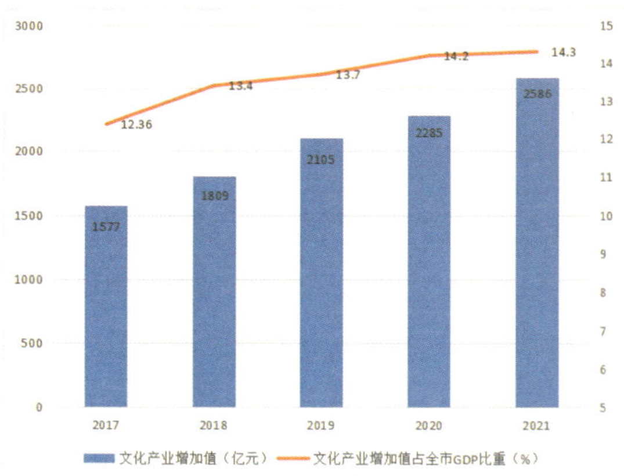

2017—2021 年杭州市文化产业增加值总量及 GDP 占比变化趋势图

从 2011 至 2021 年，杭州文化产业增加值从 400 亿元增长为 2586 亿元，年均增速达 10% 以上，占 GDP 比重提高了 8.6 个百分点。2021 年，全市文化企业顶住疫情反复带来的压力，保持蓬勃向上的良好发展态势，文化产业实现增加值 2586 亿元，比上年增长 8.7%，GDP 占比 14.3%；规上文化企业实现主营业务收入 8212 亿元，比上年增长 11.6%，占全省比重 61.5%。根据清华大学、中国传媒大学联合发布的《中国数字内容产业发展指数及评估报告（2021）》显示，杭州数字内容产业发展指数位居全国第一梯队。

市第十二次党代会以来，杭州文化领军企业发展势头强劲、竞争力强、成长性较好、品牌美誉度高。2021 年，全市有规模上文化企业约 1300 家，规上文化企业实现主营业务收入 8500 亿元，比上年增长 12.41%；上市文化及相关产业企业 54 家，上市文化企业占全市上市企业总量的 1/5 以上，居全国各大城市前列。据专业机构研究分析，杭州文化企业的规模化率、产业利润率、人均产出率等多项指标排名均居全国第一。截至 2021 年底，杭州已培育了 48 个国家文化出口重点企业和重点项目、1 家国家文化出口基地，全市规上文化企业约 1400 家，上市文化企业 50 多家，占全市上市企业总量的 1/5 以上，居全国各大城市前列。宋城演艺连续 10 年、华策影视连续 5 年入选全国"文化企业 30 强"。华数集团、思美传媒、顺网科技等 12 家文化领军企业成为全国同行业上市第一股。网易云音乐、中南卡通、电魂网路、微拍堂、玩物得志、米洛星科技等一大批数字文化企业蓬勃发展，以数字和文化融合为特色的数字内容产业持续壮大，年均增速连续多年保持在 15% 以上。网易雷火、绝地科技等 7 家文化企业获评 2021—2022 年度国家文化出口重点企业，入选数量居全省第一。华麦网络"MEGAMEDIA 数字文化内容跨境交易平台"获评 2021 年服贸会"100 个服务示范案例—全球服务实践案例"。

国有文化集团是文化产业发展的生力军，理应在文化产业发展上起到支柱性作用。杭州一向重视国有文化企业集团的壮大发展，不断深入推进国有文化体制改革。市第十二次党代会以来，杭报集团、杭州文广集团、西泠印社集团、华数集团、杭州出版集团等市属国有文化集团持续深化改革，进一步彰显了国有文化集团的发展活力。同时，杭州制定出台《杭州市市属国有文化集团重大事项管理实施细则》《关于进一步加强文化国有资产监管的若干意见》等文件，建立健全党委和政府监管有机结合、宣传部门有效主导的管理模式，加强文化国有资产管理。建立重大事项定期报告制度，国有文化企业每半年度向市文资领导小组和市国资委、市财政局上报重大事项的管理情况报告，每年度向市委宣传部部务会议汇报企业重大事项的整体管理情况，同时向市文资领导小组和市国资委、市财政局书面报告管理情况，推动文化国有资产依法合规监管。

2021 年 9 月，杭州召开推进市属国有文艺院团深化改革加快发展动员部署会，要求按照“管方向、活机制、保基本”的原则，进一步明确发展目标、优化管理体制、创新工作机制，实现市属国有文艺院团创演质量、管理水平、服务效能大幅提升。2019 年 9 月 6 日，杭州演艺集团挂牌，与北京市演出公司签订战略合作协议，百老汇音乐剧导演董方思、中国国家话剧院副院长戈大立、澳门青年交响乐团协会理事长许健华、美籍华裔男高音龚园和杭州爱乐乐团名誉团长邓京山受聘为首批艺术顾问。作为集演艺文化创作生产、剧场经营、演出营销、产业投资、艺人经纪于一体的全产业链演艺文化企业集团，杭州演艺集团致力于打造成为杭州演艺产业的主力军。

三、推进文化旅游深度融合

2018 年 4 月，文化部、国家旅游局进行了职责整合，组建文化和旅游部，以统筹文化事业、文化产业发展和旅游资源开发，文旅融合步伐加快。2019 年，浙江省大花园建设全面开展，推出了一系列文旅融合载体：建设浙东唐诗之路、钱塘江诗路、瓯江山水诗路、大运河（浙江）文化带，谋划建设十大名山公园和十大海岛公园，打响“百县千碗”品牌，“诗画浙江”影响力不断扩大。杭州市深入贯彻中央关于文化和旅游融合发展的决策部署，杭州先后获得中国旅游休闲示范城市、国家文化和旅游消费示范城市，入选全球 15 个旅游最佳实践样本城市，进入全球会议目的地城市百强行列，世界旅游联盟总部永久落户杭州。2021 年 4 月，“2020 浙江文化和旅游总评榜”发布，桐庐县获 2020 浙江文旅融合高质量发展十佳县（市、区），良渚古城遗址公园获 2020 浙江十大数智景区，首届“文旅市集 · 杭州奇妙夜”“我的家乡我代言”推广活动获 2020 浙江文旅促消费创新优秀案例，《江清月近人》《最忆是杭州》《千岛湖水之灵》《X 绮幻之境》《宋城千古情》获 2020 浙江最受欢迎原创演艺节目，良渚博物院、中国茶叶博物馆、中国丝绸博物馆获 2020 浙江十佳影响力博物馆。2021 年，杭州出台《关于推进文化和旅游深度融合高质量发展的实施意见》《杭州市“文”

产业发展行动方案》，以创建国家文化和旅游消费示范市为带动，杭州加快推进杭州书房、良渚文化、南宋皇城遗址、“宋韵杭式生活节”等省级文旅IP创建。

以杭州三大世界文化遗产为核心，推出以遗产为主线、地域文化相得益彰的资源融合型产品，创新开发世界文化遗产旅游产品体系，将西湖、大运河和良渚打造成为文旅融合的标杆示范，成为全国文旅融合发展示范区的实践范例。围绕宋韵文化传世工程，开辟“南宋有约”等5条主题旅游精品线路；围绕大运河国家文化公园等重点区块，积极培育18张文旅“金名片”项目。规划建设大型公共文化设施和旅游基础设施，积极推进中华版本传世工程杭州分馆“文润阁”、中国京杭大运河博物馆、南宋皇城考古遗址公园、世界旅游联盟总部、杭州博物院等重大文旅项目，全力打造历史文化集中展示地和世界级特色旅游目的地。围绕大运河、“三江两岸”、千岛湖等山水资源，统筹推进钱塘江水上旅游开发，以钱塘江为主轴打造世界级黄金旅游线，推动杭州文化影响力不断提升。发掘杭州历史文脉和城市文化旅游资源，打造北山街、南山路、河坊街、中山中路、中山南路、五柳巷、思鑫坊、大兜路、小河直街和桥西等十大特色鲜明的文化旅游街区，推动历史遗产活化利用，促进城市文化和旅游产业互动融合。围绕西湖沿线历史遗迹和红色景点等人文资源，开发爱国文化、修身文化、廉政文化旅游产品。

业态融合是文旅融合的重要方面。市第十二次党代会以来，杭州促进旅游与演艺、文创、会展、大数据等融合发展，既深化了游客体验度，又更好地表现、传播了杭州文化。精心打造《宋城千古情》《最忆是杭州》《遇见大运河》等旅游演艺精品，推动旅游和演艺融合发展；推动传统工艺向旅游产品转化，推出万事利丝绸、王星记扇子、朱炳仁铜雕等一批新时代文旅产品；推进“国际会议目的地城市”建设，利用中国国际动漫节、杭州文博会等影响力，推动会展旅游；运用大数据、云计算、移动互联网等技术，深化旅游与科技融合发展，打造“跟着城市大脑游杭州”应用平台，开发杭州数字文旅小程序，打造数字专线、数字专列、公园卡郊县游、找空房等系列数据衍生应用场景，推出“10秒找到空房”“20秒景点入园”“30秒酒店入住”和“数字旅游专线”等便民服务。2021年，《今夕共西溪》《如梦上塘》分别在西溪湿地和上塘河公演，成为杭州新兴的文旅融合打卡地。入选全省首批千年古城复兴试点名单的梅城镇，统筹推进文化与资源、产业、产品、市场深度融合，2017 年以来，梅城镇接待游客的数量呈几何级增长，其中 2021 年达 209 万人次，占建德市游客接待量的 15.8%，旅游收入累计达 3.29 亿元。

围绕国家文化消费试点城市创建，杭州市发挥数字经济优势，持续推“互联网 + 文旅消费”新模式。“互联网 + 文旅消费”的“杭州模式”受到文化和旅游部肯定。在 2021 年全国文化和旅游消费工作培训班上，杭州荣获“国家文化和旅游消费示范城市”称号并被授予奖牌。杭州持续打造文旅消费季、大学生旅游节、茶文化博览会、“杭州奇妙夜”、“全球旗袍日”、“百县千碗 · 杭州味道”等一系列文旅 IP①，推进特色休闲街区、夜间消费集聚区业态优化，推动“建德江清月近人”“开心麻花”“老开心茶馆”等地方演艺和书场剧场创新发展，打造最有烟火味的“杭式生活”。2021 年 7 月 30 日，“2021 文旅市集 · 杭州奇妙夜”暨文旅消费季活动在钱塘江畔启动。从 7 月底到 10 月底，杭州以“杭式雅生活　国风潮消费”为主题，推出潮动、雅动、艺动、跃动、红动、萌动等“六动”系列 40 余项活动，在全市营造杭州韵、雅生活、潮消费的浓厚氛围。

2020 年 8 月，杭州开展首届“2020 文旅市集 · 杭州奇妙夜”

① IP 是 Intellectual Property 的缩写，指知识产权。在游戏行业中，IP 产品通常指取得文学、影视、热门游戏授权使用其角色、形象、图像、文字、情节等所制作的游戏产品。文旅 IP 就是文化旅游的 IP 项目，即旅游所拥有的知识产权。

第五节　持续创新对外文化交流传播

加强对外文化交流和多层次文明对话，讲好中国故事，传播好中国声音，有助于更好地实现不同文明之间的对话和交流互鉴，推进文化强国建设。沿着市第十一次党代会“东方文化国际交流重要城市”的路线目标，杭州持续推动对外文化交流和传播，提升了城市的国际知名度和美誉度。在《杭州市全面推进文化兴盛行动实施方案（2018—2022 年）》中，“实施城市文化国际表达与传播计划”是文化兴盛六大计划之一。市第十二次党代会以来，杭州坚持“杭州韵味、国际表达”，统筹对外文化交流、文化传播和文化贸易“三驾马车”，利用融通中外的话语体系、表达方式，向世界展示中华文化、杭州文化的独特魅力，扩大杭州文化国际知名度和影响力。在全球会议界权威研究机构 GainingEdge 发布的“全球最具竞争力会议目的地城市”2021 年榜单中，杭州在全球 100 个会议目的地城市中排名第 33 位，获得历史最好成绩。

一、做好对外宣传

我国一向重视对外宣传，通过图书、期刊、网络等多种形式，全面反映中华优秀传统文化，真实展现中国当代的新发展、新成就，树立中国在国际上的良好形象。在中央精神指导之下，杭州通过创新宣传传播，致力向世界讲好杭州故事，中国故事，提升杭州形象和国家文化软实力。

市第十二次党代会以来，围绕战疫情促发展、高水平全面建成小康社会、亚运会筹备等重大主题，杭州主动设置议题，多平台对外传播杭州声音。近几年，杭州策划组织了健康码、杭州世界文化遗产保护、文博会等外文专题报道，以 9 种语言在欧美和亚太地区 10 余个国家发布，分别被 500 余家境外主流媒体官网转载，覆盖上亿受众。国际传播稿《杭州：数字经济之都——让城市更聪明》在英国《泰晤士报》整版刊发，泰晤士报官网、移动端及其“脸谱”账号先后推送，称赞杭州是“世界上最聪明的城市”。2019 年 2 月 9—10 日，杭州在洛杉矶好莱坞环球影城举办“盛放杭州”文旅盛典，分西湖书画社、运河书画社和环球广场主舞台杭州秀三大板块展现杭州特色文化，美国 CNBC 电视台、纽约时代广场纳斯达克同步投放杭州活动宣传片。2020 年 10 月，“小康社会杭州故事”全省第十一届对外传播易地采访活动，来自国内19家电视媒体的50余名记者参与深度采访，制作了外宣电视专题片，向世界展示了杭州全面建成小康社会的生动实践。

2017年以来，杭州积极抢抓互联网发展给城市外宣带来的机遇，初步构建起基于媒体融合、集内容生产、平台运营、对外供稿、二次传播四大功能于一体的“外宣厨房”，探索适合城市外宣的新平台新路径。杭州“外宣厨房”项目获2017年浙江省宣传思想文化工作创新奖，并作为外宣典型案例入选全国宣传干部学院教材。依托外宣厨房，杭州构建了“1+N”国际传播全媒体矩阵，包含英语广播电视节目、门户网站、报纸杂志、海外社交媒体账号等，全天候运用文字、图片、视频等形式，向世界展示新时代杭州形象。中国杭州英文网连续3年被评为中国最有影响力外文版政府网站，《看杭州》中英双语电视节目覆盖229个国家和地区，在中国外文局“第三只眼看中国”国际短视频大赛中获评委会大奖、优秀组织奖和优秀作品奖。2019年9月5日，杭州出版首份英文报纸*Hangzhoufeel*（《韵味杭州》），成为内地继广州、上海、深圳后第四座拥有地方英文报纸的城市。杭州英文报每半月一期，设四个彩版，随《都市快报》在杭州地区发行，同时在杭州涉外酒店、学校、市公安出入境大厅、杭州图书馆等对外交流窗口单位定点投放，重点服务在杭近3万名常驻外籍人士、100余万名临时到杭州的外籍人士和其他英语使用人群。脸谱、推特、优兔和享受平台开设的“韵味杭州”账号，总粉丝量达180万，在国内城市海外社交账号中名列前茅。2021年，在中国优秀政务平台推荐及综合影响力评估中，“Hangzhoufeel”获2021年度海外优秀社交媒体平台（省会城市类）荣誉。

杭州通过粉丝互动、影响者营销以及品牌合作，形成集品牌宣传、互动沟通、服务咨询为一体的自有海外传播阵地。通过举办“治愈系杭州与海外粉丝温暖同行”“属于你的杭州时刻”等线上主题活动，推出“良渚文化互动漫画”、“杭州低语”（Hangzhou Whisper）白噪音歌单等创意活动。通过业务学习和聘请专业审校团队，保证外文输出内容在国际传播语境下的表达恰当性，充分借用外嘴和外力，调动现有居杭外籍人士的主观能动性，尽可能采用或还原他们的真实视角和感受，让他们自觉成为杭州的代言人。充分重视UGC（用户原创内容），将内容生产的很大空间让渡给热爱杭州、热爱生活且具有一定传播技能的外籍人群，使他们成为各种文稿、专栏、影像、专访、视频、音频、Vlog 的内容创建者（Content Creator），应用于海外传播。围绕“世界遗产”“宋韵雅生活”“杭州亚运会”等海内外年轻一代热点关注的文旅产品，推出主题内容板块，并在机器客服功能中新增部分博物馆介绍，不断完善与国际接轨的交流对话体系，展示立体全面的杭州城市风貌。

二、扩大对外文化交流

对外文化交流主要是通过直观而具体的形式，向海外受众展现和介绍具有中华民族特色的文化、文明、形象、成就等，是一种较具弹性和软性的文化传播形式。

2017 年以来，杭州成功举办了第三届中国—中东欧国家文化合作部长论坛及文化季活动、老挝国家交响乐团来杭培训等国际文化交流活动，打响了杭州的海外知名度。2019 年 5 月，配合亚洲文明对话大会，举办“知味杭州”亚洲美食节，组织开展了亚洲美食节开幕式、美食文化展等 6 大板块 22 项活动，56 个国家和地区的 253 家品牌餐饮企业参展，55.8 万人次观展。持续做好“杭州全球旗袍日”活动，先后开展山水旗袍秀、“杭州旗袍”全球设计师征集、民间旗袍赛等活动，2021 年的“杭州旗袍”征集活动，邀请到来自韩国、乌兹别克斯坦、不丹等 9 个亚洲国家和地区的 21 件优秀旗袍作品参加。

第三届中国—中东欧国家文化合作部长论坛开幕式

浙江省国际人文交流基地是建立国际交流合作、文化海外传播、国际形象，体现浙江特色、代表中国形象、具有国际影响的人文交流基地，是“世界看浙江”的闪亮窗口，是助推浙江省高水平建成“一带一路”国际人文交流的枢纽。2020 年，浙江省命名了第一批 7 家国际人文交流基地，良渚古城遗址（良渚博物院）入选；2021 年，浙江省命名了第二批 13 家国际人文交流基地，西泠印社、艺创小镇入选。2020 年，杭州市命名首批市级对外交流人文体验点，重点服务在杭州的常住外籍人士、临时到杭州的外籍人士和各类涉外参访团，西泠印社、良渚博物院和良渚古城遗址公园、中国茶叶博物馆茶学堂、梦想小镇、杭州工艺美术博物馆群、中国丝绸博物馆、杭州国际博览中心、“五四宪法”历史资料陈列馆、古荡农贸市场、市中医院广兴堂国医馆、外桐坞村、胡雪岩故居 12 个体验点入围。为了彰显“新时代、新亚运”风采，践行“城市亚运”“品牌亚运”“智能亚运”理念，展示优秀传统文化精髓，助力打造时代文化高地，根据《杭州市亚运城市行动计划纲要》及年度任务要求，2021 年，杭州公布了“杭州亚运人文体验点”名单，杭州胡庆余堂中药博物馆、良渚文化体验（良渚古城遗址公园、良渚博物院）及楼塔古镇等 50 个杭州亚运人文体验点入围。对外交流人文体验点的建立，进一步展示了杭州形象，提升了城市国际化水平。

习近平主席指出：“要大力开展中国国际友好城市工作，促进中外地方政府交流，推动实现资源共享、优势互补、合作共赢。”[①] 杭州市自 20 世纪 60 年代开展友城工作起至今，国际友城网络覆盖六大洲。国际友城是友好城市级别最高的一种，截至 2021 年底，杭州已有 31 个国际友好城市，包括美国波士顿市、匈牙利布达佩斯市、南非开普敦市、阿根廷卡拉法特市、意大利比萨市等。另外，杭州还有 38 个国际友好交流关系城市（一般双方有合作交流，签订了合作备忘录，即可成为国际友好交流关系城市），比较知名的有国际机构云集的瑞士日内瓦市、意大利著名旅游城市威尼斯市、土耳其经济文化金融中心伊斯坦布尔市、美国电子商务和总部经济都十分发达的西雅图市等。

杭州通过开展“杭州国际日”“杭州国际友城市长论坛”等国际城市交流，

① 习近平：《在中国国际友好大会暨中国人民对外友好协会成立60周年纪念活动上的讲话》（2014 年 5 月 15 日），《人民日报》2014 年 5 月 16 日，第 2 版。

深化对外文化交流与合作。2019年，杭州市与意大利维罗纳市签署了《中国杭州市—意大利维罗纳市友好合作备忘录》，之后两市领导又在两国元首的见证下，签署了《世界遗产地友好关系协议》，至此便拉开了杭州市与维罗纳市文化交流的序幕。2019年3月23日，杭州市和维罗纳市签署《友好关系协议》，杭州市组建中意文化交流工作小组并下设“一办五组”，由杭州西湖风景名胜区管委会牵头，重点围绕中意爱情文化主题，理清两市文化交流工作思路，并制定《杭州西湖文化景观与意大利维罗纳老城文化交流工作实施方案》，统筹推进各项工作。2019年9月3日，意大利维罗纳市市长费德里科·斯博阿里纳先生率参观团一行，专程参观杭州市方志馆，由此拉开杭州市与维罗纳市文化交流的序幕。

三、努力推动杭州文化走出去

推动中华文化走出去，提高国家文化软实力，关系到我国在世界文化格局中的定位和我国的文化影响力。杭州一方面配合国家总体战略，努力打造文化走出去优秀项目，另一方面通过自身努力，不断加大文化贸易规模、提升文创国际化水平，不断扩大杭州的海外知名度。

市第十二次党代会以来，杭州对外文艺交流每年不少于15场次，2018和2019两年达到了25场次。受国家原文化部委托，组织实施海外“欢乐春节”项目，赴乌拉圭、阿根廷、智利、美国、苏里南等国进行文艺演出，杭州爱乐乐团、杭州杂技总团演艺有限公司、杭州艺术学校等杭州演出团体参与演出，为海外观众打造一台台集音乐、舞蹈、魔术、杂技等多种艺术样式于一体的综合性晚会。2019年10月，根据文化和旅游部“2019对非文化工作部市对口合作计划”，为配合建交活动，组织杭州艺术团组赴非洲加蓬、喀麦隆、塞内加尔、圣多美和普林西比国际巡演。据统计，杭州广播电视台每年向涉外媒体平台送片播出约100部（集），纪录片《中国茶：东方神药》获得第69届美国电视大奖“艾美奖”最佳专题纪录片奖等6个奖项，《你好呀，自己》《两岸儿童幸福音乐会》分获第50届休斯敦国际电影节“雷米奖”最佳短片金奖和现场电视类节目银奖。在国家艺术基金扶持下，歌剧舞剧院推出的《遇见大运河》于2017年6月开启国际巡演暨“世界运河遇见之旅”，至2019年1月成功出访法国米迪运河、德国基尔运河、埃及苏伊士运河、希腊科林斯运河、美国伊利运河和巴拿马运河、俄罗斯莫斯科运河、瑞典约塔运河等世界运河，世界巡演160场，在各地引起强烈反响。做强“百年西泠·中国印”海外展、“西泠学堂”等海外文化传播品牌，进一步以印学文化为特殊载体，让中国传统文化的种子向世界传播，力争实现“一带一路”多元文化深度融合，服务国家文化战略。

2018年5月，杭州市与英国诺丁汉市签署战略合作协议，建立杭州英国文化创意产业交流中心。中心以“政府支持、市场运作、社会参与”的方式运营，

大运河（杭州段）

杭州市给予政策支持、诺丁汉市政厅提供优惠场地并给予配套服务；委托专业会展机构负责具体运营，伦敦中国设计中心为中心落地内容提供在地支持；杭州市文创机构通过中心开展品牌推广活动、促进文化交流。中心先后成功举办杭州设计师品牌英国推广活动、诺丁汉春节庙会、中国杭州传统工艺创新展、法国M&O展、意大利佛罗伦萨手工艺博览会等展览和活动，促进了杭州本土文化品牌走进英国、走向欧洲。其中，杭州博乐设计旗下十几个品牌每年在欧洲的营业额达8000万元，并与德国汉堡当地设计中心达成长期设计研发合作

协议；杭州本来设计有限公司每年在欧洲市场销售达300余万元。同时，该中心充分发挥资源共享、交流合作以及链接欧洲等方面的作用和优势，不仅促成了近100家英国、意大利、爱尔兰、瑞士、法国等欧洲国家文创企业和机构参与杭州文博会、杭州国际工艺周等活动，还促成英国、意大利先后成为2018、2019年杭州文博会主宾国，有效增强和提升了杭州文博会的国际化特色和水平。2020年8月，杭州英国文创产业交流中心入选国务院服务贸易创新发展试点“最佳实践案例”。

2017年以来，杭州成功举办中国国际动漫节、杭州文博会、MIPChina杭州国际影视内容高峰论坛①、海峡两岸文化创意产业高校研究联盟论坛等国际性文化产业交流活动。2017年，参加中希文化交流和文化产业合作年活动，在希腊成功举办“中国故事——中国杭州传统工艺创新展”。开展“杭州创新工艺展”巡展活动，先后在西班牙马德里、法国巴黎、德国柏林等地中国文化中心开展。加大“融——Hand Made In Hangzhou”（杭州手工制造）和“新杭线”的品牌推广力度，组团参展米兰国际设计周、伦敦工艺周等国际知名展会。组团参展戛纳电视节、科隆国际游戏展等国际知名活动。深入推进“杭州青年设计师发现计划”“影视产业高端人才培养计划”，共选送50名优秀本土人才出国培训。

2021—2022年度国家文化出口重点项目中，共有6家杭州动漫游戏企业、一个项目入选。2017年以来，影视动画出口稳居全国前列，如中南卡通原创动画片《天眼》《魔幻仙踪》《乐比悠悠》《郑和下西洋》等先后进入93个国家和地区的播映系统。数字游戏全球影响力进一步提升，如网易游戏多次登顶中国发行商出海收入排行榜首，已连续11个季度保持百亿以上营收，电魂网络

① MIPChina是MIPTV/MIPCOM戛纳电视节在中国杭州举办的活动，旨在为参会的国内外影视制作公司、播放平台打造一个影视内容合作、研发、交流的平台，助力双方在电视剧、动画、纪录片、节目模式、电影等领域建立合作伙伴关系。法国戛纳电视节是全球规模最大、影响力最广的国际视听产品与数字内容交易会展，并形成了著名的MIP（法文：Marché International des programmes的缩写，意为“国际内容市场”）品牌活动。每年举办两次，分为春季和秋季。2017年5月23日至25日，法国瑞得集团、北京CMMI传媒咨询有限公司和浙江华麦网络技术有限公司联合主办的首届法国戛纳电视节中国（杭州）国际影视内容高峰论坛在杭州举行。

2020 年境外销售收入超亿元，以网易雷火和电魂网络为代表的高新区（滨江）游戏企业 2020 年境外销售额占浙江省服务贸易出口总额的 55% 以上。中国网络作家村成为展示“国际滨”的“重要窗口”，联合浙江外国语学院成立网络文学“一带一路”海外传播翻译基地，加大网络文学海外译介输出与传播力度，如月关、蒋胜男、沧月等网络作家多个作品被翻译成英语、越南语、印尼语、韩语，深受欧美及东南亚读者欢迎，根据发飙的蜗牛原著《妖神记》改编的法语版漫画书在法国销售已破 20 万册。2021 年，在中国共产党成立 100 周年之际，杭州佳平影业有限公司出品的《大浪淘沙》成功“出海”，在 YouTube、北美中剧独播频道、北美 iTalkBB 新媒体平台、葡萄牙电视台等同步播出，英文版《大浪淘沙》登陆西方主流视频平台亚马逊，这是中国重大革命历史题材电视剧首次在该平台播出。此外，杭州绝地科技股份有限公司入围 Facebook“中国游戏海外发行商收入榜”排行三十强，华策影视出品的《下一站是幸福》《亲爱的，热爱的》《以家人之名》等多部剧的剧本 IP 成功向海外输出改编，实现了中国内容向海外市场的深度输出。

市第十二次党代会以来，杭州各类文化活动和文创产业有序推进，国际文化交流合作持续深化，但与先进城市相比，杭州的国际性文化品牌仍然不多，国际交流合作仍需进一步深化，文化出海仍然需要强化。今后需要重点谋划国际传播战略，丰富国际传播内容，拓展国际传播渠道，用好国际传播平台，进一步扩大杭州的知名度与影响力。

第五章　厚植生态文明
全力做精做实美丽中国样本

生态环境保护是党百年辉煌历史中的重要篇章。党的十九届六中全会审议通过《中共中央关于党的百年奋斗重大成就和历史经验的决议》将生态文明建设作为新时代十三个方面重要成就之一进行总结概括，强调坚持人与自然和谐共生，协同推进人民富裕、国家强盛、中国美丽。杭州特别重视生态文明建设，尤其是 2017 年市委第十二届全会召开以来，杭州市坚定践行“绿水青山就是金山银山”理念，坚持践行生态文明建设在“五位一体”总体布局、人与自然和谐共生的基本方略及绿色发展的新发展理念，统筹推进生态文明建设，高标准打响污染防治攻坚战，推动绿色发展的自觉性和主动性显著增强，美丽中国、美丽杭州建设迈出重大步伐，杭州的生态环境保护发生历史性、转折性、全局性变化，取得了举世瞩目的绿色发展奇迹，为全面建成小康社会增添了绿色底色和质量成色。

在市委、市政府的坚强领导下，在全市上下共同努力下，全市生态环境质量稳步提升，生态文明建设和生态环境保护取得历史性成就。杭州在省会城市率先建成“国家生态市”，荣获“国家生态园林城市”“全国美丽山水城市”称号，连续 7 年荣获美丽浙江考核优秀，连续 6 年获得全省“五水共治”大禹鼎，国家最具幸福感城市、国家环境保护模范城市、国家森林城市、综合创新型生态城市、中国最佳旅游城市、联合国人居奖等，成功创建国家生态文明建设示范区县（市）5 个，省级生态文明建设示范区县（市）11 个，“绿水青山就是金山银山”实践创新基地 1 个，荣获全省美丽城镇建设优秀设区市，全市 6 个区县（市）获得美丽浙江考核优秀，形成了经济、社会、环境、民生多赢局面，有力推进了生态美、生产美、生活美三生融合的美丽杭州建设。

第一节　做精美丽中国样本

“推进新时代美丽杭州建设，打造独特韵味的新天堂”是杭州“奋进新时代，建设新天堂”奋力打造世界一流的社会主义现代化国际大都市的重要任务之一。十余年来，杭州，作为浙江的省会城市，全省政治、经济、文化中心，始终坚持以“绿水青山就是金山银山”的绿色发展理念为引领，向着人与自然和谐相处的目标不断前行，不断创新思路，将习近平生态文明思想的路径选择和方式方法具体化、丰富化，坚持“生态立市”，开创了具有杭州特色的生态文明建设模式，不断厚植“生态文明之都”优势，持续提升人民群众的环境获得感，生态文明战略地位显著提升。

一、深入推进美丽杭州建设

2018 年 1 月 3 日，中国共产党杭州市第十二届委员会第三次全体会议作出加快建设独特韵味别样精彩世界名城的部署，坚持人与自然和谐共生，坚持节约优先、保护优先、自然恢复为主的方针，制定实施优美环境行动方案，深化美丽杭州建设，全力打造国际一流的全域花园式城市，开辟“绿水青山就是金山银山”的新境界，进一步做精美丽中国样本，推进美丽杭州建设，彰显生态文明之都特色。

长桥遥望雷峰塔

1. 高标准推进新时代美丽杭州建设

市第十二次党代会以来，杭州市强化顶层设计，全力打造做精美丽中国样本，奋力抒写生态文明建设新篇章，为全面建设社会主义现代化强国夯实绿色根基。

突出战略谋划。习近平同志在浙江工作期间提出建设生态省的指示后，杭州市委、市政府迅速行动，确定全面建设“生态型城市”的战略部署后，开启了美丽杭州建设，明确了“建设生态美、生产美、生活美的‘美丽杭州’，成为美丽中国先行区”的总体目标定位。杭州遵照习近平总书记的指示，“要扎实实施‘环境立市’战略，把杭州建成‘生态市’，努力成为美丽中国建设的样本”[①]，制定两轮《“美丽杭州”建设实施纲要》和配套三年行动计划。2017 年，市第十二次党代会审时度势作出建设全市域大气“清洁排放区”的战略部署，2018 年在省会城市中率先建成“国家生态市”，荣获“国家生态园林城市”“全国美丽山水城市”等称号。2019 年，市委、市政府出台了《关于深化美丽中国样本建设坚决打好污染防治攻坚战的实施意见》，提出集中力量打赢具有标志性和引领性的“八项清零”战役，让“绿水青山就是金山银山”的理念在杭州大地上更加充分地展现出来。2020 年，全市召开了新时代美丽杭州建设推进会，颁布了《新时代美丽杭州建设实施纲要（2020—2035 年）》《新时代美丽杭州建设三年行动计划（2020—2022 年）》，明确了未来十五年新时代美丽杭州建设的任务书、路线图、时间表，继续在美丽中国建设实践中发挥示范带头作用。2021 年编制了《杭州市生态文明建设规划（2021—2025 年）》《杭州市生态环境保护“十四五”规划》，为进一步督促抓好贯彻落实，持续提升生态文明建设水平，做精美丽中国样本，开启新时代美丽杭州建设新篇章。

强化统筹推进。首先加强组织领导，设立市委主要领导任组长的美丽杭州建设领导小组，下设市生态办、治水办、大气办、土固办，实行实体化运作。其次强化统筹协调，每年牵头召开美丽杭州建设推进大会，协调解决美丽杭州

---

① 刘捷：《高举习近平新时代中国特色社会主义思想伟大旗帜　奋力打造世界一流的社会主义现代化国际大都市——在中国共产党杭州市第十三次代表大会上的报告》（2022 年 2 月 23 日），《杭州日报》2022 年 2 月 28 日，第 3 版。

建设工作中的重点、难点问题。建立通报、督查机制，举办市管干部专题培训。最后将生态文明建设纳入市综合考评、党政领导实绩考核，每月通报环境质量状况和重点工作进展，形成齐抓共管的“大生态”格局。五年间，连续推进新时代美丽杭州建设落实，120 项重大项目已完成 79 项、其余 41 项正有序推进。

坚持建设美丽杭州全民行动。美丽杭州是人民群众共同参与、共同建设、共同享有的事业。杭州市建立健全以生态价值观念为准则的生态文化体系，牢固树立社会主义生态文明观，倡导简约适度、绿色低碳的生活方式，把建设美丽杭州转化为每一个人的自觉行动。开展美丽杭州专项行动，注重长效，持续推进城市环境整治，优化改善人居环境，切实增进民生福祉，出台《“美丽杭州”创建暨“‘迎亚运’城市环境大整治、城市面貌大提升”长效管理工作方案（2020—2022）》，将专项行动纳入市政府重要议事日程，大力推进环境整治常态化、管理责任长效化。全市共排查并处置各类市容环境问题 878 万件，整改率超过 99.8%。依托平台构建“民有所呼、我有所应”的问题导向型治理体系，拓展市民群众参与渠道，并通过参加“公述民评”电视问政、“民情热线”上线等活动主动接受监督，听取意见建议。最大程度调动和激发社会各界参与建设美丽杭州的积极性和主动性。2021 年，生态环境部环境规划院受杭州市委托对过去 7 年美丽杭州建设成果进行评估，结果表明，杭州“高水平生态保护、高质量经济发展”特征鲜明，美丽杭州建设取得显著成效，先行示范意义突出。

2. 提质扩面完成生态文明示范创建

自被环保部（后为生态环境部）列为全国第二批生态文明建设试点市以来，杭州积极开展生态市创建工作，出台实施贯彻相关生态文明法规政策，创造良好的政策环境。2016 年 5 月，实行《杭州市生态文明建设促进条例》，2018 年，市政府印发《杭州市国家生态文明建设示范市规划》，市生态文明（美丽杭州）建设领导小组办公室印发《加快生态文明示范创建深化“美丽杭州”建设行动方案》。2019 年 2 月，市政府印发《杭州市加快生态文明示范创建深化“美丽杭州”建设行动方案》，加强对国家级生态文明建设示范区创建的指导。2021 年编制《杭州市生态文明建设规划（2021—2025 年）》《杭州市生态环境保护“十四五”规划》，督促抓好贯彻落实。此外，杭州市积极开展生态文明示范创建。自 2017 年，临安成为杭州地区第一个被命名的首批国家级生态文明建设示范区后，截至 2021 年，杭州共建成国家级示范区 5 个（临安 2017、西湖 2019、富阳 2020、余杭 2021、临平 2021）、省级示范区 11 个（临安、富阳、桐庐 2017，西湖 2018，萧山 2018，余杭 2018，临平 2018，淳安 2018，建德 2019，拱墅 2020，滨江 2021），全力打造全域国家生态文明建设示范区。

3. 加快美丽城镇和美丽乡村治理

2017 年以来，杭州市积极深化“百村示范、千村整治”工程，农村生活污水处理、生活垃圾分类处置实现全覆盖，乡村环境持续美化。全市累计建成美丽城镇 118 个、美丽乡村 1385 个、美丽河湖 213 条（个）、绿道 4282 千米，建成区 70% 市民实现“5 分钟见绿”。深化污水、垃圾、厕所“三大革命”，深入推进新一轮美丽乡村建设行动，守护好乡村自然底色，保持原有肌理，传承老的味道，赋予新的功能。农村生活污水治理、农村生活垃圾分类处理、农村公厕实现行政村全覆盖。率先在全省发布《杭州市未来乡村试点创建评价指标体系》。2019 年千岛湖配供水工程正式通水，标志着杭州城市为千岛湖、钱塘江等多水源供水格局形成，极大提升杭城百姓的用水安全和用水品质。2021 年启动了 38 个未来乡村试点，尤其是“十四五”以来，杭州推进 7 个未来社区试点，302 个老旧小区改造，扩绿 776 万平方米，新增造林 7 万亩，149 个小城镇完成环境综合整治，建成美丽城镇 118 个，美丽乡村 1385 个，建成区 5 分钟步行可达绿道网，累计完成 33 个工业集聚区、77 个镇街、1855 个生活小区“污水零直排”建设，获得社会反响良好。如，西湖区双浦街道以“多规融合”的全域土地整治规划为引领，开展拆违控违、田园清洁、治水剿劣、矿山治理、垦造水田等多项工程，村容村貌焕然一新，腾挪出了发展空间、高标农田，整治出了美丽环境，重塑生态、生产和生活空间，实现了耕地保护、生态优化、产业发展、农民增收多方共赢。此外，杭州还加强乡村风貌管控，让乡村“望得见山、看得见水、记得住乡愁”，2025 年可实现美丽乡村全覆盖。如，桐庐县坚持“以景区的理念规划整个桐庐，以景点的要求建设每个镇村”，结合整乡整镇美丽乡村建设，将灵动的富春山水和各个风情村镇巧妙结合，紧紧围绕本土特色，深入挖掘文化元素，梳理传承历史文脉。美丽乡村和美丽城镇的建设让文化构成了美丽乡村的灵魂，风景成为实实在在的生产力。

桐庐瑶琳国家森林公园

4. 高质量推进大花园示范县建设

自 2018 年浙江省启动“大花园”建设以来，杭州市谋定而后动，进一步铺就绿色发展跑道，争取 2018 年开好局、2022 年走前列、2035 年成为践行生态文明思想和美丽中国的示范区样板示范点。首先积极贯彻落实浙江省大花园建设工作动员部署会议精神。2018 年 8 月 9 日全市组织召开了全域旅游发展暨融入“大花园”建设推进会，明确建设重点是高质量推进大花园示范县建设，持续深化美丽乡村“升级版”建设，并详细部署创建国家全域旅游示范区、融入“大花园”建设工作进行，将杭州打造成国际重要的旅游休闲中心和“诗画浙江”中国最佳旅游目的地的先行者、引领者。其次分解工作任务形成合力。分解工作任务到各部门和县市区，形成系统化的工作推进合力，推进各重点项目落地，同时开展大花园建设专项督查，有力推进了各地大花园建设工作。再次是科学谋划城市公园“成长坐标”。公园城市是一种先进的城市形态，将公园与城市空间、居民生活有机融合，相当于把城市“镶嵌”在公园里，构建完善的生态系统，这是“绿水青山就是金山银山”理念的生动呈现，是一种城市美学，彰显了城市的人文魅力。2020 年我国城市人均公园绿地面积达 14.8 平方米，而杭州为 12.27 平方米，公园总数为 376 个，和深圳等城市相比还有较大的距离。这表明，杭州的城市公园建设步伐还需再快一些。杭州加强规划引领，促进城市公园布局更合理、功能更复合，逐步形成类型多样、特色鲜明、普惠性强、网络化布局的“郊野公园—城市公园—社区公园—口袋公园”四级公园体系，努力实现“300米见绿、500米见园”的目标。让城市环境更美，让市民宜居幸福感更强，持续提高全市公园绿地服务半径覆盖率和公园绿地均等化水平，建设美丽宜居新天堂。如，2021年新建成的运河亚运会公园（占地约701亩）是一个集体育馆、运动场地、商业配套、服务设施于一体的综合性公园，将举办亚运会乒乓球和曲棍球比赛。最后杭州还积极探索区县级大花园建设典型。2019年，桐庐、淳安分别入围全省首批大花园典型创建示范单位和典型培育单位，桐庐还被列为省政府大花园建设激励单位。2021年9月，桐庐县顺利通过大花园示范创建单位验收评估，被认定为“全省大花园建设典型示范县（市、区）”。同时，淳安县提出打造成为生态更优、发展更好、生活更幸福的美丽浙江大花园样本地，以建设特别生态功能区为抓手，积极推动制度创新、体制创新，在全国率先形成饮用水源地保护与发展的千岛湖模式。淳安制定八项主要路径，生态保护力度空前，环境建设成效显著，绿色经济特色鲜明，在全省生态文明建设总指数评价中名列第一。

5. 积极加快绿道建设

根据市委、市政府统一部署，杭州市成立了市绿道建设推进协调小组，市绿道建设2019年、2021年分别入选省、市政府“十大民生项目”民生实事。杭州市绿道建设三年（2019—2021年）行动计划（新建绿道1000千米，改造绿道1000千米）的目标任务也得到圆满完成。首先，全市域建设“一盘棋”。杭州市建立了市区联动、部门协作、定期通报等推进机制，出台了《杭州市绿道建设三年行动计划（2019—2021）》《钱塘江绿道系统及公共空间专项规划》《杭州市绿道建设工作绩效评估办法》等一系列政策、标准等，为全市绿道建设提供强有力的支撑，充分体现全域统筹、“一盘棋”规划建设的工作优势。其次，规划先行统一标准造“最美”。2017年以来，出台了《杭州市城市绿道系统规划》《杭州市绿道建设“十四五”发展规划》《杭州市绿道系统建设技术导则》等规划文件，并对相关内容进行培训，宣贯了统一技术标准。同时立足长效完善标准定规范。其中《杭州市绿道养护管理导则》出台，进一步理顺绿道建设与养护管理机制，明确绿道养护标准，提升绿道建设管理工作的系统性和整体性。再次，政策引领资金奖补提“干劲”。为了调动各区县（市）的绿道建设积极性，出台了《杭州市绿道建设专项资金管理办法》等系列文件，2019—2021年对绿道总补助资金为4.93亿元，其中2020年、2021年分别实现资金补助10473.39万元、17999.53万元，其余资金将在2022年全部完成奖补。同时充分征求各方意见。线上回收了有效问卷共计5580份，线下邀请各区“两代表一委员”、市政府绿道建设监督员代表、热心市民代表和省市媒体记者等代表400余人、面对面召开了民主恳谈会40余次，打通“断点”，进一步了解民需、把握民意。

目前，杭州绿道骨架网已基本成型，全市绿道里程总长达3713千米，13个区市间、区县间共34个交界面已打通，推进省域市域间绿道互联互通。三年来已有36条绿道评选为“杭州市最美绿道”，12条绿道入选“浙江省最美绿道”称号，总量居全省第一，实现全市域绿道品质大提升。目前杭州已建成环湖、沿山、沿江、沿路、沿河、湿地、公园、乡村绿道8种类型约4282千米，杭州绕城内绿道密度达到1.5千米/千米^2，基本实现主城范围5分钟步行可达绿道网。

第二节 高水平打好污染防治攻坚战

在习近平生态文明思想指引下，杭州全面加强生态环境保护，决心之大、力度之大、成效之大前所未有。污染防治攻坚战阶段性目标全面完成，蓝天白云重新展现，浓烟重霾有效抑制，黑臭水体明显减少，土壤污染风险得到管控。生态环境质量明显改善。市第十二次党代会以来，杭州市空气质量优良天数比率提高了13.7个百分点，达到87.9%（详见表1）；地表水优良水质断面比例提高了17.4个百分点，达到83.4%，全国近岸海域水质优良比例提高了9个百分点，达到77.4%。

一、治理“五气”打好蓝天保卫战

杭州市开展“五气共治”攻坚行动，全面落实大气污染防治计划，打好蓝天保卫战。

1. 创造良好的治气制度环境

为破解大气复合性污染问题，持续改善城市环境空气质量。2017年市第十二次党代会审时度势作出建设全市域大气“清洁排放区”的战略部署。6月，市政府印发了《杭州市大气污染防治“十三五”规划》，发布了《杭州市人民政府办公厅关于杭州市建设全市域大气“清洁排放区”的实施意见》，同年完成了《杭州市大气环境质量限期达标规划》编制工作。2018年11月，市政府印发了《杭州市打赢“蓝天保卫战”行动计划》，进一步加强大气污染防治，推动大气环境质量持续改善，保障人民群众健康。同时出台了《全市建设工程扬尘“全面清零”三年行动计划（2018—2020年）》《杭州市新建住宅小区设置餐饮用房管理规定（试行）》《杭州市扬尘在线监测系统技术规范（试行）》。2019年1月，市政府办公厅印发《杭州市大气环境质量限期达标规划》，4月，杭州市大气和土壤污染防治工作领导小组印发《杭州市打赢“蓝天保卫战”暨大气污染防治2019年实施计划》。2021年发布《杭州市重点领域机动车清洁化三年行动方案（2021—2023年）》和《杭州市重点领域机动车清洁化绿色积分实施细则（试行）》；实施 $PM_{2.5}$ 和 O_3“双控双减”，加强挥发性有机物深度治理。以上的制度实施为打好蓝天保卫战创造了良好的治气环境。

杭城蓝天

表 1 2017—2021 年度杭州市空气质量比较

年份	环境空气日优良天数（天）	优良率（%）	市区 $PM_{2.5}$ 平均浓度（微克 / 米 ^{3}）	与上年相比
2017 年	271	74.2	44.6	下降 8.6%
2018 年	269	73.7	39.8	下降 10.8%
2019 年	287	78.6	37.7	持平
2020 年	334	91.3	29.8	NO_2 年均浓度为 38 微克 / 米 ^{3}，下降 7.3%；SO_2 年均浓度为 6 微克 / 米 ^{3}，下降 14.3%
2021 年	321	87.9	28.2	NO_2 年均浓度为下降了 4 微克 / 米 ^{3}，SO_2 年均浓度为持平

数据来源：2017—2021 年杭州市国民经济和社会发展统计公报

2. 加强机动车污染防治

杭州市通过推进车辆结构优化、探索开展非道路移动机械污染减排、创新检测机构监管制度、严格机动车执法和检测等措施，加强机动车排气污染防治。推进老旧车淘汰、油气回收等工作，市环保局、市公安局、市财政局、市商务委（市粮食局）四部门联合印发《杭州市国三柴油车淘汰补助实施细则（暂行）》，完成非道路移动机械源清单典型抽样调查，联合交警部门开展道路行驶柴油车的排放监督抽测，及出租车、客运汽车、环卫车、混凝土车、渣土运输车检查。完成新一轮 $PM_{2.5}$ 源解析，全面实施精准治气。创新车辆尾气监管治理，率先出台禁行和补助政策，淘汰国三柴油货车 8 万多辆、占全省淘汰数 50% 以上，推广新能源车 32 万余辆，划定高排放非道路移动机械禁用范围 828 平方千米；狠抓扬尘污染精准治理，安装在线监测设备 2200 余套，累计处置扬尘污染问题 8000 多个。推进船舶排放控制区建设，全国首创散货船舶货舱覆盖，减少船舶扬尘污染。

车辆检验排长队

3. 深入治理工业废气

推进“高污染燃料禁燃区”“清洁排放区”建设，全市域划定禁燃区，各县（区）建成无新增燃煤锅炉。强化工业废气深度治理，截至 2021 年，提前完成全市 200 台热电和工业燃煤锅炉超低排放改造，累计淘汰 10 蒸吨 / 小时以下燃煤锅炉 4000 多台。发布挥发性有机物（VOCs）地方排放标准和 10 个重点行业《治理技术指南》。推进国三柴油车淘汰工作，对国三柴油车实施补助和禁行双重措施。实施非道路移动机械使用申报和定期排放检验制度，划定高排放非道路移动机械禁止使用区域 118 平方千米。

4. 加强扬尘污染治理

2019 年 5 月，杭州市印发了《2019 年全市建设工程扬尘管控水平提升行动方案》，并出台史上最严“控尘十条”和各类工地扬尘防控细则。“控尘十条”对围挡高度、出入口保洁范围、桶罐封闭、湿法降尘等环节都进行了细化。比如，工地四周设置硬质围挡封闭，高度不得低于 2.5 米，按规定设置三分之一以上公益广告，并保持整洁；工地主出入口 50 米范围内保持洁化，无碎砖乱石，无明显污泥、污水痕迹等。“十三五”后期，共安装了 2100 余套工地和 299 套道路扬尘监测设备。同时加强用车联合执法检查，制定实施《杭州市扬尘在线监测系统技术规范（试行）》并建成数据平台，推广安装 24 小时物联网可视化监测设备。

5. 加强现有餐饮油烟和农业面源大气污染排查整治

餐饮油烟是杭州本地排放 $PM_{2.5}$ 的五大来源之一，也是市民环境信访投诉的热点和环保部门治理的难点。对此，杭州市环保部门 2016 年开始推出了“油烟在线监控 2.0 系统”，给重点餐饮油烟企业戴上了“紧箍咒”，升级后的系统界面已经能够显示油烟的实时浓度。一旦超标，系统就会自动报警。2020 年杭州发布实施《杭州市新建住宅小区设置餐饮用房管理规定（试行）》，立足源头解决问题。2021 年加强现有餐饮油烟问题排查整治，以加快补齐城市人口密集区域餐饮配套用房不足的短板。同时，强化农业面源大气污染防治，有效推进秸秆多元化综合利用，对秸秆禁烧实行网格化监管。2021 年积极推进露天禁烧专项整治，全市累计出动工作人员 153664 人次，发现并督促整改问题 348 个。2017—2021 年全市秸秆综合利用率达 95%。

二、治理“五水”打好碧水保卫战

2017 年以来，杭州市以“零直排区”建设和河长制为抓手，加强基础设施建设，持续深化碧水保卫战，着力提升水环境质量，“五水共治”取得阶段性成果。实施“污水零直排区”建设 3.0 版，总体进度稳居全省前列。全市市控以上断面水质达到或优于Ⅲ类比例 96.2%、同比上升 5.8 个百分点，跨行政区河流交接断面水质达到或优于Ⅲ类占比 100%、同比上升 11.1 个百分点。（详见表 2）

表 2　2017—2021 年度杭州市水环境质量比较

年　份	市控以上断面个数（个）	满足功能要求的市控以上断面数量（个）	市控以上断面水质达到或优于Ⅲ类标达标率
2017 年	52	48	92.3%
2018 年	52	50	96.2%
2019 年	52	51	98.1%
2020 年	52	51	国考断面 100%，省考断面同比提高 3.1 个百分点
2021 年	52	52	100%

数据来源：2017—2021 年杭州市国民经济和社会发展统计公报

1. 加大碧水保卫战的制度建设

杭州市非常重视碧水保卫战工作，2017 年出台《高层住宅二次供水设施设备运行维护技术规程》和《城镇应急供水保障服务标准》等。市政府办公厅、市“五水共治”领导小组办公室、市河长制办公室印发《杭州市治污水暨水污染防治行动 2018 年实施计划》《杭州市“污水零直排区”建设行动方案》《杭州市碧水行动实施方案》《杭州市现代生态畜牧业发展规划（2018—2022 年）》。在全省首创实施“污水零直排”建设，累计完成 40 个工业集聚区、77 个镇街、1451 个生活小区“污水零直排”创建，全国黑臭水体治理现场会上得到住建部和生态环境部肯定。

2. 加强河道劣 V 类水治理

五年来，全市新增污水处理能力 139 万吨 / 日，污水管网 1582.18 千米，其中 20 万吨 / 日的临平净水厂为浙江省首座大型全地埋式地下污水处理厂，强势推进剿劣工作，消灭垃圾河 348 条 1261 千米，县以上劣 V 类断面全面完成消劣目标。推进农业农村面源治理。杭州市在全省农村污水治理设施运维管理工作考核中名列第一。率先开展 3.0 版“污水零直排区”建设，累计建成“污水零直排”工业园区 112 个、镇街 168 个、生活小区 3631 个，总体进度居全省前列，并率先启动提质增效。建立河长履职排名“末位约谈”机制，近 3 年共实施预警、约谈、督导 430 余次。强化饮用水源环境问题排查，运用卫星遥感手段累计发现整改问题 144 个。并深化杭黄合作，牵头成立专家委员会，编制共保规划，强化新安江—千岛湖联防共治。

3. 深入开展饮用水源保护区综合整治

开展建立了饮用水源保护工作例会和报送机制，调整饮用水水源地水环境功能区，将污水治理暨水污染防治工作纳入年度考核内容。并对市县两级饮用水源保护区内问题的年度饮用水源进行评估、排查和整治，建立问题清单，制订整改方案，27 个县级以上集中式饮用水水源地环境问题全部完成整治，县级以上饮用水源地全部达到合格（规范）饮用水源保护区创建要求。划定农村饮用水源保护地，完成农村饮水安全提升 18.2 万人，实现县级以上饮用水水质达标率100%；2020年以来印发《钱塘江及两岸区域生态环境联保共治机制》和《钱塘江及两岸区域生态环境联保共治机制》。推进全市28个“千吨万人”和8个乡镇级饮用水水源地排查整治；高质量推进农村饮用水达标提标行动，年提升47.9万农村居民饮用水品质。

4. 加大污水管网的建设和污水处理能力

新增污水管网1459.5千米，新增污水处理能力118.2万吨/日，现有总处理能力320万吨/日的50个污水处理厂全部达到一级A排放标准，其中14个达到更严的浙江省地方标准。完成污水处理厂清洁排放技术改造20个，新（扩）建之江净水厂、城北净水厂、第二垃圾填埋场污水处理厂、临平净水厂、七格污水等城镇污水处理厂9个。城西污水处理厂二期工程是市水务集团实施的第一个工程总承包（EPC）项目，工程总投资1.65亿元，2019年建成，工程投产有效改善杭州城西地区周围水环境，推进西溪湿地可持续发展。加强排污口规范化建设。严格执行入海排污口备案制度，全市7个已建成的入海排污口完成“装、树、联”任务①，监督性监测实现稳定达标排放。

5. 健全四级河长体系

杭州市率先在全省建立河长制，制定并公布全市河湖名录，深化“河长App”智慧管理，加大信息公开力度，打造“智慧治水”杭州样本。2017年市里成立河长制水利工作领导小组，建立健全河长联络机制，制订出台《杭州市河长制工作水利实施方案》，建立河长履职排名“末位约谈”机制，近3年共实施预警、约谈、督导430余次。2017年开始，中共中央办公厅、国务院办公厅印发《关于全面推行河长制的意见》，全面借鉴杭州经验推广河长制，河长由各级党委或政府的主要负责人来担任。7月28日，《浙江省河长制规定》获浙江省人大常委会通过，成为全国首个专项立法的河长制法规。浙江6万多名河长履职将有章可循、有法可依。2018年，市政府办公厅、市“五水共治”领导小组办公室、市河长制办公室印发《杭州市治污水暨水污染防治行动年度实施计划》《杭州市“污水零直排区”建设行动方案》《杭州市碧水行动实施方

① 即安装在线监测设施，树立公示牌，与环保部门联网。

案》《杭州市现代美丽生态畜牧业发展规划（2018—2022 年）》。2017—2021 年共完成河道管理范围划界 542 千米，新增水域面积 0.19 平方千米，创建无违建河道 561 千米，河湖库塘清淤 1253 万立方米，累计清淤 2878 万立方米，完成市“十三五”规划的 75.7%。

河长电子公示牌

6. 深化“美丽河湖”建设

出台全国首个美丽河湖地方标准，加强入海河流总氮、总磷总量控制，推进入海排污口规范化建设，实现直排海污染源在线监测全覆盖、排放全达标。开展国控断面走航分析，逐个编制专家评审报告，对超标预警断面实施约谈和现场督导，打造丰收湖等一批亮点惠民工程。2017—2021 年全市共创建美丽河湖 88 个，共有美丽河湖 213 条（个），数量全省第一。

三、管理“五废”[①] 打好净土清废保卫战

自 2017 年以来，杭州加快提升固体废物处置能力，实现居民小区生活垃圾分类全覆盖，建成 2 个工业固废处置中心和富阳、桐庐、建德、临安、萧山 5 个飞灰协同处置项目，市第三工业固废处置中心已建成投运，全市工业固废无害化处置利用率达 98% 以上。建成污泥处置设施 9 座，年处置能力 175 万吨。建成 12 个餐厨、厨余垃圾处置项目，总能力达到 2050 吨 / 日，可基本满足全

① “五废”是指生活垃圾、建筑垃圾、工业固废、农业废弃物、医疗废物。

市垃圾分类处置需要。全市现有生活垃圾处理设施10个，处理能力14900吨/日，实现原生垃圾零填埋。加强工业固废和危废监管，推进固废动态管理信息化建设，完成二级以上医疗机构医疗废物智慧监管系统，达标率100%，全市危险固废基本试点动态清零。

1. 完善健全土壤污染防治的制度体系

2017—2021年，每年编制《杭州市土壤污染防治工作方案》《杭州市土壤污染防治工作计划》及污染地块治理修复规划，深入开展土壤污染防治工作，建立土壤环境监测网络和土壤治理修复项目库。2018年，市政府办公厅、市大气和土壤污染防治领导小组办公室发布了《杭州市净土行动暨土壤污染防治三年行动计划（2018—2020年）》，落实土壤污染防治年度重点工作任务。市环保局、市财政局等五部门联合编制《杭州市土壤污染状况详查实施方案》，开展重点行业企业用地土壤污染状况调查，完成重点行业企业基础信息调查填报。2019年，推进重点行业企业用地土壤污染状况调查，完成地块基础信息采集、采样地块名单确定、采样布点方案编制。2020—2021年统筹推进“无废城市”创建，印发《杭州市全域“无废城市”建设工作方案》，召开全市推进会。2021年，建立督查通报、帮扶指导等6项机制，统筹推进“四张清单”任务。开展25类“无废细胞”创建，13个典型案例被省“无废”建设巡礼录用，4项先进适用技术通过省评估。9月，全市及所有区县（市）达到省级“无废城市”建设指标要求。

2. 加强危险废物安全监管

加强对危险废物经营单位及省控以上重点产生废物单位联网监控，实现全时段监管，开展危险废物“存量清零”行动。建立多部门协作监管机制，组织开展医疗废物、废铅酸蓄电池、废矿物油、污泥等专项检查。2020年完成《浙江省桐庐县神仙洞废物处理处置方案》专家审查，开展全市危险废物经营单位规范化检查工作，共检查企业38家，进一步提升杭州市危险废物规范化管理水平。2021年安全处置一般医废30678.56吨、安全处置涉疫医废289.4吨、涉疫生活垃圾3314.49吨。

3. 打好净土攻坚战

2017 年以来，全面完成省定重点污染地块修复治理年度任务，印发《杭州市土壤污染防治年度实施计划》和《杭州市净土行动暨土壤污染防治三年行动计划（2018—2020 年）》，启动地下水污染防治工作。共完成原杭州农药厂等 43 个地块约 5462 亩污染土壤治理修复，强化全市 45 个地块 3795 亩土壤环境风险管控，确保建设用地安全利用。杭州市重点行业企业用地土壤污染状况调查被表彰为全国先进，土壤污染现场执法、“数字治土”监管模式被评为全国典型。积极争取生态环境部支持，在杭钢半山基地开展“水土共治”试点，加快修复进度、服务做地主体。

污染地块土壤修复

4. 打好清废攻坚战

开展全域“无废城市”创建，五年来，市本级 111 项任务基本完成。建成“无废细胞”800 余家，约占全省 50%；在全省率先建立 10 个危废小微收集点，实现覆盖率、签约率、收集率“三个 100%”。杭州市“无废指数”位列全省第二，首批通过全省全域“无废城市”建设综合评估。强化涉疫医疗废物和生活垃圾监管，制定管理规范和操作手册并在全省推广，累计安全规范处置涉疫医废 1041 吨、生活垃圾 16661 吨。

5. 净土清废效果良好

五年来，杭州市土壤和固废环境风险总体稳控。全市污染地块安全利用率保持100%，受污染耕地安全利用率保持在95%以上；一般工业固废综合利用率由98.66%上升至99.16%，工业危废综合处置利用率由89.19%上升至96.63%，医疗废物无害化集中处置率保持100%。

第三节　推进山水林田湖草统筹治理

习近平总书记强调，“站在人与自然和谐共生的高度来谋划经济社会发展……统筹污染治理、生态保护、应对气候变化，促进生态环境持续改善，努力建设人与自然和谐共生的现代化”①。2017—2021年期间，杭州市统筹生态保护、修复、建设，推进山水林田湖海系统治理，完善生态廊道和生物多样性保护网络，提升生态系统质量和稳定性，增加生态系统碳汇和生态产品供给。

一、加强重要生态空间保护

严格落实杭州市国土空间发展战略，完善生态空间格局，严格生态红线保护、严管自然保护地。

1. 完善生态空间布局

全市划定并坚守5594.63平方千米生态保护红线，占国土面积33.2%，面积和占比均居全省首位。累计建成绿色矿山51家，纳入全国绿色矿山名录库12家；实施废弃矿山治理项目600个，废弃矿井治理162个，治理率超过95%。完成水土流失治理337.6平方千米。2017—2021年推进森林扩面提质生态建设，森林覆盖率达66.85%，连续多年位居全国省会城市、副省级城市首位。2017—2021年期间，杭州获得首个全国副省级以上城市“国家生态园林城市”称号。

2. 加强绿化长效管理

2017年以来，杭州市持续优化顶层设计和绿化城市环境等必修题。积极落实市政府《钱塘江两岸园林绿化风貌建设导则》和《杭州市“迎亚运”园林绿化行动计划（2020—2022）》等项目；全市加强“美化家园”工程项目和相关

① 习近平：《努力建设人与自然和谐共生的现代化》，《求是》2022年第11期。

高架绿化挂箱改造，让杭州“空中花廊”景观更动人，举办惠民花事花展活动，持续提高市民群众的获得感和幸福感。全市新增绿地面积 31.71 平方千米以上，建成 4000 平方米以上的绿地 260 余处。截至 2021 年底，杭州市区建成绿地率达到 37.02%，公园绿地服务半径覆盖率达到 90%。持续开展生态状况调查评估和生态质量监测评估，推动成果应用，完成 2 个国家级和 1 个县级自然保护区矢量数据的收集。

二、推进山水林田湖草统筹治理

“统筹推进山水林田湖草系统治理”是深入贯彻落实习近平生态文明思想和党的十九大精神的根本要求，是建设新时代美丽杭州、实现人与自然和谐相处共生共荣的重要途径。

1. 推进“双西”一体化发展

西湖是杭州的“眉”与“目”，西溪是杭州的“城市之肾”。它们是杭州市民引以为傲的两颗“明珠”，也是杭州区别于其他城市的核心体现和独特标识。习近平总书记始终非常重视西湖西溪的保护工作，2020 年 3 月 31 日，他考察调研西溪湿地保护利用情况指出：“要把保护好西湖和西溪湿地作为杭州城市发展和治理的鲜明导向，统筹好生产、生活、生态三大空间布局，要求杭州在建设人与自然和谐相处、共生共荣的宜居城市方面创造更多经验。”①

西湖全景

近年来，杭州市非常重视习近平总书记的指示，高水平推进西湖西溪一体

① 《习近平在浙江考察时强调：统筹推进疫情防控和经济社会发展工作 奋力实现今年经济社会发展目标任务》，《新华每日电讯》2020 年 4 月 2 日，第 1 版。

化保护提升和国际湿地水域创建，主要做到以下几点：

完善管理体制，持续做优保护利用顶层设计。市第十二次党代会以来，杭州市积极推进西溪湿地管理机制改革，西湖西溪管委会体制运行更加顺畅，活态保护的顶层设计日臻完善。一是完善双西组织架构。2020 年 6 月 24 日，杭州市委、市政府在涌金广场举办首个“杭州西湖日”暨“西湖—西溪”一体化管理启动授牌仪式，市四套班子领导出席活动。杭州作出了推进“西湖西溪一体化保护提升”的重大决策，西湖风景名胜区与西溪湿地实施统一领导、统一管理，西溪湿地实现一个湿地公园、一个机构统筹、一个政策管理、一个标准保护、一个公司运营“五个一”目标，构建起“一委、一局、一中心、一集团”（西湖西溪管委会、湿地管理局、西溪生态文化研究中心、西湖西溪旅游建设管理集团有限公司）的新管理格局。这标志着西湖西溪正式迈入了“双西合璧”的新时代。“西湖—西溪”一体化管理体制改革是市委、市政府贯彻落实建设“重要窗口”新指示的一次重大改革，是“世界遗产”与“城市之肾”的“双西合璧”，是新时代生态文明建设的杭州新实践。二是“双西”法规规划更加完善。以西湖保护高标准带动湿地保护升级优化。2021 年完成《杭州西溪国家湿地公园保护管理条例》修订，西湖《总规》实施评估开创全国先河，高标准完成西溪湿地《总规》修编，并形成报批成果。《西湖西溪“十四五”规划》《周边景观控制规划》等十余项专项规划陆续完成编制，搭建起了保护第一、活态利用的顶层设计，推动西湖西溪生态效益、环境效益、经济效益和社会效益最大化。三是全国首推湿地长制治水模式。借鉴西湖治水经验，实施湿地水生态环境综合治理，对湿地内外水系开展常态化巡查监管。并全面启动西溪湿地水环境治理项目（一期），加紧建设珊瑚沙引水清水入城项目，在亚运会前实现湿地引水水质改善，湿地水体感观度得到明显改善。

做强生态保护，打造生态文明建设示范标杆。习近平总书记曾指出：“自然生态之美是西溪湿地最内在、最重要的美。要坚定不移把保护摆在第一位，尽最大努力保持湿地生态和水环境。”[①]2021 年是西湖和西溪湿地综合保护工

---

① 《习近平在浙江考察时强调：统筹推进疫情防控和经济社会发展工作　奋力实现今年经济社会发展目标任务》，《新华每日电讯》2020 年 4 月 2 日，第 1 版。

程实施的第20个和第19个年头，杭州市以“双西合璧”为新起点，放大“1+1>2”的优势叠加效应，持续推动生态保护理念、措施及效果实现迭代升级，争当杭州“生态文明之都”示范标杆。严格落实生态保护机制。从严实施西湖景区、西溪湿地重大建设项目联席会议审查机制，及时审查项目54个，严控景区建设行为，严把生态保护关，确保西湖西溪有效避免过度商业化。西溪湿地保护利用工作得到国家林业和草原局副局长李春良批示肯定。市生态环境局、市规划和自然资源局、市交通运输局、市林业水利局、市农业农村局联合开展“绿盾2020”自然保护地强化监督工作。聚焦源头实施西湖全域治水、科技治水、生态治水、人文治水，治理理念和水平持续走在前列。目前西湖降氮工程（二期）完工试运行，西湖水下森林扩繁至31.7万平方米，西湖引配水实现“一月一换”，西湖水体年均透明度保持在80厘米以上，水质稳定在Ⅲ类标准以上。

坚持惠民共享，打造人民群众共享的绿意空间。深入践行“三生”融合理念。挖掘西湖秉持“天人合一”理念的内涵实质，围绕原生态保护，积极开展人与自然和谐共生的西溪保护管理模式、湿地原住民生活方式保护展示等的研究。面向社会推出“一张票通游”“一艘船通航”“一条路线通行”等“六个一”惠民举措。湿地绿堤区域免票开放区域由原来的2平方千米增加到5.79平方千米。连通西湖西溪的双西绿道项目完工增添一条富含景观与文化韵味的纽带。推进还湖于民、还园于民、还景于民，制定《杭州西湖西溪景区公共资源中会所整治长效监管机制的实施意见》，全面开展会所整治长效监管检查，仅2021年就开展专项巡检425次、整改问题23个，西湖会所整治成效得到中纪委正面宣传。加快景区业态转型升级，持续壮大西湖龙井茶产业等景中村集体经济发展，助力景区百姓、企业增收致富。

2. 深入推进淳安特别生态功能区建设

淳安是74个国家重点生态功能区建设试点示范县之一，也是全省26个加快发展县之一，更是习近平总书记在浙江工作时的基层联系点。党的十八大以后，习近平总书记先后4次就千岛湖生态环境保护问题做出重要指示批示。2003年，时任浙江省委书记的习近平在淳安调研时指出，“要坚持既要金山银山，又要青山绿水，不能以牺牲生态环境换得经济的发展，要注重生态环境的承载力，争取以最小的环境代价获得较好的经济发展，通过错位发展，实现生态保护与经济发展的双赢。”2017年以来，淳安县深入贯彻落实习近平生态文明思想和“绿水青山就是金山银山”的发展理念，致力打造人与自然和谐共生的饮用水源保护区、“绿水青山就是金山银山”理念的实践区、城乡融合生态富民的示范区、生态文明制度改革创新的先行区，积极探索生态经济化、经济生态化的有效路径，努力走出了一条“护一湖秀水，富一方百姓”的绿色高质量发展道路，形成“绿水青山就是金山银山”实践创新的淳安路径。

淳安山水林田湖草生态保护修复

积极开展生态保护修复。2017年来，淳安县积极“开展五水共治”、临湖整治、矿山修复、林田优化等一系列力度空前的“生态保护修复组合拳”，牵头开展“1+4+40”框架方案中的8项重点改革任务，组织对全县域截污纳管再排查、整改，推动生活、农业、林业、工业四个污染防治实施方案编制。指导淳安县开展临湖生态缓冲带建设试点，扎实推进入湖污染负荷的零增长、负增长。沿湖108米水位以下的耕地，全部退耕还湖、退耕还湿；在高山耕地退耕还林，提升植物多样性，营造更美的彩色森林，土地整理成片，方便流转利用。

成立特别生态功能区。坚持“共抓大保护、不搞大开发”，在全国首创开展淳安特别生态功能区建设。2019年，探索开展特别生态功能区试点，完成第一次“绿水青山就是金山银山”实践创新基地申报工作。9月25日，省政府批复同意设立淳安特别生态功能区。9 月 29 日，举行淳安特别生态功能区建设推进大会暨千岛湖配供水工程通水活动，省市领导分别作了讲话，省政府副秘书长宣读了《浙江省人民政府关于同意设立淳安特别生态功能区的批复》。

加快淳安特别生态功能区建设。2019 年 12 月，杭州市出台《杭州市淳安特别生态功能区管理办法》。同时修订《杭州市生态补偿专项资金使用管理办法》，制定淳安特别生态功能区资金扶持政策，印发《杭州市扶持淳安县特别生态功能区建设资金奖补机制实施方案》《关于杭州市支持淳安特别生态功能区建设考核奖补实施方案》等法规文件。2020 年 6 月，生态环境部现场核验组对淳安县进行现场核验。10月，生态环境部授予淳安县“绿水青山就是金山银山”实践创新基地称号，成为浙江省唯一一个入选的地区。实施以绿色发展为导向的单列考核，编制水污染防治 4 个行动计划，五年内筹措 20 亿元、实施 30 个重点项目，推动千岛湖水质稳中向好。2021 年制定年度保护任务和政策措施“两张清单”，开展临湖地带整治“回头看”，深化杭黄合作流域共治，推动千岛湖水质稳中向好，同年完成《淳安特别生态功能区条例》立法。

成效明显。淳安特别生态功能区建设推动生产生活生态融合发展，努力建设人与自然和谐共生的饮用水源保护区、“绿水青山就是金山银山”理念的实践区、城乡融合生态富民的示范区、生态文明制度改革创新的先行区，打造生态更优、发展更好、生活更幸福的美丽浙江大花园样本地，成为新时代中国特大城市湖泊保护的实践范例。2021 年千岛湖 3 个湖库断面水质为 I 类、同比提升 1 个类别，2 个河流断面水质为 I 类。2021 年 12 月综合营养状态指数在全国 103 个重要水库排名第 4。

3. 高水平建设“万顷湿地、万里碧水”的“湿地水城”

杭州地处江南水乡，是一座江、河、湖、海、溪五水并存，“五水共导”的城市，拥有丰富的湿地资源。湿地水城是新时代美丽杭州的鲜明标识。

强化湿地管理组织领导。目前，杭州共拥有近海及海岸湿地、河流湿地、湖泊湿地、沼泽湿地和人工湿地等 5 大类 21 种类型。内有太湖和钱塘江两大水系，基本形成了“三江（钱塘江、富春江、新安江）七湖（西湖、千岛湖等）一河（运河）一溪（西溪）”的湿地保护格局。2017 年，杭州市绿化委员会更名为杭州市绿化（湿地）委员会。2020 年 3 月 31 日，习近平总书记考察西溪湿地时指出，“湿地贵在原生态”“要把保护好西湖和西溪湿地作为杭州城市发展和治理的鲜明导向”[①]。杭州市非常重视湿地保护工作，先后划定湿地保护红线 10.6 万公顷。6 月 24 日，启动西湖风景名胜区与西溪一体化进程，构建起“一委、一局、一中心、一集团”（西湖西溪管委会、湿地管理局、西溪生态文化研究中心、西湖西溪旅游建设管理集团有限公司）的新管理格局，突破了原先西溪湿地各自为政的发展瓶颈。

西溪湿地

建立国际湿地水城保护机制。“西溪国家湿地公园是自然资源保护与利用的一个典范”。2017 年，萧山湘湖、淳安千亩田沼泽湿地、余杭三白潭被列入第二批省重要湿地名录。“杭州迎来‘城市融入自然、自然延伸入城’‘城市水脉相连、水脉贯通城市’的全新格局。”2021 年制定了《杭州市湿地保护规划》，打造西湖、西溪、千岛湖等一批极品湿地，修复萧山湘湖、滨江白马湖、余杭北湖、和睦湿地等一批精品湿地，保护淳安千亩田、富阳阳陂湖、富春湾新城湿地、钱塘新区杭州大湾区湿地等一批样品湿地，分梯度推进一大批湿地生态修复和保护。建立湿地生态预警机制。打造“星—空—地”立体湿地资源智慧监测方式，力争 2023 年争创国际湿地水城。截至 2021 年，已列入国际重要湿地名录 1 个，列入国家重点保护湿地名录 2 个。

4. 实施山水林田湖草一体化项目等重要生态修复建设工程

近年来，杭州市牢固树立“山水林田湖草是一个生命共同体”理念，不断

① 《习近平在浙江考察时强调：统筹推进疫情防控和经济社会发展工作 奋力实现今年经济社会发展目标任务》，《新华社每日电讯》2020 年 4 月 2 日，第一版。

探索山水林田湖草一体化保护和利用的最大“公约数”，努力将绿水青山转化为“金山银山”，实现生态效益、社会效益、经济效益的协调发展。2018 年，市机构改革明确把“统一国土空间生态保护修复”的职责纳入新组建的市规资局，从山岭到河湖，从陆地到海洋，遵循自然规律，统筹山水林田湖草整体保护、系统修复和综合治理，让绿色成为浙江发展最动人的色彩。

完善山水林田湖系统布局。杭州市非常重视山水林田湖草系统治理，通过完善山水林田湖系统布局，积极实施西湖全域综合提升行动及西溪湿地原生态保护提升行动，及湘湖综合保护利用、千岛湖沿湖湿地和钱塘江、运河、苕溪流域湿地群的生态修复，高水平建设“万顷湿地、万里碧水”的“湿地水城”，全面激活市域湿地资源，实现湿地生态系统的健康稳定，最大限度地发挥“湿地群”对杭州城市带来的巨大的环境功能和生态效益。同时，以天目山、清凉峰国家级自然保护区为重点，积极推进自然保护地体系建设。

“三江两岸”重点工程梅城绿道

加强自然生态系统的保护和修复。杭州市非常重视自然生态系统原真性和完整性保护与修复，守住自然生态安全边界，提升生态系统质量和稳定性。继西湖、京杭大运河之后，2019 年良渚古城申遗成功，成为杭州第三大世界级文化遗产，杭州生态文化保护再次得到世界的肯定。持续推进清凉峰、天目山 2 个国家级自然保护区，半山、西山等 22 个国家级、省级森林公园及其他自然保护地得到有效保护。坚持整治问题与助推发展并举，牵头市级专班，驻点推进整治工作。实施“三江两岸”生态修复工程，关停、搬迁污染企业 600 多家和 4 个矿山，拆除砂石码头 199 个，实现改造林相 5.67 万亩、修复岸线 79 千米，建成生态景观带 352 千米。淳安、建德两县（市）成为国家级山水林田湖草生态保护修复示范区，富阳区成为省级山水林田湖草生态保护修复试点区，统筹协调涉及农田、水体、森林、矿山等各要素的保护修复工作。累计改善林相 3.85 万亩，完成土地整治与修复约 26 平方千米。推进生态保护修复项目 569 个、已完成 380 个。严格落实“三线一单”分区管控方案，强化生态保护和环境准入。2020 年 5 月 10 日淳安县水环境功能区调整工作得到省生态环境厅、省水利厅批复同意。

实施森林质量提升工程。杭州市非常重视森林质量提升，积极创建国家省森林城市。2018 年杭州市、临安区、桐庐县获评国家森林城市，萧山区、余杭区、富阳区、淳安县、建德市获评省级森林城市。桐庐成功创建国家森林城市，杭州获评“国家生态园林城市”。三堡泵站和闲林水库双双获评“全国水土保持生态文明工程”。森林火灾发生率连续五年下降，森林防火“杭州模式”在全省和全国推广应用。2021 年，全市水土流失率控制在 6.5% 以内，全市森林覆盖率 66.85%、森林蓄积量 7019 万立方米，分别较 2017 年增长 1.63 个百分点和 1121 万立方米，完成造林更新 27 万亩。森林覆盖率连续多年位居全国省会和副省级城市首位。

俯瞰杭州森林城市

人民群众获得感明显提升。通过开展一系列山水林田湖草一体化保护和利用，生态环境整治修复得到明显提升，2017—2021 年，共组织实施乡村全域土地综合整治与生态修复工程，整治修复面积 13.78 万亩、土壤污染综合防治面积 3.43 万亩；修复废弃矿山 506 处。闲林水库、千岛湖配水工程相继建成投运，形成多水源供水新格局，让千万杭州居民喝上“农夫山泉”；农饮水安全持续巩固提升，130 万农村居民从“有水喝”升级到“喝好水”。绿色富民林业保持快速增长势头，人民群众获得感得到明显提升。

四、持续加强生物多样性保护

2017 年以来，杭州市进一步全面加强生态保护，完善生物多样性保护部门联席会议工作机制，形成生物多样性保护工作合力，自然本底得到厚植，自然生态得到有效保护。

1. 实施生物多样性保护重大工程

2017 年至今，杭州市共有森林与野生动植物类型的国家级自然保护区 2 个、省级自然保护区 28 个；国家湿地公园 1 个、省级湿地公园 3 个；野生动物拯救繁育基地（含救护中心）2 个、市级以上野生动物疫源疫病监测站（点）8 个。开展“世界湿地日”“世界野生动植物日”等野生动植物保护宣传活动。采取就地保护、迁地保护、野外回归、种群重建等措施，对濒危野生动植物实施抢救性保护，对极小种群野生动植物实施拯救保护工程。强化对乱捕滥猎滥食和非法经营、走私野生动物情况的联防联控和综合治理。景区管委会加强推进景区古树名木保护和珍稀濒危植物活体库、种子库、DNA 库、标本库等种质资源库建设，石蒜、紫薇、月季等十余项科研成果在浙江“美丽大花园”建设及杭州迎亚运城市美化彩化中得到全面应用。

国家一级重点保护野生植物银杏（五世同堂）

2. 加强生物安全管理

持续深化生物多样性保护，加强外来入侵物种防控、外来物种引入管理，完善防控监测体制。34 个省级以上自然保护地得到持续保护，全面实施钱塘江流域禁渔。

3. 生物多样性保护效果明显

全市生物多样性保护工作取得较好效果，生物环境得到明显改善。全年杭州市生态环境状况指数为 78.2，等级为优。目前，黑脸琵鹭、中华秋沙鸭、海南鳽、中华水韭、野生莼菜等珍稀濒危和国家重点保护野生动植物频频出现。精心组织参展 COP15[①]，4 个案例入选全球“生物多样性 100+ 典型案例”、西湖区双浦镇全域土地综合整治与生态修复项目被评为“中国生态修复典型案例”。西溪湿地有维管束植物近 3000 种，陆生野生动物 506 种，其中国家重点保护陆生动物 74 种；水生野生动物 27 种，其中国家二级保护水生动物 8 种，生物多样性十分丰富。

第四节　调结构促经济社会高质量发展

2017 年以来，杭州市坚持以人民为中心的发展思想，全面贯彻新发展理念，加快构建新发展格局，坚持创新驱动发展，坚持以供给侧结构性改革为主线，统筹疫情防控和经济社会发展，不断推进产业结构优化和绿色制造业体系建设，绿色低碳发展迅速，减排效果良好，走出适合本地区实际的高质量发展之路。

一、不断推进产业结构优化和绿色制造业体系建设

全市绿色经济加快发展，产业结构不断优化，数字经济增长迅速，能源消费结构发生重大变化；全面节约资源有效推进，资源能源消耗强度大幅下降。2017—2021 年，杭州市数字经济核心产业增加值年均增长 16.3%，从 2017 年的 3216 亿元提高到 2021 年的 4905 亿元，总量占全省 60.67%，占全市 GDP 比重 27.1%；规上工业增加值年均增长 6.3%，从 3205 亿元提高到 2021 年的

① COP15：指《生物多样性公约》缔约方大会第十五次会议。

4100亿元；高新技术产业、装备制造业、战略性新兴产业增加值分别年均增长10.4%、10%和12.3%，占比连续5年稳步提高；在全省制造业高质量发展评估中，杭州连续两年排名第1位。2021年，全市数字经济核心产业营业收入达16331亿元，比上年增长20.2%；规上工业增加值实现4100亿元，增长10.6%。

1. 产业结构优化不断推进

2017年以来，杭州市加快主导产业培育。数字经济核心产业增加值连续22个季度两位数增长，人工智能、集成电路、5G、区块链等产业快速发展，获批建设国家人工智能创新应用先导区，数字安防入选国家先进制造业集群，“全国云计算之城”“中国区块链之都”和国家级民用无人驾驶航空试验区建设加快推进，生物医药、智能计算、网络通信等入围省标志性产业链。市场主体活力强劲。深入实施“雄鹰行动”“鲲鹏计划”“凤凰行动”，累计培育百亿级制造业企业17家、50亿级38家、10亿级240家。实施全市制造业“冠军”企业培育提升工程三年行动计划（2020—2022年）。截至目前，共有省级“隐形冠军”企业36家，国家专精特新“小巨人”企业53家；市级“单项冠军”培育企业59家、省级培育企业43家，累计国家级单项冠军企业26家，位列全国前列。数字化改造加快推进。五年来，杭州市率先走出一条从“机器换人”“工厂物联网”“企业上云”到“未来工厂”的智能制造之路。2021年，两化融合指数达115.83。

2. 绿色制造业体系逐渐形成

2017—2021年，杭州市开展清洁生产审核企业共1100家，实施无/低费方案数3140个，中/高费方案数2876个，方案累计总投入152.48亿元，累计产生经济效益32.29亿元，同时实现大量削减废水、COD和二氧化硫排放。节水型企业创建顺利完成。2017—2021年，杭州市共创建市级节水型企业461家，省级节水型企业227家。火电、钢铁、纺织、造纸、石化、化工六大高耗水行业节水型企业创建率已达到100%，完成进度100%。绿色制造体系建设良好。2017—2021年，杭州市共创建国家级绿色工厂20家，国家级绿色园区2家，国家级绿色设计产品43个，国家级绿色供应链管理企业5家。国家级工业产品绿色设计企业5家，国家级绿色数据中心1个。形成国家、省、市、区（县、市）四级联动分级创建的工作体系。节能环保产业持续发展。发展速度高于全市工业的平均水平，“十三五”期间总量翻了一番。2021年杭州市规上工业增加值4100.06亿元，增幅为10.6%，节能环保产业增加值434.8亿元，增幅为13.1%，占全市规上工业增加值比重10.7%，比2020年增加了0.91个百分点。2016—2021年，节能环保产业在工业增加值的比重不断扩大，从5%增长到10%。

二、绿色低碳产业发展积蓄新动能

自2010年成为全国首批低碳试点城市至今，杭州依托数字经济优势，积极践行绿色低碳发展，围绕产业结构和能源结构优化调整，深入开展工业、交通等重点领域节能减排和能效提升工作，碳排放强度在“十三五”期间明显下降，低碳转型已走在全国前列。

1. 产业结构绿色转型顺利

全面推进造纸、印染、化工、电镀等传统产业转型，累计关停重污染企业418家、整治提升439家；深入实施数字经济“一号工程”，数字经济核心产业增加值4950亿元、比重达27.1%。富阳区关停造纸生产线400余条、削减产能1200万吨、削减污水排放3.8亿吨/年，原来“脏乱差”的造纸基地正蝶变成为绿富美的“富春湾新城”。开展“两高”项目排查，组织萧山化纤、建德化工等重点区域重点行业项目准入复核，健全常态化监管体系。清洁生产审核效益显著。

富阳造纸厂腾退后的江滨南大道

2. 污染排放明显减少

近5年累计化学需氧量减排25046吨、氨氮减排3011吨、氮氧化物减排18476吨、挥发性有机物减排40400吨，较2016年分别削减28.76%、25.69%、21.25%、23.17%。严格能源“双控”，强化节能审查，新上项目能耗控制标准由0.6吨标煤/万元提高至0.49吨标煤/万元，单位GDP能耗降至0.291吨标准煤/万元、全省最低。2021年，杭州以占全省10.4%的大气污染排放（不含机动车）和11.6%的水污染排放，贡献了全省24.6%的GDP和28.9%的一般公共预算收入。

2016—2020年杭州市单位GDP碳排放量

数据来源：根据杭州市年鉴（2016—2020年）整理

3. 双碳路径优质有序

稳妥有序推进碳达峰碳中和行动，协同制定“1+6”领域行动计划，构建“1+N”+X政策体系，编制温室气体清单报告，建设“双碳”数字化管理平台。启动“碳排放监测”国家试点，推进27个省级“双碳”试点、1个减污降碳协同试点。2021年，单位GDP碳排放强度降至0.536吨/万元，超额完成目标。据南方财经大湾区数据中心城市通、21世纪经济研究院碳中和课题组最新发布的《中国净零碳城市发展报告（2022）》显示，杭州在30个城市净零碳发展水平总排行中排名第四，较上年进步两名。其碳排放指数和能源消费指数排名较为靠前，主要得益于杭州发电侧碳排放量低，其单位GDP碳排放量和单位GDP能耗也处于较低水平。

4. 生态富民效果明显

指导桐庐、淳安常态化开展GEP[①]核算，淳安GEP达2600多亿元、位列

① GEP指的是某区域的生态系统生产总值。

全省第一。《淳安县探索“生态银行”绿色金融模式》入选全国首批“绿水青山就是金山银山”实践典型案例，杭州市机动车排放检验监管与服务改革等6项工作入选全省生态环境系统共同富裕最佳实践案例，占全省总数20%。

三、完成主要污染物总量控制

杭州市积极开展固定污染源主要污染物总量控制与排污许可联动试点，通过推进排污权交易、新版排污许可证核发、完善监测能力建设等做法推进高水平保护下促进高质量发展。

1. 排污权交易日臻成熟

杭州市推进主要污染物排放权交易，自2017年以来，根据《排污费征收管理条例》要求组织实施排污费征收工作，并对建德市、西湖区、上城区、拱墅区、西湖风景名胜区开展排污申报收费稽查。2018年1月起，《中华人民共和国环境保护税法》实施，全市环保部门停征排污费，改由税务部门征收环保税。全市组织排污权（主要污染物排放权）申购交易，污染排放更“少”。

2. 核发新版排污许可证

杭州市完成火电、造纸、印染等行业排污许可证核发，以重点企业带动一般企业，推动水泥、造纸、印染、污水处理厂、屠宰、石化等16个行业污染源全面达标排放。完成强制性清洁生产审核企业，建成市控以上刷卡排污系统，排污数据传输有效率90%以上。建立完善杭州市排污权（主要污染物排放权）基本账户制度，完成市级交易平台与省级交易平台的成交数据共享。

3. 加强环境监测能力建设

杭州市重视环境监测能力建设，完成污染源在线自动监控系统建设和改造计划，开展企业基本信息有效性审核，对197个国控企业进行监督性监测，监测结果每10天在市环保局门户网站公布一次。完成101个废水、废气和挥发性有机物（VOCs）排放企业减排监测体系改造，生态环境质量监测及重点排污单位监督性监测等工作。

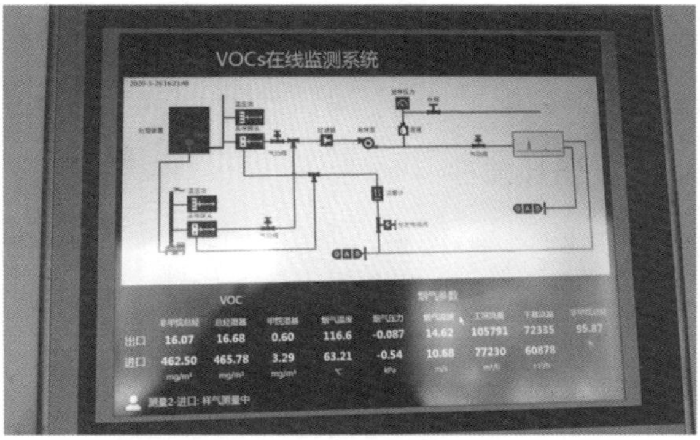

VOCs 在线监控

四、加强碳达峰碳中和制度性创新

杭州市非常重视加强碳达峰碳中和制度性创新，大力推动能源结构调整，积极发展生态友好型和节能环保型产业，有序推进应对气候变化，倡导绿色低碳生活方式。

1. 建立高规格碳达峰碳中和工作推进机制

市委、市政府高度重视碳达峰碳中和工作，2021 年 6 月，杭州在全省设区市率先成立了双组长的碳达峰碳中和工作领导小组，8 月，率先召开碳达峰碳中和领导小组第一次会议，基本形成了统筹协同、条块联动、分工明确的高效工作推进机制。建立了工作月度反馈机制，探索建立碳达峰碳中和考核机制。坚持多维度平衡，科学设定碳达峰碳中和目标。统筹考虑“经济发展、能源安全、碳排放、民生保障”等四大需求以及为全省多做贡献的政治站位，科学设定了杭州市碳达峰碳中和时间节点和碳达峰路径，提出了“力争率先高质量达峰，率先建成零碳城市”的总体目标，坚持全面推进，把碳达峰工作纳入全市发展全局考虑，推动全社会全面绿色低碳转型。坚持继承创新，全面总结杭州市低碳试点城市工作的经验做法。坚持突出特色，结合杭州市创新活力之城、数字经济第一城等城市特质，突出制度创新和数智赋能特色。力争成为全省高质量实现碳达峰碳中和的表率。

2. 构建体系化碳达峰碳中和“四梁八柱”[①]

稳妥有序推进碳达峰碳中和行动，协同制定“1+6”领域[②]行动计划，纵向上强化与省里衔接，横向加强部门联动，构建“1+N”[③]+X政策体系，编制碳达峰碳中和政策清单和工作任务清单，明确10个方面58项重点工作任务，建设“双碳”数字化管理平台。强化风险管控，坚守环境安全底线，以更高水平的保护推动更高质量的发展、创造高品质生活，实现“生态环境质量、资源能源集约利用、美丽经济发展处于国内领先和国际先进水平”，努力建设人与自然和谐共生共荣的“美丽中国建设的样本”。

3. 积极争创国家碳达峰试点城市

2021年9月，国家碳达峰碳中和实施意见中明确“组织开展碳达峰、碳中和先行示范，探索有效模式和有益经验”，刘忻市长亲自带队赴国家发改委对接争取，目前我市已启动了国家碳达峰试点实施方案编制工作，各项工作正有序推进。一是完善碳达峰碳中和顶层制度设计。加快印发《杭州碳达峰实施方案》和“1+6”领域行动方案，强化顶层设计。二是开展多层级试点体系。2021年以来，推进临安创建全省低碳试点县，组织创建了省级低碳乡镇2个，低碳村25个，公布首批12个市级低碳试点乡镇（街道、园区）。三是进一步推动产业结构调整。充分利用国家节能降碳专项行动以及省新一轮“腾笼换鸟”行动政策和资金支持，全面推动水泥、化工、化纤等重点行业节能降碳技术改造、绿色低碳升级。同时综合运用亩均论英雄、能效和碳效等手段实施末尾淘汰制，坚决腾退落后产能，为新兴产业发展腾出用地和用能空间。四是推动数智赋能

---

① “四梁八柱”即来自2015年9月国务院印发的《生态文明体制改革总体方案》提出的自然资源资产产权、国土开发保护、空间规划体系、资源总量管理和节约、资源有偿使用和补偿、环境治理体系、市场体系、绩效考核和责任追究等8项生态文明体制建设制度。

② “1+6”领域即能源、工业、建筑、交通、农业、居民生活等六大领域以及绿色低碳科技创新。

③ 碳达峰碳中和“1+N”政策体系，其中“1”是2021年10月中共中央、国务院印发《关于完整准确全面贯彻新发展理念做好碳达峰碳中和工作的意见》，是“纲”，引领碳达峰碳中和工作的航标。“N”是重点领域和行业碳达峰实施方案以及一系列支撑保障措施。

能源“双控”。通过迭代更新杭州能源双碳数智平台 2.0 版，逐步打通能源、交通、工信、财税等数据，不断扩大平台监管监测范围，实现全市“双碳”一盘棋。加快拓展低碳领域应用，通过碳效码、碳普惠等方式，不断普及低碳理念。五是积极推动居民生活领域碳达峰。研究和制定《杭州市低碳（近零碳排放）社区示范创建工作方案》及《杭州市居民绿色低碳行为碳积分量化规范》。

4. 低碳建设亮点纷呈

杭州聚焦低碳目标推动发展模式转变，在绿色低碳建设取得了一定成绩，涌现了一批低碳典型案例，提供了一批可复制可推广成功经验。工业领域，大力推进产业结构优化，基本完成富阳造纸业整体腾退。2021 年，创建国家级绿色工业园区 1 个、国家级绿色工厂 4 家，省级绿色低碳工业园区 1 个、省级绿色低碳工厂 15 家。数智赋能方面，一批数字节能技术和场景不断涌现。萧山“双碳”大脑，为能源预算化单位绘制用户“精准画像”，量身定制节能减碳等一揽子解决方案。杭州医药港小镇依托工业余热蒸汽梯级利用技术推进可再生能源区域集中供能，实现区域内工艺环境空调用电替代面积 30 余万平方米，年节电 2000 万千瓦，减少二氧化碳排放 1.2 万吨。杭州人工智能产业园运用智能管控和多能互补等技术对 1.2 万平方米的楼宇进行数智化低碳改造，预计每年节省 25 万度电，减排二氧化碳 150.5 吨。建筑领域，截至 2021 年底，组织实施高星级绿色建筑示范项目 37 个，完成太阳能等可再生能源建筑应用面积情况约 1659 万平方米，是省下达的任务的 2 倍以上。累计建成各类充电桩约 10.94 万个，

纯电动公交车

主城区早晚高峰交通限行区域内公用充电服务半径缩小至0.9千米。交通领域，杭州公共自行车享誉全球，主城区新能源公交比例维持100%，2021年底，全市新能源汽车保有量约34万辆，居全国前列。基本建成萧山、西湖低碳服务区。临平区开展全国首例新能源纯电动搅拌车应用，率先全面实行重卡“油改电”，年减排4500吨。居民生活领域，生活垃圾分类杭州模式全国知名，涌现虎哥回收等一批全国领先的“互联网+”回收模式，余杭区探索“一键低碳回收”应用场景，通过再生资源回收在居民碳账户、碳减排和碳交易进行积极探索。余杭百丈镇半山村发布了全国首个低碳村规民约。绿色金融方面，兴业银行杭州分行基于天目“临碳”大脑的数据支撑，发放全省首个“双碳贷”。全社会参与方面，社会公众参与“双碳”意识明显增强，阿里、美团、虎哥、可再生能源协会等一批企业（组织）参与“双碳”公益建设意愿十分强烈，中国美院联合阿里云探索建立碳账户、碳积分等碳普惠模式推进低碳校园建设。

5. 低碳示范效应突出

多年来，杭州市产业结构不断优化，2021年，杭州市三次产业增加值结构为1.8 ：30.3 ：67.9，产业结构进一步优化，服务业占比连续20年实现正增长，已接近全球发达城市水平（服务业占比70%左右），八大高耗能行业增加值占规上工业比重降至20%左右，较全省低10个百分点，经济结构低碳化趋势明显。杭州市能源结构、利用效率和碳排放强度全面优于全省面上水平。能耗和排放总量低，“十三五”期间，杭州能耗“双控”成绩斐然，单位GDP能耗下降22.4%，位列全省第一。2021年，单位GDP碳排放强度降至0.536吨/万元，低于上海、南京等城市水平，“双控”和“双碳”工作成效显著。即将到来的亚运会环境保障对生态环境工作带来了新挑战。绿色是杭州亚运会的四大办赛理念之一，空气和水环境质量备受国内外嘉宾、运动员和新闻媒体以及国际社会关注。杭州市低碳建设的成功经验和典型案例得到国家、省以及主流媒体的高度关注。相关工作经验做法获袁家军书记圈阅。央视新闻播报萧山“双碳”大脑，得到省政府领导批示“成熟后全省推广”。浙江卫视、浙江日报对杭州市能源“双碳”数智平台进行专题宣传报道。中国改革报刊登“拥抱碳中和杭州亚运会打造大型赛事‘零碳’样板”，宣传杭州绿色低碳亚运。

第五节 推进高水平生态文明建设

生态环境领域治理体系和治理能力现代化是国家治理体系和治理能力现代化的重要组成部分。而推进生态环境领域治理体系和治理能力现代化，重在坚持和完善生态文明制度体系，用制度确保生态环境领域治理体系和治理能力现代化水平不断提升。

一、以生态环境保护督察推动高质量发展

2017 年以来，中央、省开展第一轮、第二轮生态环境督查。生态环境保护督察解决群众反映强烈的突出环境问题，督查着力啃“硬骨头”、消除“老大难”，解决了一大批长期想解决而未能解决的突出生态环境问题，并取得明显成效。

1. 全面完成第一轮中央督察和省级督察整改

中国环境报
CHINA ENVIRONMENT NEWS
主管：中华人民共和国生态环境部
主办出版发行：中国环境报社
7341期
2018年8月 星期三
08
考评有压力 乡镇有动力
富阳实施乡镇生态环境质量考评
进一步强化责任落实，给整个乡镇环境带来更大变化
云南集中约

《中国环境报》刊登富阳实施乡镇环境质量考评的报道

2017 年 8 月 11 日至 9 月 11 日，中央第二环境保护督察组进驻浙江开展督察。督察期间，杭州市完成资料报送 26 批次、446 项、2335 份；配合开展问询谈话 26 场、58 批次，接受问询谈话 109 人次；收到督察组受理并转办信访

件32批次、1591件（其中重点件52件）。全年办结1515件。督察期间，全市出动检查人员4.44万人次，检查企业2.65万个次，责令整改2411个，立案处罚986个，刑事拘留9人，行政拘留8人，约谈161人，问责60人。杭州环境信访领导领办和处理工作大比武两项机制得到中央环保督察组肯定，作为典型经验报国家环保督察办公室。全市以配合中央环保督察为契机，动真碰硬解决长期积累的环保突出问题，促进产业绿色转型升级和“腾笼换鸟”。垃圾焚烧、污泥和飞灰处置等环境基础设施“老大难”问题，余杭杭徽高速公路噪声扰民、江干区原笕桥机场周边区域“散、乱、污”小作坊等环境治理“老大难”问题得到有效解决。临安、萧山等地开展砖瓦、卫浴等行业整治。根据《2017年杭州市环境保护督察方案》，12月，市政府组织市环保局、市信访局、市监察委、市发改委、市建委、市质监局、市林水局等部门分三组对萧山、余杭、富阳、桐庐、杭州经济技术开发区、杭州大江东产业集聚区开展专项督察，推进中央环保督察问题整改。12月24日，中央第二环境保护督察组向省委、省政府反馈督察情况后，市委、市政府召开督察问题整改落实部署会，对整改工作进行全面部署。成立由市委书记、市长担任组长、副组长的中央环境保护督察杭州市整改工作领导小组，针对中央环保督察反馈的桐庐和萧山饮用水源保护区违规违法项目，余杭闲林杭徽高速公路噪声扰民，萧山、富阳和余杭垃圾焚烧飞灰违规处置，富阳造纸废渣非法倾倒，杭州天子岭垃圾填埋场超负荷运行和垃圾渗滤液超标排放，以及杭州七格污水处理厂超负荷运行和污水溢流等7个重点问题，组织制订整改方案，抓紧落实整改措施。2018年，杭州市围绕“四张清单”（整改任务清单、信访销号清单、排查问题清单、责任清单），推进中央环保督察问题整改工作。实行信访销号党委、政府一把手“双签字”制度。组织开展整改工作“回头看”，对整改不力、不到位或者有反弹问题的单位，当场进行问责。4—5月，市委第五巡察组组织生态环保专项巡察。检查问题点位113个，调阅28个市级部门和区县的有关资料1000多份，问询谈话包括区县党政一把手在内103人次。至年末，15项重点整改问题完成9项，其余问题整改按时间节点推进。办理环境问题信访件1585件，完成率99.6%。推进环境基础设施“补短板”工作。临平净水厂20万立方米/日污水处理项目投入试运行，杭州城西污水处理厂二期项目完成工程量71%；杭州七格污水处理厂四期30万立方米/日污水处理项目进展顺利。富阳区、临安区、桐庐县、建德市4个飞灰水泥窑协同处置项目建成并投入试运行，日处置飞灰能力600吨。杭州临江垃圾焚烧厂5200吨/日垃圾焚烧项目和杭州第三固体废物处置中心项目开工。2019年，杭州市推进第一轮中央环保督察反馈问题整改。通过市领导带队现场督导、区县交叉督查等形式推动整改落实。至年末，15项重点问题完成12项，其余均按时间节点推进；1591个信访件完成1589个，完成率99.9%。7月18日至8月1日，省第一生态环保督察组对杭州进行生态环保督察，并反馈督察意见。市政府召开专题会议，编制实施《杭州市贯彻落实省生态环境保护督察反馈意见整改方案》，将49项整改任务分解落实到各责任主体，全面推进问题整改工作。

2. 积极完成第二轮中央督察和省级督察整改

2020—2021年杭州市积极完成第二轮中央督察和省级督察整改。突出标本兼治，环境问题整治取得新突破。一是压实“被动改”责任。建立定期调度、现场督导、督办约谈等5项机制，开发“督察在线”应用场景，全力推进重大生态环保督察问题整改。第二轮中央督察14项问题完成8项（4项个性问题全部完成）、立行立改4项，1157件信访完成1149件；省委专项督察17项问题完成3项，157件信访完成148件，剩余问题按时序推进。市经验做法在中央督察办专题座谈会上作了介绍。二是强化“主动查”力度。在全省率先构建重大生态环境问题发现整改闭环机制，部门协同常态开展明察暗访，市本级累计曝光五期190个重大典型问题，每期均由市领导召集全市会议、提出整改要求，推动各地各部门建立相应机制，市区联动排查整改问题18000多个。保持执法高压态势，严厉打击非法偷排、倾倒危废等环境违法行为，打造环境监管最严格城市。近5年共查处案件8020件、罚款5.58亿元，办理移送公安部门案件277件，均居全省前列。2021年查办“4·26”特大废矿物油环境污染窝案，办理刑事案件26个、采取刑事强制85人，被列为全国重大典型案例。三是构建“源头防”体系。强化环境信访化解，针对亚运工程量大面广实际，开展“废气”“扬尘”“噪声”治理攻坚行动，群众投诉数量从2017年19076件下降至2021年12246件、减少36%，实现问题源头减量；强化环境风险排查，近5年排查、整改环境隐患4128个，连续11年未发生较大及以上突发环境事件；优化环境治理服务，依托“环保智管服”应用场景，推出预警提醒、在线诊疗等七大服务功能，累计提供预警提醒69184次，避免企业违法处罚2500余万元，力求“防患于未然”。

3. 数字赋能督察整改提质增效

注重运用大数据、信息化等手段，拓展督察整改和问题排查的成效。信访问题线上交办。开发督察信访问题办理系统，中央和省委督察交办信访问题全部实现网上交办督办、统计调度、预警提醒、销号办结，减轻了基层负担、提升了工作效率。重点问题线上督办。开发建成“督察在线”应用场景，将中央督察反馈问题和重点信访安装在线监控，实时全景展示整改进度；该场景作为“一地创新、全省共享”项目，现已升级为浙江“生态环境问题发现·督察在线”应用场景并全省推广。问题线索智能输出。构建“生态智卫”大场景，建成空气卫士、秀水卫士、生态卫士等应用场景，通过跨部门大数据分析，实时输出问题线索并交办查处，形成问题整改闭环。截至目前，已发现处置问题13699个，智能引导查处犯罪案件9起，被评为全省数字化改革门户优秀应用，全市数字政府十大场景之一、全市改革创新最佳实践案例优秀奖。

二、积极推动地方环境立法工作

1. 加强法制保障

杭州市先后制定实施《杭州市生态文明建设促进条例》《杭州市钱塘江流域保护与发展条例》《杭州市大气污染防治规定》《杭州市生活垃圾管理条例》《杭州市餐厨废弃物管理办法》等地方性法规。推出全国首个《美丽河道评价标准》，成为全国样板；制定实施《锅炉大气污染物排放标准》《重点工业企业挥发性有机物排放标准》2个严于国家标准的地方标准。出台全国首个《杭州市生态文明建设示范基地创建规范》和首个县级环境质量管理规范《千岛湖环境质量管理规范（试行）》。为避免违规建设餐饮企业对附近居民影响，又满足小区居民的餐饮需求，制定实施《杭州市新建住宅小区设置餐饮用房管理规定（试行）》，进一步完善了法制保障。

2. 健全生态文明制度建设

实施主体功能区战略，建立健全自然资源资产产权制度、生态补偿制度、河湖长制、林长制、环境保护“党政同责”和“一岗双责”等制度，生态文明“四梁八柱”性质的制度体系基本形成。制定、修订 30 多部生态环境领域法律和行政法规，覆盖各类环境要素的法律法规体系基本建立。开展中央生态环境保护督察，成为推动各地区各部门落实生态环境保护责任的硬招实招。落实生态文明建设“党政同责”“一岗双责”，完善生态环境管理、国土空间开发保护等制度，构建政府为主导、企业为主体、社会组织和公众共同参与的环境治理体系。深化环境监管体制机制改革，设立国有自然资源资产管理和自然生态监管机构，提高污染排放标准，强化排污者责任，健全环保信用评价、信息强制性披露、严惩重罚等制度。加大生态补偿力度，健全市场化、多元化生态补偿机制，开展生态产品价值实现机制试点，全面实施主要污染物排放总量财政收费和奖惩制度。完善环境资源司法保护机制，建立健全生态环境损害赔偿制度和责任终身追究制度，坚决制止和惩处破坏生态环境行为，打造环境监管最严格城市。

完善法规标准体系。杭州市加快地方环境立法工作。2019 年修订《杭州市机动车排气污染防治条例》，制定《杭州市淳安特别生态功能区管理办法》。

推行行政执法公示制度。推进公开公正执法工作。推行执法全过程记录制度，规范相关音像记录事项清单标准、执法行为用语指引等。推行重大执法决定法制审核制度，做到“一案一卷一审”。在“杭州生态环境”官方微信上开辟《以案说法》栏目，开展环境法制宣传培训，选取执法中的典型案例进行“以案说法”，宣传和普及环境保护法律知识，全年《以案说法》栏目刊登 10 期，刊出典型案例 10 多个。

推进生态环境损害赔偿制度改革。4 月 22 日，市委办公厅正式印发《杭州市生态环境损害赔偿制度改革实施方案》。成立市生态环境损害赔偿制度改革工作领导小组，完成 2 起生态环境损害赔偿案例。推动行政执法与刑事司法无缝衔接。与市公安局联合印发《关于进一步完善杭州市公安环保部门环境执法联动协作机制的意见》。

推进生态环境系统改革。完成新机构的更名挂牌。做好生态环境保护综合行政执法改革，拟定《杭州市深化生态环境保护领域综合行政执法改革实施方案》并报市“两办”印发实施，完成市县两级生态环境保护综合行政执法队挂牌。有序推进生态环保“垂改”工作。拟制《杭州市生态环境机构监测监察执法垂直管理制度改革方案（征求意见稿）》，做好市级相关部门和属地征求意见反馈，并专题向市领导报告。2020年配合市人大开展《杭州市淳安特别生态功能区条例》立法，起草《条例（初稿）》并报送市政府常务会议审议通过，启动淳安特别生态功能区考核办法评估和指标修订的研究论证。2021年编制《杭州市生态文明建设规划（2021—2025年）》《杭州市生态环境保护“十四五”规划》。2022年3月18日，浙江省十三届人大常委会第三十五次会议批准了新修订的《杭州西溪国家湿地公园保护管理条例》，于6月1日起施行。新修订的《条例》对湿地公园生态环境保护作出详细规定，涵盖了水体保护、动植物保护和历史风貌保护等方面。

三、加强生态环境保护监管执法

市第十二次党代会以来，杭州市以打造“环境监管最严城市”为目标，继续保持环境执法高压态势。落实“铁拳”系列执法行动要求，组织开展大规模专项铁拳执法行动。

1. 加强生态环境保护监管执法

持续开展生态环境问题大整治。结合各类专项执法，推进打击环境违法“十百千计划”，集中查办一批有震慑力的典型违法行为，开展中高考期间“绿色护考”专项行动，加强建筑企业夜间施工管理。水政执法方面，杭州市结合河湖执法检查活动，切实查处涉水违法行为。全年组织水政巡查，省水利厅、市政府、各沿江区政府（江干区、西湖区和滨江区）三级联动，开展钱塘江杭州段非法采砂联合整治行动。彻底结束钱塘江杭州段30多年的采砂历史，确保两岸堤防、过江桥隧和饮用水水源地安全。2018年，杭州市以“蓝天保卫行动”“护水斩污行动”“清废净土行动”三大系列专项执法攻坚行动为主线，全力打造“环境监管最严格城市”。2019年，杭州市组织开展危险废物规范化管理考核

“双随机”抽查工作，开展工业固体危险废物专项整治行动，加强危险废物利用处置规范化管理、全过程闭环，推动源头管控精细化、收运过程专业化、处置能力匹配化、存量清零动态化，强化跨市域转移监管。2020 年，开展“绿盾 2020”自然保护地监督检查专项行动，做好环境执法工作。

2. 实现市、区县（市）两级公检法机关驻环保联络机构的全覆盖

2018 年 6 月，市法院驻市环保局环境执法与司法协调联动办公室、市检察院驻市环保局检察官办公室正式揭牌，杭州市实现市、区县（市）两级公检法机关驻环保联络机构的全覆盖。12 月，市公安局与市环保局联合发布《关于进一步完善杭州市公安环保部门环境执法联动协作机制的意见》，进一步加强全市环境执法。出台《关于落实监督执法正面清单监管期间生态环境领域执法指南》及配套措施，坚持环境监管与服务并重，深化环境安全隐患排查。2017—2021 年，全市立案查处行政处罚案件 8012 件，罚款 5.57 亿元，其中市本级五年期间立案查处行政处罚案件 230 件，罚款 0.33 亿元，执法效果明显。

四、创新生态环境领域改革

作为生态文明制度的重要组成部分，生态保护补偿制度是落实生态保护权责、调动各方参与生态保护积极性、推进生态文明建设的重要手段。杭州市自 2005 年出台《关于建立健全生态补偿机制的若干意见》，在全国率先建立市域生态补偿机制。

1. 生态环境损害赔偿制度推进

完善生态补偿的制度保障。明确生态环境局的生态资金补偿范围为全市钱塘江流域、苕溪流域所有地区。补偿资金由区县（市）政府（管委会）政府统筹安排，主要用于水、大气、土壤、固废等污染防治项目，生态示范建设项目及环保能力建设项目等方面的支出。2016 年修订的《杭州市生态补偿专项资金使用管理办法》，将全市所有区域纳入生态补偿范围。2017 年，完善流域生态补偿公共财政制度，开展新一轮《杭州市生态补偿专项资金使用管理办法》的修订工作，全市生态补偿资金盘子提高到 2 亿元。2018 年，印发《杭州市生态环境损害赔偿制度改革实施方案》，杭州市实行全域生态补偿制度，开展环境

损害赔偿案受理试点。2019 年 4 月，印发《杭州市生态环境损害赔偿制度改革实施方案》。2020 年，出台《杭州市生态环境损害赔偿磋商管理办法（试行）》。为深化生态保护补偿制度改革，加快生态文明制度体系建设，为维护生态安全、生态环境基础提供坚实制度保障。

创新工作机制。2019 年成立由分管副市长任组长的杭州市生态环境损害赔偿制度改革工作领导小组。全年完成生态环境损害赔偿案例 6 例，赔偿金额 234.42 万元，均由环境损害的加害方承担。2021 年，建立与检察机关诉讼衔接机制，联合印发实施《关于加强生态环境损害赔偿磋商与诉讼衔接工作的通知》。组织各区县（市）开展案源线索排查，推进案例实践，已完成 21 例生态环境损害案，共计 310.29 万元。

实行生态补偿机制跨区域联动。2018 年推进上下游横向生态补偿工作，完成萧山区和诸暨市、建德市和兰溪市、建德市和桐庐县、桐庐县和富阳区、余杭区和德清县上下游生态补偿协议签订，引导形成上下游生态环境共保机制，推动区域水源地生态环境保护工作。完成生态环境损害赔偿案例 6 例，赔偿金额 221.928 万元。持续推进建德、淳安、富阳山水林田湖草生态修复项目，立项 704 个，已开工 695 个，已验收 448 个；以饮用水源一级保护区、河溪入湖口或入江口等为主要建设区域，开展河湖生态缓冲带试点建设。2021 年开启杭黄世界级自然生态和文化旅游廊道建设。完善跨流域跨区域生态补偿和污染联防联控机制，加快建设诗画江南、最忆杭州的生态文明之都。

创新多元化补偿机制。发挥“受益者付费，保护者受偿”的市场机制作用，加快推进多元化补偿机制。目前，杭州市 90% 以上的生态补偿资金来自各级财政资金。建立完善社会资本投入的市场化机制，引导生态受益者对生态保护者进行补偿。杭州通过探索多样化补偿方式，重视产业扶持、技术援助、人才支持等补偿手段，充分调动社会各界参与生态环境保护的积极性。

生态补偿制度成效明显。杭州的做法进一步健全了有效市场和有为政府结合、分类补偿与综合补偿统筹兼顾、纵向补偿与横向补偿协调推进、强化激励与硬化约束协同发力的生态保护补偿制度。2017—2021 年市本级财政累计向上游县（市）转移支付生态补偿资金 13.75 亿元，2021 年转移支付生态补偿资金 1.9

亿元，已按因素法全部完成分配下达至各区县（市），对推动全国生态系统保护、促进区域协调发展等方面发挥了重要作用。

2. 数字化手段创新提升生态环境质量

（1）数字化改革提供新动能。2020 年 3 月 31 日下午，习近平总书记在杭州考察时，对杭州运用城市大脑赋能城市治理给予了充分肯定。浙江省对加快建设数字浙江也作出全面部署，杭州市委、市政府提出“数智杭州 · 宜居天堂”的发展导向，对数智赋能生态环境治理提出了更高要求，也为数字环保第一城建设带来契机和新动能。围绕“大生态”多跨协同工作格局，按照“一张图”理念，坚持以数据为核心，遵循“重塑业务、建好平台，分析研判、闭环整改，亲清服务、助推发展”思路，在全省率先构建“生态智卫”大场景，引接跨部门“大生态”数据近 93TB，建成空气卫士、秀水卫士、督察在线、环保智管服等应用场景，累计处置问题 13699 个、引导查处犯罪案件 9 起，被评为全省数字化改革门户优秀应用，全市数字政府十大场景之一、全市改革创新最佳实践案例优秀奖，督察在线、环保智管服 2 个场景列为“一地创新、全省共享”项目。

（2）数字化精确核算“生态账”。通过数字化改革，利用卫星遥感、地面传感器、云计算、人工智能等技术，可以更科学、更精细地来统计某一地区的 GEP，将无价的生态系统各类功能“有价化”，精确核算“生态账”。将 GEP 核算指标应用于绿色发展绩效考核，建立完善以 GEP 核算为基础的生态产品市场交易机制等，真正地将一个地区的生态优势变成发展优势。改变过去由于生态产品的种类多、计量难、变化大等特性，导致 GEP 无法精确计量，生态产品“难度量、难抵押、难交易、难变现”，生态产品供需无法精准对接，生态保护补偿标准无法准确衡量，生态资源权益交易难等问题。

（3）智慧绿道赋能绿色经济。杭州在全国首创建立绿道导航系统，将绿道信息植入高德地图导航系统，让使用更便捷和智能。建立“智慧绿道平台”，搭建了全市绿道建设数字化管理平台，形成全市绿道项目基础性信息数据库，实现绿道建设管理全过程智慧化管控。抓住杭州打造“数智杭州 · 宜居天堂”契机，搭建杭州绿道小程序。通过小程序获取绿道以及绿道周边的运动、休憩、娱乐、健身、住宿等信息，将绿道建设与绿道经济进行结合，真正做到数字赋能、提质增效，给市民百姓提供更加丰富更多元化的体验。

（4）数字化手段疏通堵难痛点。推进绿色低碳发展过程中遇到的堵点、难点、痛点，发挥首创精神，将数字化手段运用到绿色发展各个维度，系统提升了推进生态环境治理体系和治理能力的提升，形成了一批典型经验做法。一是创新使用“环保智管服”场景。“环保智管服”场景集成了杭州市99%排污量的1.2万余家企业污染源在线监测、排污许可证管理等环保业务数据以及视频监控，从污染排放、执法监管、公众监督、环境安全等4个维度智能赋予企业“红黄绿”三色码，对企业实行差异化分级管控，做到绿码无事不扰，黄码加强监管，红码重点管控。该应用场景通过线索精准分析、异常数据复盘、视频联动回溯等数字化手段，从现场检查到线上监管，既无事不扰，又无处不在。执法人员从经验主义、蹲点守候的现场执法模式，转变为数据驱动、线上固定证据的非现场执法模式，提高了执法效能。2021年，“环保智管服”智能发现、查处环境犯罪案件7起。二是建立“双碳”数字平台实现碳达峰碳中和愿景。通过建立“双碳”数字平台，对高耗能企业的碳排放水平进行有效监测，利用相关结果，科学合理制定有序用电、投融资、准入退出标准等政策，杜绝一刀切式的减碳。三是推进三大监测网络建设推动生态环境治理能力提升。杭州市推进三大监测网络建设，2018年建成144个街道（乡镇）空气自动站、43个区域性水质自动监测站。全市各街道（乡镇）环保大厅设置空气质量展示屏，实时显示各街道（乡镇）空气自动站监测数据。组建“城市大脑”环境保护专门班子，研究建设城市大脑环保系统空气质量和机动车管理模块。完成化仙桥、半山桥、五杭运河大桥等40个加密水站建设。通过卫星遥感监测，运用大数据数字平台根据自动生成某一地区全域的大气实时监测数据和周边部分的大气实时数据进行分析研判，精准圈定污染浓度相对高值区域，并自动监控预警。采取联合攻关等办法，加快全市放射源在线监控系统改造、环境数据综合分析展示平台等项目建设。通过数字化改革的手段，解决了传统环保监测受站点布点不足、发布数据不能全天候等因素制约，环保监测面窄、效率低、精度差等问题；形成监测监控、预报预警、分析研判、协同处置全闭环生态数字治理体系，持续推动生态环境治理能力迭代提升。

（5）公共自行车助力绿色低碳出行。杭州市公共自行车作为中国乃至全世界公共自行车行业碳交易的先行者，不仅解决公交末端“最后一千米”问题，提高公交出行分担率，缓解城市交通“两难”困境，而且在探索碳减排，摸索一条行业通过碳交易实现可持续发展的路径，创造了良好的低碳效应。截至2021年底，杭州全市共有公共自行车服务点5122处，车辆11.64万辆，全市累计租用量达到12亿人次。与小汽车出行相比，减少二氧化碳排放159.66万吨。2021年，杭州公共自行车以公共自行车碳交易试点为契机，有序推进核证自愿减排量（CCER）项目。市“小红车”还成功落地马来西亚吉隆坡征阳城，深受当地百姓的欢迎，同时凭借“可持续发展”的模式荣获2017年国际艾希顿奖。2018年9月又作为273个为全球减少碳排放的城市代表，出席旧金山全球气候行动峰会（C40），成为杭州对抗气候变化的行动实例。2019年10月，副市长陈卫强在丹麦哥本哈根的C40全球市长峰会并作了公共自行车“杭州模式”的主题演讲。在“杭州国际日”活动上，杭州市被专注于应对气候变化的国际公益组织“C40城市气候领导联盟”选为5个最佳实践骑行城市的全球范例。

总之，自杭州市第十二党代会召开以来，全市生态环境质量总体向好，但对照高水平保护、高质量发展、高品质生活的要求，还存在一些问题和短板：大气环境质量全省排名不够靠前；市区部分断面水质不够稳定；现代环境治理体系和治理能力有待完善，环境监管能力还需提升。未来，杭州将高标准做好亚运环境质量保障，高水平推进新时代美丽杭州建设，高质量打好污染防治攻坚战，加快打造人与自然和谐相处共生共荣的“美丽之窗”，助力打造共同富裕示范区城市范例，确保环境质量更好、自然生态更美、绿色发展更优、人民群众更满意，以优异成绩向党的二十大和省第十五次党代会献礼。

第六章　全面从严治党
持续提升党的建设质量

习近平总书记强调，杭州要“建立健全党要管党、从严治党的党建工作领导机制，持之以恒地加强和改进党的思想、组织、作风和制度建设，努力把各级党组织建设成为坚强的领导核心和战斗堡垒”①。中共杭州市第十二次代表大会以来，杭州市委高举习近平新时代中国特色社会主义思想伟大旗帜，以习近平总书记关于管党治党的重要指示要求为根本遵循，全面贯彻新时代党的建设总要求和新时代党的组织路线，大力弘扬伟大建党精神，固本培元、筑牢思想根基，强化政治建设统领地位，打造新时代干部队伍，打造人才生态新高地，全力推动清廉杭州建设，以伟大自我革命引领伟大社会革命。

第一节　筑牢忠诚干净担当的思想根基

“心中有信仰，脚下有力量。”理想信念是共产党人的精神之“钙”和安身立命之本。中国共产党的理想信念，就是马克思主义真理信仰、共产主义远大理想和中国特色社会主义共同理想。这是中国共产党人的精神支柱和政治灵魂，也是保持党的团结统一的思想基础。

一、推动理论学习

充分发挥“三个地”和“重要窗口”省会城市优势，积极探索落实“第一议题”制度的有效办法，推动党员干部跟进学习习近平总书记最新重要讲话；发挥党校主阵地作用，常态化办好习近平新时代中国特色社会主义思想进修班，

① 刘捷：《高举习近平新时代中国特色社会主义思想伟大旗帜　奋力打造世界一流的社会主义现代化国际大都市——在中国共产党杭州市第十三次代表大会上的报告》（2022年2月23日），《杭州日报》2022年2月28日，第2版。

对市管干部进行全员培训，引导党员干部读原著、学原文、悟原理。

1. 深学笃用习近平新时代中国特色社会主义思想

把学习宣传贯彻习近平新时代中国特色社会主义思想和十九大精神作为首要政治任务，教育引导党员干部不断增强“四个意识”，坚定“四个自信”，做到“两个维护”。2017 年，全市落实《中共中央办公厅关于推进“两学一做”学习教育常态化制度化的意见》和《省委组织部关于全面深入学习贯彻党的十九大精神 扎实推进“两学一做”学习教育常态化制度化的通知》，把学习宣传贯彻习近平新时代中国特色社会主义思想和党的十九大精神作为首要政治任务。市委常委会制定学习教育常态化制度化 7 项任务清单，带头开展党的十九大精神宣传宣讲活动。发挥党校主阵地作用，着力抓好十八届六中全会，习近平总书记“7·26”重要讲话，党的十九大，十九届一中、二中、三中、四中、五中、六中全会，省市党代会精神以及《条例》《准则》等重点内容学习培训，把学懂弄通做实习近平新时代中国特色社会主义思想作为主体班次的重要内容。

2. 以上率下抓实“百千万”活动[①]

根据市委部署要求，全市各单位坚持把“百千万”蹲点调研活动作为推进“两学一做”学习教育常态化制度化的重要载体，市委组织部牵头制订《关于深化“联百乡结千村访万户”蹲点调研活动的实施意见》，建立健全月度走访、助推工作、问题督办、结对共建、定期评优等五项机制，举办“用脚步丈量民情、用实干赢得民心”系列论坛，召开“百千万”专题研讨会，提炼形成了“百千万”联系服务群众工作“二十法”和“二十个典型案例”。市主要领导率先垂范，全市 4.3 万名干部结对联系 3089 个村和社区，广泛深入开展集中蹲点和地毯式走访，拉近了干群关系，解决了具体问题，锤炼了干部作风，获得了群众真心点赞和社会各界的好评。合力打好“六场硬仗”，助推城中村改造、小城镇综合整治、剿灭劣Ⅴ类水等重点工作落实落地，协调解决民生问题和信访维稳问题 4.9 万个。

---

① “百千万”活动指“联百乡结千村访万户”（简称“百千万”）蹲点调研活动。

3. 加强党员教育服务阵地建设

根据市委部署，打响“四种人”[①] 首提地品牌建设。2018 年，下姜基层党员干部培训中心正式挂牌开班，全市新建开放式组织生活基地 48 个。制定街道社区党群服务中心、特色小镇和集聚区党群服务中心建设指引。同时，坚持服务发展提升干部教育培训针对性实效性。采取党校 + 高校、线上 + 线下相结合方式，举办城市大脑、新制造业计划等专业化培训班。改进提升“杭商学堂”培训工作，充分运用西湖先锋 App、专题微课、知行云课等平台载体，推动线上线下教育培训融合联动。

4. 重心向下推进基层支部规范化建设

党支部是党组织开展工作的基本单元，是党的全部工作和战斗力的基础，推进基层支部规范化建设至关重要。2017 年始，根据市委有关部署，建立推广“123”支部学习教育基本规范，提高基层支部党内政治生活的系统化、常态化、制度化水平；深化结对共建筑强支部堡垒，推动市直机关党支部与联系乡镇党委、农村党支部“组织共建、活动共联、资源共享”，联动开展理论学习、开放式组织生活、党员志愿服务；加强支部日常工作督查指导，层层传导压力，扣紧责任链条。同时，规范完善党员春训冬训机制。2018 年，市委组织部制定《关于进一步规范全市党员春训冬训工作的意见》，召开全市党员春训冬训推进会，开展“万场党课下基层”集中行动，推进基层党员全员轮训。

二、开展“不忘初心，牢记使命”主题教育

2019 年，中央决定从 6 月开始，在全党自上而下分两批开展“不忘初心、牢记使命”主题教育。根据市委部署，各单位各部门坚持学深悟透筑牢思想之基，聚力提升群众获得感满意度，把“不忘初心、牢记使命”主题教育同推进“十件民生实事”相结合，统筹办好既有住宅加装电梯、幼托幼育、垃圾分类等群

---

① “四种人”，指 2006 年 5 月 25 日，时任浙江省委书记的习近平在赴杭州淳安县下姜村调研时，向基层党员干部提出了四点要求：一要做发展带头人；二要做新风示范人；三要做和谐引领人；四要做群众贴心人。（习近平：《干在实处 走在前列——推进浙江新发展的思考与实践》，中共中央党出版社，2006 年，第 438—439 页）。

众最关注、最直接、最现实的“关键小事”。把力戒形式主义、官僚主义作为推进主题教育的重要抓手，大力整饬闭门施策、推诿扯皮等“六大顽疾”。

1. 学深悟透筑牢思想之基

充分发挥“三个地”[①]省会城市优势，突出“三学三促建名城”[②]总载体，坚持读原著、学原文、悟原理，把习近平同志对杭州工作的重要指示汇编成册，扎实开展党的十八大以来习近平总书记对杭州工作的重要指示批示精神，贯彻落实情况“回头看”和专题辅导，对市管领导干部集中轮训。整合全市 386 处红色资源，制定 7 条红色精品路线和 32 家红色博物馆联盟地图，各地各单位创新推行“线上学习”“方言讲学”“书记领学”等形式载体，理论学习更具“杭州味”“基层味”。全面开展新时代解放思想大讨论，聚焦杭州发展“十问”[③]，精心组织专题研讨、意见征求等活动，开展专题讨论 11 万余场次，查摆问题 13.5 万余个，形成“微建议”6.3 万余条。

2. 聚力提升群众获得感满意度

“不忘初心、牢记使命”主题教育期间，全市持续开展深化“走亲连心三服务”“包乡走村”等活动，推动各级党员干部深入基层、调查研究、改进作风，市领导带头领衔重点课题下沉一线开展调研破难，109 家市直单位和 13 个区县

---

① 浙江是中国革命红船起航地、改革开放先行地、习近平新时代中国特色社会主义思想重要萌发地。

② 所谓“三学”，一是学习党的理论创新，二是学习红色文化传承，三是学习先进典型。所谓“三促”，一是促进“走亲连心”，二是“攻坚克难”，三是“顽疾整饬”。

③ 在第二批主题教育接近尾声之际，杭州重点围绕“十个如何”发展之问展开新时代解放思想大讨论。一问：如何在服务借力大上海、深度融入长三角中，全面提升杭州的城市能级和核心竞争力？二问：如何抢抓 5G 商用和产业化的新机遇，努力打造全国数字经济第一城？三问：如何制定实施“新制造业计划”，打赢杭州制造的翻身仗？四问：如何更好借势亚运会筹办，加快城市国际化进程？五问：如何持续放大良渚古城遗址成功申遗效应，全面提升杭州的人文优势和文化影响力？六问：如何满足人民对美好生活的向往，促进公共服务优质均衡？七问：如何做强做优城市大脑，提高城市治理精细化现代化水平？八问：如何持续优化生态环境，走出一条具有特大城市特点的“绿水青山就是金山银山”发展新路子？九问：如何强化全市一盘棋，破解发展、工作和政策碎片化问题？十问：如何全面提高干部能力素质，充分激发干部干事创业的精气神？

（市）组建6108个调研小组下沉一线，6万多名党员干部共计走访农（居）民户135万户、企业18万家，收集梳理问题6万余个、解决率达99%，其中帮助企业解决问题2.6万余个。积极助力办好既有住宅加装电梯、垃圾分类、老旧小区改造提升、回迁安置等关键小事，新增“最多付一次”、便捷泊车等城市大脑九大惠民应用场景，得到群众广泛好评，李克强总理来杭调研期间给予高度肯定。

北干街道湖滨花园民情圆桌会协商小区停车位问题

3. 激发干事创业精气神

坚持把主题教育与正在做的工作紧密结合起来，围绕市委“六大行动”[①]目标任务，开展“比学赶超”系列活动，推行“晒单亮绩”“红黄黑榜”等机制，助力推进亚运奋进、一跑四改、城市大脑、十镇百村等“十大攻坚行动”，形成争先进位生动局面。广泛开展“最强党支部”创建、“最强领头雁”培育工作，充分发挥先进典型示范引领作用，逐级遴选“月度之星”“季度之星”，选树149个“防台救灾先进集体和优秀党员干部”、111名省市“担当作为好干部”和200个“党建双强”等先进典型，发掘陈立群、金健勇、王丰华等党员干部先进事迹，组织党员干部学先进、争先进。

4. 刀刃向内深化自我革命

紧盯贯彻落实习近平总书记重要指示批示精神和党中央决策部署，全力以

① 2018年7月27日，杭州市委十二届四次全会提出“六大行动”，分别是拥江发展、三化融合、文化兴盛、改革攻坚、民生福祉和固本强基等“六大行动”。

赴推进淳安千岛湖临湖违建整治等工作。通过“我们圆桌会”“民情热线”“杭网议事厅”等民意直通车途径，广泛征求意见建议，认真对照党章党规找差距，高质量开好专题民主生活会和组织生活会，抓好谈心谈话、问题梳理、批评和自我批评、整改落实等关键环节，各级领导班子和班子成员共检视剖析问题 1.5 万余个。对照“8+1”专项整治重点任务，排查整改问题 9571 个，整改完成 8231 个。

5.“不忘初心、牢记使命”主题教育取得了扎实的成效

根据中央和省委统一部署，杭州市自 2019 年 6 月正式启动“不忘初心、牢记使命”主题教育以来，坚决扛起“三个地”省会城市政治责任，坚持“头雁”标准抓好各项任务落实，以“干好一一六、当好排头兵”的实际行动践行初心和使命。主题教育分两批先后开展，全市共有 1384 名市管以上领导干部、4 万余个基层党组织、72 万余名党员参加。

在开展“不忘初心、牢记使命”主题教育中，杭州市涌现出了 200 个“党建双强”、149 个防台救灾先进集体、优秀党员干部等一大批身边典型。这些各行各业、各条战线的先进典型，大多来自基层，虽然岗位平凡，但他们的事迹感人肺腑、催人奋进。在他们身上，我们看到了永葆对党忠诚、坚守信念的政治底色，扛起聚力发展、攻坚破难的使命担当，爱岗敬业、恪尽职守的事业追求，坚守心系群众、服务群众的为民情怀。

三、推动党史学习教育走深走实

在中国共产党迎来百年华诞的重大时刻，在“两个一百年”奋斗目标历史交汇的关键节点，根据中央统一部署，2021 年 3 月，杭州高标准启动党史学习教育。全市上下以学为先、以学为基，守好“红色根脉”、奋力争先创优、扛起“五大历史使命”，争做“两个确立”忠诚拥护者、“两个维护”示范引领者。

1. 抓好党史学习教育

在全党开展党史学习教育，是党中央立足百年党史新起点、着眼开创事业发展新局面作出的一项重大战略决策。党史学习教育期间，杭州市各级党组织认真贯彻党中央部署，按照学史明理、学史增信、学史崇德、学史力行的要求，

充分挖掘运用“三个地”和“重要窗口”省会城市红色资源，以“追随总书记的脚步”为主题，精心打造下姜村等十大精品现场教学基地，推动党史学习教育走深走实。发挥党校主阵地作用，把“学党史、悟思想”的要求落实到主体班次中，推动伟大思想入脑入心。指导各地各单位开展党史学习教育专题组织生活会和主题党日，组织4.3万余名基层党组织书记参加党史学习轮训，举办4万场次“万场党课下基层”活动，推动党史学习教育见行见效。

杭州党群服务联盟上党课

2. 办好庆祝建党百年系列活动

大力选树先进典型，推荐评选全国“两优一先”对象6个、省“两优一先”对象93个，选树表彰市优秀共产党员99名、优秀党务工作者99名、先进基层党组织200个，集中宣传110余名省市“担当作为好干部”的先进事迹，以标杆引领示范激励广大党员干部更好地奋斗新时代、奋进新征程。组织开展“百名优秀党课主讲人”评选、“百堂新型艺术党课”发布、“百家线下党员培训基地”创建等“七个一百”活动，持续兴起庆祝建党百年热潮，不断激励广大党员干部传承基因、矢志前行。

3. 党史学习教育取得扎实成效

在全党开展党史学习教育，是以习近平同志为核心的党中央立足百年党史新起点、着眼开创事业发展新局面作出的重大战略决策。在中央第五指导组和省委第一巡回指导组的有力指导下，全市党史学习教育取得扎实成效，进一步增强了拥护"两个确立"、做到"两个维护"的坚定性自觉性，进一步增强了坚持和发展中国特色社会主义、实现中华民族伟大复兴的坚定性自觉性，进一步增强了践行初心使命、坚持人民至上的坚定性自觉性，进一步增强了发扬革命传统、传承红色基因的坚定性自觉性，进一步增强了全面从严治党的坚定性自觉性，达到了学党史、悟思想、办实事、开新局的目的。

杭州市人民职业学校党员赴嘉兴南湖开展党史学习活动

第二节 始终把党的政治建设摆在统领地位

中共杭州市第十二次代表大会以来，市委忠实践行"八八战略"、奋力打造"重要窗口"，强化政治建设统领地位，通过加强基层党建工作、加强党员教育监督，锤炼了党员干部的党性修养，锻造了优秀政治品质，为争创社会主义现代化先行省提供了坚强的政治保障。

一、加强基层党建工作

围绕党建引领基层治理的各项要求补短板、强弱项、扬优势，推动杭州市基层党建"全域争先、整体跃升"，以党建优引领治理优、党建强带动发展强，筑就高质量发展硬核支撑。

1. 聚焦乡村振兴增强农村党建引领力

一是抓住换届契机锻造村社铁军。着力助推村社"两委"新班子迅速形成战斗力，制定下发《关于在全市村和社区干部中开展“争做‘四个人’、争当排头兵”主题实践活动的实施意见》，开展新任村社干部集中轮训。开展村社后备干部队伍建设专题调研，制定《关于加强全市村社后备干部队伍建设的指导意见》，实施“雏雁成长”工程，确定村社后备干部2万余名，其中主职后备干部5000名左右，建立起一支梯队合理、素质优异的村社队伍。认真做好第一书记和第十批农村指导员选派工作，市级层面选派42名村第一书记和第十批农村工作指导员，同步指导区县（市）选派第一书记和农村工作指导员258名。聚焦治理体系变革和村社“两委”选后高效运行，研究制定规范村级组织运行20条，优化“一肩挑”后村社两委班子分工，全面实行村干部任职回避制度，持续增强村级班子整体功能。深化“打擂比武”“赛场赛马”，推进“百千万”工程，选树60名标兵“头雁”、60个示范支部。健全完善以网格党支部为基础、功能型党支部为补充的农村基层组织体系，推进区域党建联盟建设，“大下姜”联合党委被农业农村部评为全国乡村振兴优秀案例。

二是聚焦乡村振兴增强农村党建引领力。强化系统谋划、统筹推进，制定出台党建引领乡村振兴“1+3”文件，实施“十大行动”，助力打造“千万工程”示范区和美丽乡村升级版。开展“百村引领、千村晋位”行动。高标准选树100个左右党建基础强、经济发展快、生态建设美、乡风文明好的示范村，集中帮扶整转1000个集体经济相对薄弱村和后进村。召开全市消除集体经济薄弱村现场会，推出发展村级集体经济十法，总结推广桐庐县金融服务乡村振兴党建联盟做法；整理编撰《党建领航百村振兴之路》。深化“争做‘四种人’、争当排头兵”主题实践活动。召开深化“双争”活动现场会，强化农村基层骨干队伍建设；组织村社换届“回头看”，开展村两委干部资格联审，重点排摸存在涉黑涉恶、“村霸”问题和违纪违法等情况；深化村社后备队伍“雏雁成长”工程，召开示范培训班；加强正向激励，选树市新时代“双百”优秀乡村干部202名，推荐省新时代“千名好支书”127名、“万名好党员”812名。积极发挥“两支工作队”作用。坚持市县两级联动，统筹各方力量资源，组建乡村振兴工作队和科技人才服务队各110支，积极开展政策指导、产业规划、项目对接、技术扶持，共帮助解决基层实际问题1769个，切实推动科技资源向农村基层、农业一线集聚。

三是推动农村基层党建整固升级。全面贯彻落实农村基层组织工作条例，大力加强农村基层组织和队伍建设。常态抓好软弱后进村整顿转化。从严落实“十二条底线”标准，定期进行分析研判，坚持“一村一策”，实行“四个一”帮转机制，召开后进村党组织整转现场推进会。从严加强村干部教育管理，全面加强村级权力运行监督，积极搭建干事创业平台，深入开展村干部分层培训，深入实施“雏雁计划”，调整优化村（社区）后备干部库。健全以网格党支部为基础、功能型党支部为补充的农村基层组织体系，试点开展以龙头企业带建、村企联建等方式建立区域党建联盟，充分发挥党组织在乡村振兴中的引领作用。以“五查五看”为重点，开展村社组织换届“回头看”，深入实施“阳光治理”工程，举办全市基层党建工作骨干培训班暨“领杭争先”擂台赛，开展“大培训、大比拼、大帮带”活动。全面实施导师帮带，评选首批市级兴村治社名师 20 名、县级兴村治社导师 170 名，为 1008 名新任书记匹配“成长导师”，村社干部战斗力持续提升。将党的组织嵌入乡村振兴各领域，举办“百名书记话共富”主题峰会，启动新一轮驻村第一书记、农村工作指导员选派工作，构建“双百强基促富”派驻帮扶格局，推动各类资源持续向乡村集聚。淳安县枫树岭镇党委作为全国唯一乡镇代表在中组部抓党建促乡村振兴电视电话会议上作经验交流。

2. 打造城市基层党建“杭州样本”

一是注重加强顶层设计。按照市委“区域统领、行业引领、两新融合、街社兜底”的总体思路，杭州积极探索城市基层党建的新路子，并在 2017 年的全国城市基层党建经验交流会上作专题经验介绍。根据上级部署，结合我市实际，2017 年先后研究制定《关于推进城市基层党建工作“双领联动、双网融合”的实施意见》和《关于进一步加强城市基层党建工作的意见》等系列政策文件，全面深化城市基层党建系统建设和整体建设，较好破解了“块上”整合能力偏弱、“条上”支撑保障不足、新经济新业态党建覆盖较难等问题。强化城市基层党建系统建设整体建设，制定市委《关于加强新时代城市基层党建工作的意见》等系列文件，成立督查推进组推动落实 69 项重点任务。培育提升行业系统党建示范点。确定 16 家单位作为示范单位进行重点培育，扎实推进“四创一提”工程和“八个一”重点任务，引领保障行业系统业务工作走在前列。着力建立健全全域党建联盟机制。着眼党建统领推进共同富裕，调研总结“大下姜”乡村振兴联合体党委等成功案例，出台指导意见，推行统筹领导、三张清单、联席会议等6项机制，打破地域、领域、条块限制，加强平台共建、人才共育、资源共享、产业共兴、治理共抓、品牌共塑，以组织融合促进组团式发展，广泛建设新型帮共体。全市以100个市级重点培育项目为标杆，进一步撬动组建不同类型的党建联盟1398个，全年完成重点共建项目2300余个，相关做法先后在《中国组织人事报》头版、《浙江日报》头版刊登。

定期召开党建联盟议事会，推进领办问题的解决

二是狠抓行业系统党建。行业系统党建是基层党建工作的重要组成部分，充分发挥行业系统主管单位的职能优势，把抓党建与抓业务结合起来，推动行业系统党组织全面进步全面过硬。根据市委工作部署及有关要求，市委组织部召开行业系统党建工作座谈会，2017年印发《关于深入推进行业系统党建工作的指导意见》，坚持扩面与提质并举，落实“七个一”工作举措，大力开展“三好”示范创建活动，全面推进29个行业系统党建工作。市财政局实施财税系统大党建“123”模式，市经信委实施党建工作“621”计划，逐步形成了系统党建一抓到底、党建与业务交相融合的良好局面。市卫计委、市教育局抓行业系统党建的做法分别得到了国家卫计委、教育部的肯定推广。重点培育提升行业系统党建示范点。2018年确定16家单位作为示范单位进行重点培育，扎实推进“四提一争”工程[①]和“八个一”重点任务，引领保障行业系统业务工作走在前列。

① “四提一争”工程，即在市管领导班子和领导干部中开展以“提高政治站位、提高专业素养、提高推进城市国际化能力、提高克难攻坚能力，争当新时代一流铁军排头兵”为主要内容的“四提一争”活动。

重点探索深化物业党建工作。健全完善社区党组织领导下小区党支部、业委会、物业企业三级联动机制，推动478名业委会主任、物业负责人进入社区“两委”兼职，2019年实现了1619个业委会和2554个物业项目“双覆盖”，党建引领业委会和物业企业党建、“城管驿站”党建被评为全国城市基层党建最佳创新案例。

三是健全完善机制建设。以机制建设为突破口，认真抓好党建各项机制建设。全面构建市、区、街道、社区四级联动体系，完善区、街道、社区三级党组织书记抓党建例会、基层党建联席会议和党员领导干部领办党建项目等工作制度，深化街道社区党建共建委员会、兼职委员等共建机制，到2017年底，全市4825名驻区单位党组织负责人兼任街道党建共建委员会委员，拱墅区等地积极开展试点，探索社区党组织领导下的协商议事机制，推动破解社区、业主委员会、物业公司等三方协作难题。增强街社统筹协调功能。稳步推进街道职能调整和体制改革，赋予街道对职能部门派驻机构干部管理考核权和负责人任免征得同意权等六项权力，引导街道社区把工作重心转移到抓党建、抓治理、抓服务上来。全面推进业委会和物业服务企业党建。聚焦“关键小事”，2018年制定《关于以党建引领推进业主委员会和物业服务企业建设的指导意见》和《杭州市业主大会和业主委员会工作指导规则》。1316个业委会和1529个物业项目实现党的组织和工作覆盖，解决小区电梯加装、充电桩改造等物业问题2169个，信访投诉同比下降32%。聚焦基层治理重点任务，深化推进镇街体制改革。坚持市域社会治理“1+5”文件、城市基层党建“1+3”文件一体推进，优化完善街道“六办三中心”[①]机构设置，积极稳妥推进基层审批服务执法力量整合，77个城区街道全部完成机构挂牌和人员调配等工作。围绕便民服务、行政执法、

① 根据街道的职能定位，优化完善街道党政机构设置，街道统一设置六个综合性办事机构，“六办”分别为党政综合办公室、社会事务综合办公室、社会治理综合办公室、经济发展办公室（加挂财政所、文化旅游发展办公室牌子）、自然资源和生态环境办公室、基层党建办公室；同时，强化基层党建平台，深化“最多跑一次”改革，优化街道服务发展环境，综合设置三个事业单位“中心”，“三中心”分别为综合便民服务中心（加挂退役军人服务站牌子）、综合执法大队（加挂社会治安综合治理中心牌子）、乡村振兴服务中心（加挂项目服务中心牌子）。

综合治理、市场监管等相关领域，全覆盖、分层次开展基层干部履职能力专题培训 600 余场。纵深推进党建引领社区治理。开展党建引领社区治理专题调研，牵头相关职能部门成立党建引领社区治理工作协调小组，采取综合试点与专项试点相结合的方式，相关做法得到省委书记袁家军批示肯定。制定出台加强和改进小区党建的意见，总结形成新时代城市基层党建聚力赋能社区治理“五大机制、二十条举措”，及时召开全市深化城市基层党建工作暨党建引领社区治理试点成果交流会，赋能换届后社区新班子，逐步构建“党建引领、多方参与、条块协同、四治融合”的社区治理工作格局，努力打造居民离不开的社区组织。人民日报等媒体报道我市做法。

原下城区完善党组织领导下的社区、业委会、物业企业三方协调机制，推动各类资源向小区汇聚，打通基层治理“最后一公里”

四是推进城市党建融合发展。深化落实聚力赋能社区治理“五大机制二十条举措”，全面打造“居民离不开的社区组织”。召开全市党建引领小区治理重点任务推进会，推广三方办、小区专员等做法。结合“百社示范、千社提升”工程，积极探索未来社区党建“杭州方案”，会同萧山区研究形成未来社区党建工作规范指引，在全市面上推行分类试点，指导打造瓜山社区、杨柳郡社区、冠山社区等不同类型未来社区党建示范点，做实做优共同富裕现代化基本单元。建立行业系统党建工作联席会议制度，明确主要职责、议事规则，定期开展跟踪调度，确保各项任务落地落实、深度融入社区治理。出台《关于以党建引领高质量推进老旧小区改造提升的指导意见》，在全市建立119个“旧改同盟会”，新增公共服务场所3万余平方米，受益居民近26万户。

五是全面深化两新组织党建。习近平总书记对非公有制经济组织和社会组织党建工作高度重视，多次作出重要指示。杭州市委历来高度重视两新组织党建工作。抓好两新组织党建是贯彻新时代党的组织路线的题中之义，是推动高质量发展的重要举措，是提升现代化治理水平的现实需要，是展现“重要窗口”头雁风采的内在要求。

聚焦新经济新业态和社会组织两个重点领域，不断提升两新党建质效。互联网业党建加快破题。召开全市互联网业党建座谈会，2017年制订实施《关于加强互联网业党建工作的意见》，组建全市互联网业党建工作专委会，承办全国互联网企业党建研讨会并作交流发言。特色小镇党建不断提升。制订出台《关于加强特色小镇党建工作的意见》，构建“一核多堡”[①]组织网络，全面加强特色小镇“两个覆盖”，全市共建立特色小镇党委37个。全省特色小镇党建工作现场推进会在我市召开。社会组织党建提档升级。召开全市社会组织党建工作现场会，制订下发《关于加强和改进社会组织党建工作的实施意见》，大力推进社会组织党建覆盖。民办高校和中小学党组织覆盖率、单建率有效提升。会同市民政局，推动社会组织综合党委规范化运作。

紧跟新经济新业态发展步伐，扎实开展“两个覆盖”集中攻坚行动。2018年新建两新党组织879个，组织覆盖率超90%，推动网易、长龙航空等成立党委，全市上市公司、独角兽企业全部实现党的组织和工作覆盖。在互联网领域，在全省率先制定深化互联网企业党建工作意见，筹备成立全市互联网行业党委；调研报告获全国党建研究会优秀调研成果一等奖，新华社内参专题报道我市经

① 做强社区党组织这个“一核”，统合业委会、物业公司、驻区单位等党组织，捏紧拳头一起参与社区治理，推动服务时间向上班族延伸、服务方式向信息化延伸、服务模式向主动上门延伸。

验做法。在特色小镇领域，坚持“一核多堡”推进组织覆盖，扎实推进“三扎根一保障”[①]，搭建“一站一会一团队”[②]和党务、政务、商务“三务合一”综合服务平台，有效凝聚高知和青年群体。在社会组织领域，建立市级社会组织党校，持续加强民办学校、民办医院、律师、注册会计师等重点领域社会组织党建工作，党建引领社会组织参与基层治理的作用进一步发挥。我市在全省律师行业党建工作座谈会上作经验交流。

着力完善党的组织和工作有效覆盖，不断增强党在新兴领域的号召力、凝聚力。2019年深化互联网企业党建。在全省率先制定出台《关于进一步深化互联网企业党的建设工作的意见》，探索成立全国首个数字经济综合党委，实施数字引擎党建“139行动计划”。推广10%党建绩效考核机制，全面推进“三整一全”[③]建设。持续抓好社会组织党建。出台《关于进一步加强行业协会商会党建工作的通知》，压实行业主管部门双重职责。打好“稳企业、强服务”组合拳。深入实施组织工作聚力赋能民营经济高质量发展八项举措，扎实开展“攻坚克难当先锋”活动，帮助企业应对风险挑战、增强发展活力。

全力打造两新党建服务发展新高地。2020年完善市县乡三级两新工委机构设置，规范实体化运作机制，形成“条块融合、上下联动”工作氛围。持续开展“扫楼扫街”攻坚行动，累计新建两新党组织1298个，双覆盖质量得到进一步提升。深入实施“双领计划”，组建“红领学堂”，强化两新党务队伍支撑。聚焦新兴业态和重点领域，坚持党建服务经济社会转型发展，大力推进数字经济、集聚区、社会组织等重点领域党建工作，深入开展数字经济党建“139行动计划”，成功举办数字经济党建高峰论坛。

---

① 即完善组织网络、促进事业发展、创新工作方式、强化队伍保障的“三扎根一保障”机制。

② “一站”就是在特色小镇设立融党群服务、公共服务和社会服务于一体的综合服务站，通过下沉市场监管、民政、社保等条块资源，为两新组织提供一站式、标准化服务。“一会”就是建立政企对接会，邀请业务部门与入驻企业面对面沟通，了解发展需求、落实扶持政策、解决实际问题。“一团队”就是采取志愿报名和组织选派的方式，以特色小镇青年党员、企业骨干、专业人才为主体，充分吸纳条块力量、社会资源，组建民生类、经济类等特色服务团队，定期开展志愿服务活动，提供集成化、专业化、社会化服务。

③ “三整一全”指整园建强、整楼推进、整线突破、全面提升。

聚焦打造两新党建杭州范例。探索开展加强新业态新就业群体党建全国试点，研究制定“151”试点工作体系。2021 年调整设立市快递物流行业党委，制定出台《关于推动快递业党建高质量发展的意见》，持续推进快递物流企业党组织建设、党建引领行业健康发展和快递小哥关心关爱等工作。出台《新就业群体综合服务站点建设指引》等制度，打造“15 分钟服务圈”。建立流动党员教育管理“五联”机制，依托企业和社区组建 118 个流动党员党支部，引导 1300 余名新就业群体党员到社区报到并亮明身份。探索创新“五化五融入”机制，将快递员、外卖员、网约车司机等纳入社区网格员队伍，引导他们积极参与基层治理、融入城市基层党建格局。

富阳区富春街道江滨社区进社区报到的机关党员开展志愿服务活动

3. 打造线上线下联动党群服务体系

一是统筹推进党群服务中心阵地建设和智慧党建系统平台开发运用，形成党群服务线上线下联动格局。2019 年，建成启用市级党群服务中心。集成“展示宣传、政治引领、综合服务、活动休闲、智慧党建”等五大功能，布局构建“两厅两区两馆”[①]，设计十项党群服务、十大精品课程、十项打卡活动、“1+10”经典线路等“四个十”品牌项目。全力打造全市党群服务矩阵。将党群服务中

① “两厅两区两馆”指的是杭州市党群服务中心设置综合服务大厅、党建宣传展示厅、党群共享服务区、党群悦享生活区、组织生活馆、智慧党建馆等。

心建设纳入大党建考核和书记抓基层党建工作的重要内容，进一步加强督促指导，推动工作落地。推进智慧党建系统开发应用。主动融入城市大脑建设，以党建智能云平台为中枢，覆盖基层组织、人才工作、干部教育等主职主业，通过监督预警、决策分析、AI 智能等技术手段，实现业务管理、党群服务、互动交流、智慧研判、成果展示等五大功能。

杭州智慧党建“1+10”应用场景上线发布会 (1)

杭州智慧党建“1+10”应用场景上线发布会 (2)

二是创新完善五级联动党群服务红色阵地。以“要活动到中心、有困难找中心、做奉献来中心”为宗旨，初步形成 15 分钟党群服务圈。成立杭州党群服务联盟，开展“钱塘大讲坛”“先锋服务广场”等 23 类品牌活动，推出“精品党课”“白领午间 1 小时”“春训冬训套餐”等 36 类品牌课程。聚焦线上线下互动互融，创新西湖先锋 App 云上服务应用场景，打造线上党群服务超市、爱心驿站、社团有你等功能模块，为线下开展志愿服务、社团活动、困难帮扶等工作提供数字化赋能。

杭州党群服务联盟

三是构建党群服务立体矩阵。以打造党员群众家门口的“红色阵地”“温馨家园”为目标，优化提升市区街社驿站五级联动党群服务体系。2021 年深化打造了“红色讲堂”“青年思政课”“钱塘大讲坛”“连心志愿服务”等一批品牌项目，获得社会各界广泛好评。常态开展主题活动云上晾赛比选、党群服务最优项目打擂比武，评出最优党群服务项目 26 项，推动各级党群服务中心（驿站）在互看互学互比中总结经验、补齐短板。研究制定全市党群服务中心（驿站）高质量发展意见，推动党群服务中心（驿站）水平向标准化规范化长效化整体跃迁。

二、加强党员教育监督

坚持以习近平新时代中国特色社会主义思想为指导，按照《中国共产党支部工作条例（试行）》《中国共产党党员教育管理工作条例》要求，高标准推进“双整”（整乡推进、整县提升）工作，大力筑强基层战斗堡垒，深化加强党员教育监督管理，着力在抓细抓实抓常上下功夫，为打造“重要窗口”提供坚强保证。

1. 大力筑强基层战斗堡垒

一是紧盯“双基十条”156 项重点任务，围绕基层组织体系建设，发挥基层党建联席会议作用，持续深化交叉互查，加强过程管控，抓实 13 个区县（市）和 32 家设党委的市直部门基层党建的任务清单和问题清单，推动落实基层党建领办项目。

二是开展“最强支部”创建。持续深化“党建双强”工程，实行“晒单亮绩”“红黄黑榜”“积分管理”机制，抓实支部 13 项经常性工作，形成基层党建“1234”

基本内容、基本规范、基本制度；建立党员组织关系排查、基层党组织按期换届、党费收缴使用管理等长效机制，提升支部自转功能。2021 年，选树市级“最强党支部”季度之星 300 个、“最强领头雁”季度之星 300 名。

三是建立健全完善相关制度。2021 年，出台《关于深化推进“党建双强”工程 夯实共同富裕示范区基层基础的通知》，探索复核评定，实行动态调整，推动高位求进，鼓励先进、激励中间、鞭策后进的效应更加明显。科学制定党员发展计划，制定出台《发展党员档案材料审核要点指导手册》，持续推进发展党员全周期智治体系的深度应用，对发展情况实行“半月一提醒检查、每月一通报排名、每季一考核验收”工作机制，将数字赋能贯穿发展全过程。四是发挥党代表职能作用。开设“线下＋线上”党代表工作室，组织市级党代表参加公述民评、电视问政、“六大提升”现场观摩评比等活动，为代表联系服务群众、建言献策搭建平台。

开展“党建双强”之“社区书记论治理”专项比拼

2. 深化加强党员教育监督管理

一是高质量抓好党员发展工作。突出政治标准和结构需要，采取发展指标单列、重点联系培养、发展程序优化等方式，加大从产业工人、青年农民、高知群体、在校大学生和两新组织中发展党员的力度，落实年度发展党员指导性计划，探索发展党员基层党委发文、重点人员县级预审、政治审查追责问责等制度。

二提升党员教育培训实效。以学习习近平新时代中国特色社会主义思想为重点，扎实推进党员春训冬训，依托“杭州党建”电视网站平台、“西湖先锋”广播栏目、“西湖先锋”微信公众号等资源，着眼“互联网+党员教育”大格局，不断丰富党员学习教育资源，持续抓好基层远教站点建设，综合运用微视频、纪录片等形式，创新建立党建融媒体工作室，开展全市党员教育电视片观摩交流活动，6部电教片获全国优秀奖。

三是强化党员分类管理。加强挂靠人才市场的流动党员管理，制定流动人才市场党员规范管理指导性意见，扎实推进人才市场党员属地化管理，稳妥有序做好市县两级人才市场党员转接工作；对军队退役人员党员，严格落实“六问一必查”制度①，规范高效做好转接工作，加强后续教育管理服务。

四是健全党员监督机制。完善涉嫌违法违纪党员核实通报机制，开展农村党员参教信教问题排查处置整转工作和在网上发表不当言论问题专项教育；摸排处理涉嫌违法违纪党员，扎实推进逾期未审批预备党员核查整改，抓好失联党员规范管理和组织处置扫尾工作；从严加强党员先锋指数考评管理，做好失联党员规范管理和组织处置等工作。

第三节　扎实推动党风廉政建设高质量发展②

勇于自我革命是中国共产党区别于其他政党的显著标志。中共杭州市第十二次代表大会以来，市委坚决扛起管党治党政治责任，坚定不移推进全面从严治党，不断深化党风廉政建设和反腐败斗争，开创了清廉杭州建设的新局面。

一、聚焦“两个维护”强化政治监督

“两个维护”是党的最高政治原则和根本政治规矩。五年以来，面对艰巨繁重的改革发展稳定任务和依然严峻复杂的反腐败斗争形势，市委坚持以习近

① 即问组织关系接转原因、问入党时间、问入党程序、问入党介绍人情况、问组织生活情况、问学习从业情况，必查党员档案。

② 本节内容引自《中共杭州市第十二届纪律检查委员会向中国共产党杭州市第十三次代表大会的工作报告》，《杭州日报》2022年3月1日，第2版。

平新时代中国特色社会主义思想为指导，坚决扛起管党治党政治责任，持续深化清廉杭州建设，强化政治监督，积极发挥监督保障大局更加有力。

1. 坚决落实习近平总书记重要指示批示精神

市第十二次党代会以来，持续加强党的创新理论学习，不断健全完善“第一议题”制度，及时跟进学习习近平总书记重要讲话和指示批示精神，一体学习领会贯彻党中央、中央纪委国家监委对全面从严治党的新部署新要求，进一步做到以知促行、真知笃行。杭州市委坚决拥护中央对周江勇涉嫌严重违纪违法进行纪律审查和监察调查的决定，要求全市各级党组织和广大党员干部要切实增强“四个意识”、坚定“四个自信”、做到“两个维护”，始终把讲政治作为第一位要求，不断提高政治判断力、政治领悟力、政治执行力，切实把思想和行动迅速统一到中央决定精神上来，坚决贯彻省委部署要求，做到头脑清醒、立场坚定、旗帜鲜明。围绕贯彻落实习近平总书记考察浙江、杭州重要讲话以及对杭州工作的重要指示批示精神，梳理形成市本级27项、各区县（市）69项具体监督项目，逐项跟进监督检查，发现并推动解决了一批问题。常态化开展公共资源中会所整治情况的监督检查，对千岛湖临湖地带违建、临安钱镠墓被盗掘等问题严肃监督执纪问责，以实际行动推动习近平总书记重要指示批示精神在杭州落地落实。

2. 有力保障重大决策部署一贯到底

加强对贯彻执行党的路线方针政策的监督检查，坚决做到党中央重大决策部署到哪里，监督检查就跟进到哪里。围绕落实亚运会和亚残运会筹办、打好三大攻坚战、“六稳”“六保”工作、“最多跑一次”改革、部分行政区划优化调整等重大决策部署情况开展监督检查，严肃查处有令不行、有禁不止等行为。聚焦常态化疫情防控，健全专项监督机制，对违反防疫纪律、落实防疫责任不力等问题及时调查处置。积极配合中央和省委巡视组对杭州开展巡视工作，以巡视反馈意见、省委“七张问题清单”整改落实为重要政治任务，持续做好自身整改和整改监督工作。严明“十个严禁”换届纪律，认真做好党风廉政意见回复，推动全市换届工作风清气正。

3. 扎实推动政治监督具体化常态化

每年制订政治监督年度实施方案，明确工作重点，强化工作统筹。出台专项监督工作操作办法，精准开展对中央环保督察移交问题整改情况、违建“大棚房”和违建别墅清查整治等专项监督。围绕争当浙江高质量发展建设共同富裕示范区城市范例，出台监督保障“二十条”。严格贯彻落实加强对“一把手”和领导班子监督的工作要求，协助市委制定“五张责任清单”，出台加强各级党委（党组）领导班子同级监督的实施意见。开展政治生态分析研判，建立“四清单”“两档案”“两报告”制度[①]，推动政治监督融入日常、抓在经常。严肃查处违反政治纪律和政治规矩行为，五年来，全市共查处违反政治纪律的案件 181 件，给予党纪政务处分 168 人。

二、突出目标引领强化全域统筹

对标“加快打造新时代清廉建设高地”要求，突出目标引领强化全域统筹，聚焦“干部清正、政府清廉、政治清明、社会清朗”总目标，构建“四责协同”[②]工作格局，统筹推进重点清廉单元建设，全面营造社会共建共创氛围，清廉杭州建设持续深化。

1. 构建“四责协同”工作格局

协助市委制定推进清廉杭州建设实施意见，明确工作目标、任务分工、重点举措。牢牢抓住主体责任这个“牛鼻子”，协助市委健全完善全面从严治党主体责任制度，制定进一步提高监督工作质效的意见，推动构建党委主体责任、党委书记第一责任人责任、班子成员“一岗双责”、纪委监委监督责任“四责协同”机制。对管党治党责任落实不到位的、履行管理监督职责不力的，坚决

---

① 即纪委监委对监督对象分别制定政治监督的任务清单、责任清单、问题清单、落实清单，建立“四清单”工作台账，实行清单式监督、项目化管理，并动态更新清单内容。同时，加强政治生态建设档案制度和干部廉政档案制度“两档案”建设；完善政治生态建设状况报告制度，建立政治监督情况报告制度，并将“两报告”纳入《政治生态建设档案》管理。

② “四责”指党委的主体责任，纪委的监督责任，党委书记的第一责任以及班子成员的一岗双责责任。

追究责任，五年来共处理1123人。

2. 统筹推进重点清廉单元建设

坚持以点带面、抓纲带目，持续深化清廉机关、清廉乡村、清廉学校、清廉医院、清廉国企、清廉民企、清廉交通等重点清廉单元建设，示范带动清廉杭州建设更高水平、更深层次推进。充分发挥各牵头部门作用，分领域制定清廉单元建设推进方案，明确时间表、路线图，压茬推进各项工作。出台保障清廉杭州建设"十大举措"①，部署开展清廉建设重点工作落实情况专项监督和重点领域系列专项治理，查处了一批违规违纪问题，推动相关领域查补短板、建章立制。清廉单元建设不断深化，形成了一批具有杭州辨识度、在全省示范引领、有全国影响力的成果。

3. 全面营造社会共建共创氛围

深入贯彻落实习近平总书记关于构建亲清政商关系的重要论述，严格执行防止利益冲突、政商交往"正面清单""负面清单"等规定，出台加强非公企业清廉建设意见、在审查调查过程中保障民营企业合法权益的实施意见等制度，开展影响亲清政商关系突出问题专项治理，促进领导干部廉洁从政从业。着眼全社会清廉风气养成，出台纵深推进清廉文化建设。2021年4月23日世界读书日，杭州市首家"清廉书房"正式启用。培育了一批清廉文化示范点，建设了一批清廉文化传播阵地，推出了一批清廉文化精品力作，打造了"小莲清风""玉琮杯"等有影响力的清廉文化品牌。注重加强家庭家教家风建设，连续五年开展党员干部"廉洁好家风"主题教育，以廉洁家风涵养党风政风社风。

三、坚持系统施治强化"三不"一体推进

习近平总书记深刻指出："一体推进不敢腐、不能腐、不想腐，不仅是反

① "十大举措"即健全贯通协同监督体系，开展责任落实检查评估，做深做实日常监督，深入开展专项监督，深化政治生态评估，挖掘培育先进典型，定期开展会商研判，扎实推进数智赋能，广泛开展清廉教育，切实加大宣传力度等十个方面的举措。

腐败斗争的基本方针，也是新时代全面从严治党的重要方略。”[①] 思想引领行动，五年来杭州市纪检监察机关对标对表习近平总书记的重要论述，着力构建“三不”一体推进体制机制，持续深化标本兼治，一体推进综合效应充分显现。

1. 持续释放不敢腐的威慑力

发挥监委成立后体制机制新优势，更有效地遏制增量、更有力地削减存量。市第十二次党代会以来，全市各级纪检监察机关共受理检举控告 22577 件，立案 12717 件，党纪政务处分 12108 人，移送司法机关 512 人。通过监督检查和审查调查，为国家和集体挽回直接经济损失 15.7 亿元。一体推进追逃防逃追赃，追回外逃人员 12 名，实现我市“百名红通人员”清零。强化案件审理的审核把关和监督制约职能，完成中央纪委审理系统案例库试点建设任务，全面提升案件办理质量。认真做好申诉复查工作，切实保障申诉人合法权利。

2. 持续强化不能腐的约束力

坚持抓早抓小，制定各级党组织用好监督执纪第一种形态的意见，出台规范谈话函询工作办法，促进准确运用“四种形态”特别是第一种形态。五年来，全市纪检监察机关运用“四种形态”处理 43010 人次，第一、第二、第三、第四种形态占比分别为 70.1%、19.5%、4.8%、5.6%。深入开展廉政风险排查防控工作，市本级共排查制定廉政风险清单 1225 张 12121 条，形成防控类制度 9164 项。做好查办案件“后半篇文章”，注重发现个案背后深层次问题，督促发生重大违纪违法案件的党委（党组）召开专题民主生活会，推动以案促改、以案促治。全市共发出纪检监察建议书 1596 份，督促推动及时补上制度短板和监管漏洞。

3. 持续提升不想腐的免疫力

推进全市公职人员廉政教育全覆盖，编发党员干部违纪违法典型案例系列警示录、忏悔录，拍摄系列警示教育片，常态化制度化开展警示教育。组建清廉杭州法纪宣讲团，打造“小莲说纪”品牌，改造提升法纪教育基地。在思想

---

① 习近平：《一以贯之全面从严治党，强化对权力运行的制约和监督》（2020 年 1 月 13 日），《习近平谈治国理政（第三卷）》，外文出版社，2020 年，第 549 页。

触动和政策感召下，五年来，全市共有72名党员干部主动投案、527人主动交代问题。建立实施受处分人员跟踪回访教育制度，帮助受处分干部放下思想包袱，重树干事热情。

四、注重常态长效强化作风建设

巩固拓展作风建设成效，五年来，坚持越往后执纪越严，坚守重要节点，紧盯薄弱环节，一锤接着一锤敲，把中央八项规定精神的堤坝在杭州夯得实而又实，深入整治形式主义、官僚主义，纠树并举涵养新风正气，着力以优良作风引领新征程。

1. 持之以恒落实中央八项规定精神

抓住重要时间节点，紧盯易发多发老问题和隐形变异新动向，严肃查处顶风违纪行为。五年来，全市共查处违反中央八项规定精神问题1449个，批评教育帮助和处理1781人，其中党纪政务处分1030人，市本级点名道姓通报曝光133起。持续纠治领导干部违规收送礼品礼金、违规发放津补贴或福利、利用名贵特产特殊资源谋取私利等问题，开展“烟票”背后“四风”问题专项整治和餐饮浪费问题专项监督，组织开展党员干部违规借贷、违规房产交易等专项整治，以小切口推动大治理。

2. 深入整治形式主义、官僚主义

把整治形式主义、官僚主义纳入监督检查、政治巡察、审查调查的工作重点，认真开展不担当不作为不落实问题专项整治，深入整饬政令空转、文山会海、督考过多、推诿扯皮、“指尖上的形式主义”等顽瘴痼疾。在全市设立7个基层减负监测点，强化动态监督，及时发现并查纠问题。五年来，全市共查处形式主义、官僚主义问题705个，批评教育帮助和处理959人，其中党纪政务处分254人，市本级点名道姓通报曝光典型案例17起。

3. 纠树并举涵养新风正气

注重建章立制，督促相关职能部门进一步规范公务接待、公车管理、津补贴发放等制度，结合杭州实际出台规范廉政账户管理、加强国有房产管理等规

定，修订完善机关工作人员作风和效能问责办法，巩固拓展作风建设工作成果。严格落实“三个区分开来”，出台健全完善容错免责机制、促进党员干部担当作为的实施办法，实施“事前备案”制度，常态化开展澄清正名工作，全市共办理备案事项 45 起，为 63 名党员干部容错免责，为受到不实举报的干部和单位及时澄清正名。突出“关键少数”，督促各级领导干部率先转变作风，坚决反对特权思想和特权现象。

五、践行“民呼我为”强化基层监督

五年来，紧扣群众对高品质生活的期盼，全力打造“老百姓家门口的纪委监委”，着力规范基层权力运行，大力推进基层正风反腐，通过一个个案件、一项项整治、一次次监督，维护群众合法权益，让群众切实感受到全面从严治党就在身边、纪检监察工作就在身边。

1. 全力保障乡村振兴战略落地见效

深入开展“强化清廉乡村建设、有力推动基层治理”专项工作，全方位监督保障党中央和省市委各项惠民富民、共同富裕政策措施在基层落地生根。专设清廉乡村建设推进组，明晰责任清单，细化落实 16 项重点工作任务，为乡村振兴注入清廉动能。全力保障脱贫攻坚决战决胜，跟进监督推动东西部扶贫协作、对口支援、山海协作等落地落实；深化扶贫领域专项治理，五年来，全市共处置扶贫领域腐败和作风问题线索 343 件，处理 259 人。探索推进村（社）主职干部、集体经济组织负责人“提级监督”，管好乡村振兴“带头人”。

2. 深入整治群众反映突出问题

聚焦群众“急难愁盼”问题，紧盯教育医疗、就业创业、养老社保、生态环保、征迁安置等重点领域，持续深化漠视侵害群众利益问题专项治理。五年来，全市共查处发生在群众身边的腐败问题 919 个，处理党员干部 1079 人。创新实施“民呼我督”机制，入选全市“民呼我为”最佳实践案例、全省党史学习教育“百法百例”。深入推进扫黑除恶“打伞破网”，严肃查处滨江虞关荣、下沙董纪福等涉黑“保护伞”案件。自 2018 年扫黑除恶专项斗争开展以来，全市共立案查处涉黑涉恶腐败和“保护伞”案件389件，给予党纪政务处分365人，移送司法机关72人。开展违规享受集体所有土地征迁安置政策专项治理，合计退交或取消房产安置（分配）面积1.7万余平方米，退缴或补缴各类款项近4亿元，处理66人。

3. 有效推动监督融入基层治理

扎实推进监察工作向基层延伸，率先完成乡镇（街道）监察办公室全覆盖，全面建立村级监察工作联络站，构建了贯通市县乡村四级的监察监督网络。扎实推进基层监督制度化、规范化、常态化，制定出台履职办法、片组协作工作指导意见、规范化指导手册等，为“老百姓家门口的纪委监委”作用发挥提供保障。全覆盖以来，乡镇（街道）纪（工）委、派出监察办公室运用第一种形态处理10450人次，党纪政务处分5862人；全市监察工作联络站共提出监督意见6758条，报送问题信息24435条。建立健全村级“三小”监督体系，推动实现小微权力运行全公开、小型工程建设全纳管、小额资金管理全留痕。深入开展信访举报“三清三提升”活动，全面推进纪检监察领导干部信访包案、下访接访工作，基层检举控告量、重复举报量连续五年下降。

2018年12月19日，“清廉杭州、你我同行”主题晚会在杭州电视台举行

六、坚守职能定位强化政治巡察

五年来，坚持政治巡察定位，圆满完成巡察全覆盖任务，着力完善上下联动、

横向贯通的工作格局，扎实做好巡察“后半篇文章”，强化以案促改、促教、促治，党内监督利剑作用充分彰显。

1. 圆满完成巡察全覆盖任务

市委认真落实中央巡视工作方针、巡视工作条例和市县党委建立巡察制度的意见，加强对巡察工作的领导，制定2017—2021年巡察工作规划和加强巡察工作的实施意见，坚持把巡察工作列入党委年度工作计划和领导班子年度考核重要内容，市委常委会定期研究部署巡察工作，市委书记专题会议和巡察工作领导小组会议听取每轮巡察情况汇报。统筹安排常规巡察，强化机动式巡察和巡察“回头看”，市县两级均实现一届任期内巡察全覆盖。准确把握政治巡察“三个聚焦”的重点，突出问题导向和效果导向，探索“线上＋线下”数字巡察新模式，市县两级共发现问题71770个，移交问题线索4068条。

2. 构建上下联动监督网

率先开展巡察上下联动的探索，研究出台建立全市巡察上下联动监督网的意见，加强对区县（市）巡察工作的指导督导。积极探索联动的方法途径，先后对桐庐县公安局等9个县级重点单位开展提级巡察，组建市县两级专项巡察组对重点领域开展专项巡察，指导区县（市）党委开展“巡乡带村”。圆满完成“市级巡察机构在上下联动中更好发挥作用”全国试点任务，推动市县巡察工作迭代升级、整体提升。

3. 扎实做好巡察“后半篇文章”

探索建立巡察整改促进机制，推行整改日常监督“十步工作法”，对42家被巡察单位开展整改情况回访检查，对敷衍整改、整改不力、虚假整改的相关人员严肃问责。十二届市委巡察反馈问题已完成整改2109个，完成率95.39%。探索建立成果运用联动办理机制，督促个性问题边巡边改，共性问题举一反三，推动实现监督、整改、治理融合增效。

七、紧扣改革要求强化探索监督创新

五年来，认真落实中央和省市委确定的纪检监察体制改革任务，一体推进

“三项改革”，健全完善制度机制，积极探索数字赋能，不断强化监督的全覆盖和有效性，持续把制度优势转化为治理效能。

1. 一体推进“三项改革”

按照上级统一部署，一体推进纪律检查体制改革、监察体制改革、纪检监察机构改革，组建市县两级监察委员会，实现对全市所有行使公权力的公职人员监察全覆盖。稳步推进市级派驻（出）机构和市属国企、高校纪检监察体制改革，实施派驻（出）机构一体化管理。深入推进市纪委市监委内设机构改革，调整优化内设机构设置、职能权限配置和人员编制配备。以全省开发区（园区）整合提升为契机，着力抓好全市 17 家开发区（园区）纪检监察机构建设。

2. 健全完善制度机制

进一步强化上级纪委监委对下级纪委监委的领导，健全下级纪委监委向上级纪委监委请示报告重大事项等制度规范。强化纪法贯通、法法衔接，修订完善纪检监察业务运行制度、工作流程和法律文书，健全监察机关与司法执法机关配合协作工作机制，推动纪检监察工作规范化、法治化、正规化运行。建立健全职务犯罪案件管辖、政务处分等方面制度，构建全面、规范、严密的审查调查程序体系。完善监察留置措施实施运用工作机制，办理全国首例监察留置案件，多人留置执行模式得到中央纪委充分肯定、列为试点。五年来，全市共采取留置措施 554 人。根据上级监委统一部署，市监委向市人大常委会专项报告反腐败国际追逃追赃工作情况。

3. 积极探索数字赋能

依托杭州城市大脑的数字治理优势，扎实推进纪检监察数字化改革，在全省率先探索开展基层公权力大数据监督，形成“杭州模板”。累计归集基层公权力运行数据 900 余万条，下发疑似问题线索预警 1234 条，核查处理 53 人，挽回经济损失 544 万余元。全面部署应用检举举报平台，高标准推进纪检监察大数据和智能应用平台建设，纪检监察工作科技水平进一步提升。

第四节　打造新时代过硬干部队伍

政治路线确定之后，干部就是决定的因素。建设一支优秀的干部队伍，是巩固党长期执政地位的基础性工程，是关系党和国家事业薪火相传、后继有人的重大战略。中共杭州市第十二次代表大会以来，杭州市委不断加强各级党委领导班子和干部队伍建设，加强对换届工作的领导和指导等方面的举措，聚力打造符合新时代杭州高素质专业化干部队伍。

一、加强领导班子和干部队伍建设

认真落实习近平总书记提出的“秉持浙江精神，干在实处、走在前列、勇立潮头”[①]新要求，落实省委对杭州提出的“两个确保”要求，加快建设独特韵味、别样精彩的世界名城，努力使杭州成为展示中国方案、中国道路、中国智慧的鲜活样本，关键在各级领导班子和领导干部，关键要打造一支勇立潮头铁军排头兵。

1. 提升干部选拔任用工作质量

认真落实新一轮全国党政领导班子建设规划纲要，根据机构改革后领导班子和领导干部工作需要，扎实推进相关工作。一是健全选拔任用制度。结合贯彻落实新修订“一法三条例”，制定出台《市管领导干部政治素质考察实施办法（试行）》《市属企业领导人员管理办法（试行）》《市管领导干部任前公示操作办法》等相关配套制度，认真执行省委组织部干部选拔任用工作“五个办法”，进一步优化干部选拔任用操作流程。二是完善知事识人体系。结合“月报季访”“季报五访”干部考察、专题调研、谈心谈话、日常沟通等工作，多渠道、多层次、多侧面考察干部。用好年度考核、市委巡察等成果，对市直单位、区县（市）、国有企业领导班子和领导干部全面走访调研，深入综合分析研判，提出“两头”班子、“两头”干部和有关意见建议。三是严把干部选配标准。注重以事择人、人岗相适、树优导向，做好市直单位机构改革后领导班子调整充实和领导干部职级晋升等工作，突出政

① 《挺立潮头开新天——习近平总书记在浙江的探索与实践·创新篇》，《浙江日报》2017 年 10 月 6 日，第 1 版。

治素质考察，严格落实“凡提四必”[①]，切实把好政治关、品行关、能力关、廉洁关、作风关。

2. 坚持系统思维推动领导班子建设提质增效

一是聚力选优配强市直部门领导班子。坚持规范操作、严明纪律，注重发挥党组织领导把关作用和民意基础性作用，突出依事择人、人岗相适，完善领导班子来源、经历结构，充分发挥各年龄段干部作用，提升专业型干部配备比例，合理配备女干部、党外干部和少数民族干部，扎实推进市直部门领导班子集中调整，进一步增强整体功能和战斗力。

二是持续加强市管领导班子建设。运用“谈、听、查、看、议、评”等“六步工作法”，对全市市直单位、区县（市）和国企、高校等进行党建工作和领导班子及成员年度考核，提出“两头”班子、“两头”干部的名单和有关意见建议。完善“月报季报”填报指标，改进研判方式，充实研判内容，优化市县两级干部工作综合研判分析机制，增强联动协同紧密度。

2021 年 2 月，省委理论学习中心组举行专题学习会

三是紧扣建党百年重要节点，紧抓区划调整和市县乡换届重要契机，对标“提高领导干部塑造变革能力”的时代要求，推动干部队伍系统性重塑，大力锻造一支政治过硬、领导现代化建设能力强的高素质专业化干部队伍。落实班

① “凡提四必”，即对拟提拔或进一步使用人选，要做到干部档案“凡提必审”，个人有关事项报告“凡提必核”，纪检监察机关意见“凡提必听”，反映违规违纪问题线索具体、有可查性的信访举报“凡提必查”。

子配备结构指标要求，指导 5 个涉改区从年龄结构、专业素养等维度做好干部资源分析配置，顺利完成干部调配和流转工作。优化调整后的新区，配备四套班子领导干部和开发区平台干部 152 人，74 名党政班子成员中，全日制大学本科以上 39 人，占 52.7%，40 岁左右及以下年轻干部 15 人，占 20.3%。调整区管干部 1957 人，流转区管及以下干部 312 人。指导区党代会和“两会”顺利召开，提名人选全部满票高票当选。精准把握区划调整后的心态调整期和人事变化期，指导涉改区及时开展干部走访调研、谈心谈话等工作，健全干部管理机制，有力保证了区划调整后思想不散、发展不停。

3. 持续强化干部专业化能力提升

一是突出政治理论培训。制定下发《杭州市干部教育培训规划（2019—2022 年）》，深化习近平新时代中国特色社会主义思想教育培训，优化主体班次办学，强化理论学习和政治训练。

二是强化干部素质培养。围绕贯彻党的十九大、一中、二中、三中、四中、五中、六中全会精神和市委、市政府中心工作，突出提升城市治理能力、实施乡村振兴战略、大型赛事组织与管理、打造移动办事之城、数字经济、中美贸易、城市大脑、新制造业计划、“未来工厂计划”、“碳达峰、碳中和”等主题，由分管市领导按条线分工牵头动员，通过“知行讲堂”“杭商学堂”“境内＋境外”“线上＋线下”相结合等培训方式，深化与清华、人大、复旦、浙大等知名高校合作办班机制，选优配强师资力量，创新“圆桌论坛”、现场教学、专家点评等培训形式，提升干部专业能力、专业作风、专业精神，提高专业化培训效果。

三是搭建平台培养干部攻坚能力。搭建“大比武大督查大考核”“互学互看互比”等实践平台，探索构建以“三榜联动”为重点的“赛场赛马”机制，选取“亚运场馆环境整治”“化积案”“控访源”等若干项目进行试点，把揭榜挂帅表现与各类考核评优和干部选拔使用相挂钩，激励干部在实践实战中提升实干担当和创新求变能力。如在 2017 年，市委扎实开展“三提一争”[①] 主题

---

① “三提一争”指的是提升工作标准、提升工作效率、提升服务水平、争先进创一流。

活动。市委组织部牵头实施《关于在市管领导班子和领导干部中开展“三提一争”活动的实施意见》和《区、县（市）“三提一争”活动指导工作计划》，突出以“五大专项行动”为抓手，营造凝心聚力促发展、上下同欲齐攻坚的实干氛围。

四是建立全市乡镇（街道）书记工作交流机制。市县两级累计选派4350名中青年干部到亚组委、拆违治水、城中村改造、招商引资等重点工作挂职，全市上下形成协同推进、比学赶超的良好氛围。

五是深化上挂下派锻炼。选派100名“助企服务网格员”，接收10名民企业务骨干到杭挂职。全面落实援派干部人才选派任务，抓好挂职干部日常管理，完成第十批31名援疆干部人才选派工作，选派16名干部人才赴西藏色尼区和青海德令哈市挂职锻炼，选派620余人次长短期专技人才赴黔东南州、恩施州开展对口帮扶。

六是制定领导干部推进高质量发展政绩考核办法。优化大党建考核，深化领导干部和公务员平时考核，侧重提高干部塑造变革能力，深入开展“季报五访”“月报季访”，用好考核“指挥棒”激励干部提升争先创优能力。

七是提升干部教育培训针对性实效性。改进提升“杭商学堂”培训工作，充分运用西湖先锋App、专题微课、知行云课等平台载体，推动线上线下教育培训融合联动。

4. 持续深入推进年轻干部梯队建设

一是健全完善相关制度。2018年，市委组织部制定《关于新时代杭州市大力发现培养选拔优秀年轻干部的实施意见》，明确年轻干部队伍建设目标，召开全市优秀年轻干部座谈会，加强改进优秀年轻干部培养选拔工作。同时，制定《市级机关新招录公务员基层实践锻炼实施意见》，明确全市新招录公务员到乡镇（街道）、基层站所进行为期1年的基层实践锻炼。

二是聚焦完善优秀年轻干部成长链。2021年，实施年轻公务员“助跑行动”，做细做实新录用公务员初任培训和“三访”（即暗访、接访、走访）集训，全程跟踪发现培养优秀年轻干部，确定3023名培养对象。选派170余名优秀年轻干部到四川、吉林等对口帮扶一线和亚运奋进、城市大脑专班等实践一线经受磨砺考验，推动形成“年轻干部到一线去、优秀干部从一线来”的良性循环。

深入推进年轻干部“三走进、三服务”[①]专项行动，开展“我为基层破一难”和“民呼我为”主题活动，引导年轻干部在服务基层中提高解决实际问题的能力。注重加强跟踪管理，完善经常性谈话制度，建立市县两级“年轻干部成长档案”，各地各单位注重加强年轻干部梯次配备，认真落实“七个一”培养锻炼举措。市委统战部建立10个党外年轻干部培养锻炼实践基地，余杭区、富阳区、桐庐县面向清华、北大等高校招录党政干部储备人才，临安区实施干部专业化培训3年行动计划，多渠道、系统化推进年轻干部梯队培养。

三是大力选拔优秀年轻干部。着力打破论资排辈和干部成长隐性台阶，注重市县联动，创新开展优秀年轻干部综合比选。如在2020年，聚焦健全年轻干部培养选拔机制体系，深化落实《新时代杭州市大力发现培养选拔优秀年轻干部的实施意见》和新一轮《领导班子建设五年规划》，动态调整优秀年轻干部梯队名单，严格执行年轻干部配备预审工作。市县联动开展2020年优秀年轻干部综合比选，通过实地调研、专业素养面谈和综合面试等多轮比选，共选拔优秀年轻干部101名，受到省委常委、组织部部长黄建发批示肯定。市本级共选派496名干部人才到对口支援合作、“六大行动”、亚运会筹备、云城建设等重点工作、重点项目一线蹲苗历练，提升年轻干部实际工作能力。把选调生队伍建设纳入干部队伍建设整体规划，全市各级党政机关共招录选调生115名，其中“双一流”高校占60%。

四是扩大视野拓展来源。2018年，全市推出40个岗位，赴24所“双一流”高校招录选调生，吸引近800名优秀硕博毕业生报名。深入15所省属在杭高校遴选21名优秀人才来杭挂职，组织89名“双一流”高校应届毕业生来杭党政机关实习。又如在2021年，紧扣事业发展需要和紧缺急需专业人才，从市直机关事业单位、市属国企、在杭省部属高校中实战比选108名年轻干部到乡镇（街道）挂职，择优分批分步充实镇街班子，目前已有19人留任；择优录用171名选调生，其中“双一流”等高校毕业的占80%，并适时组织到基层锻炼，加强管理使用。

---

① “三走进、三服务”即走进乡村、服务村镇，走进社区、服务群众，走进企业、服务发展。

5. 不断提升公务员队伍管理水平

在2018年党政机构改革中，原来由人社部门承担的公务员管理职能，全部划归组织部管理。各级组织部门深入贯彻落实公务员法，健全完善公务员制度，建设高素质专业化公务员队伍。

一是畅通党政人才来源渠道。扎实做好公务员考录，统筹推进四级联考等相关工作。2019年首次面向全球招聘聘任制公务员和市级机关特聘雇员，吸引包括阿里、华为、百度、埃森哲等国际知名企业的910名高端人才报名应聘，创新选拔评价方法，经专业测试和面试面谈两轮遴选产生优秀人才15名。2020年，严谨细致做好四级联考各项工作，加大面向“双一流”高校选调生考录工作力度。2021年着眼“全市一盘棋”稳妥推进公务员职务与职级并行、参公单位重新认定、综合执法类公务员队伍改革等工作，圆满完成2021年“四级联考”工作，按计划录用公务员988名，加强公务员公开遴选工作，面向基层选拔70名公务员。

二是大力推进改革攻坚。有序推进职务与职级并行改革，2019年，出台我市职务与职级并行实施方案和政策问答，合理设置各层次比例要求，基本完成市直机关“一套两升”，指导区县（市）稳慎推进职务职级并行工作，督促建立健全长效激励机制。完成公务员管理“最多跑一次”改革事项，积极推进公安机关专业技术和执法勤务警员职务序列改革、司法监狱劳教单位警员职务序列改革和法官、检察官员额制度改革等工作。2020年，深化职务与职级并行制度，建立县以下事业单位管理岗位职员等级晋升制度，稳慎推进公检法系统职务序列改革和“五大执法领域改革”等重点改革任务。扎实推进“一件事”改革，开发公务员职业生涯全周期“一件事”网上办理平台。

三是规范公务员日常管理。进一步规范公务员调转任审核审批、辞去公职和提前退休审核备案等程序，积极推进网上办事流程。巩固提升公务员考核工作质量，推动平时考核与定期考核、定性与定量考核有机结合。研究起草《杭州市公务员平时考核实施细则（试行）》（2020年），探索创新平时考核有效方式。在全省率先制定《杭州市公务员工作五年行动计划（2021—2025年）》（2021年），明确未来五年公务员管理工作的总体目标和阶段性任务，加强与干部工作的紧密衔接，不断提升公务员工作的战略定位。点面结合开展全市公务员平时考核联系点、优秀公务员示范岗、岗位练兵示范点和基层工作联系点创建活动，确定市县两级创建单位 42 家。

四是加大关心关爱力度。明确公务员各类奖金和离退休人员活动费发放标准，兑现公务员职务职级并行后职级序列工资津补贴和执法勤务警员职务序列改革工资。落实公务员带薪休假和优秀公务员疗休养制度。构建干部心理健康关爱体系，成立公务员心理健康“两中心一联盟”，不断增强队伍整体活力。常态化开展“向组织说说心里话”，严格落实基层干部待遇政策。2021 年建设并实体运行“公务员心理健康与关爱中心”等，并评选 30 名“十佳公务员”，79 名省市“最美公务员”，1 人获评“全国最美公务员”，发挥先进典型示范带动作用。常态化开展公务员荣退活动，探索推出公务员特定从业年限纪念活动，构建薪火相传、新老交替的事业传承机制。

6. 坚持抓小从严落实干部经常性监督管理

一是紧盯选人用人督查纠偏。严把选任关口开展严格执行“凡提四必”“双签字”等要求。如在 2018 年，严格执行“凡提四必”，共开展重点查核 1485 人，批评教育 162 人，取消考察对象资格 16 人；在 2020 年，对 20 家单位开展选人用人工作专项检查，督促落实整改。完善干部大监督体系，统筹开展领导干部信访、一报告两评议、个人有关事项、兼职清理、干部辞职从业、出国（境）自查等工作。2021 年出台杭州市贯彻落实中央和省委关于加强对“一把手”和领导班子监督的有关文件和责任清单，持续强化制度执行刚性。结合巡视巡察、选人用人工作专项检查等工作，加强政治监督、担当作为监督。

二是坚持抓早抓小，严在日常。2017 年制订出台《关于对领导干部进行提醒的部内操作办法（试行）》，对全市相关干部实施提醒，对相关市直单位党委（党组）主要负责人、市管干部进行书面提醒，注重提醒结果运用。规范出国（境）审批管理，制订《杭州市国家工作人员因私出国（境）管理工作操作规范（试行）》。2018 年制订《领导干部函询回复结果处理部内操作办法（试行）》。积极稳妥推进领导干部兼职和超职数配备干部专项督查。全面排查整改干部任职单位和工资关系不一致问题，进一步严格规范干部调动后工资关系转移工作。

改进信访举报查核机制，延展经济责任审计监督效力，进一步破解重选轻管难题。2020 年持续深化“一报告两评议”成果运用，扎实做好个人有关事项报告专项整治，对瞒报或漏报情节较重的予以诫勉和通报。

三是围绕机制建设强化监督。制定干部大监督工作机制实施办法和信息沟通细则，细化干部监督联席会议成员单位职责分工。出台《加强巡察成果运用部内操作办法（试行）》（2018 年），探索形成“巡察成果运用 123 工作法”。健全审计情况面谈沟通机制，明晰领导干部经济责任，进一步织密干部监督工作制度体系。健全大监督工作机制，拓展监督信息渠道，出台优化沟通办法，提升联席会议成员单位信息沟通及时性有效性。健全“月报季访”“季报五访”等工作，加强平时考核与专项考核、年度考核相互印证，将考核结果与选拔任用、问责追责等有机结合，提高知事识人精准度。

四是强化干部人事档案管理。在全省率先将档案专项审核工作向企事业单位中层管理人员、专业技术人员延伸，逐步实现干部人事档案专项审核全覆盖。探索干部人事档案分级集中管理，积极推进干部档案数字化，到 2019 年底，完成 1831 卷档案数字化录入。

二、加强对换届工作的领导和指导

换届是党和国家政治生活中的一件大事。市县乡是我们党执政和我国社会主义国家政权的基础，在贯彻落实党中央决策部署中发挥着承上启下、一贯到底的重要作用。只有加强对换届工作的领导和指导，营造换届好风气、好环境，才能选拔出服务人民的干部人才，更好地推动杭州健康发展。

1. 接续从严完成市县两级换届

一是高质量完成乡镇换届工作。紧扣“五好五新”[①] 乡镇换届总目标，构建一体贯通的工作领导体系，实施进程挂图作战、质量“五维”评价等机制，落实人选排摸和人事调配“两上两下、逐轮优化”，高质量完成 2021 年的乡镇

---

① “五好五新”指通过乡镇换届，绘就好蓝图、选出好干部、配出好班子、树立好导向、形成好气象，着力构建基层整体智治新格局，提升推进现代化建设新能力，推动班子整体功能新升级，重塑乡镇干部选育管用新体系，促进基层政治生态不断优化。

换届工作，选出1243名乡镇班子成员，产生6863名党代表和6423名乡镇人大代表。

二是成立领导小组和工作专班统筹推进区县（市）换届工作，制定换届工作导图和行事历，市县联动开展分析研判、模拟推演和换届考察，加强人事安排统筹，严肃换届纪律要求，着力选出好干部、配出好班子。贯彻落实省委选人用人“一体系三机制”有关要求，在加大干部日常调配的基础上，完成市直单位届末考核，强化党组把关和综合分析研判，形成近期可提任市管正职、市管副职等8个名单，为区县（市）换届和市直单位领导干部集中调整打好基础。完成市属国企集中换届等工作，实现相关配备指标要求，推动选人用人工作质量不断提高。认真做好省对市换届考察服务保障工作，以及新任市级领导班子成员宣布送任工作。扎实推进市党代会、市“两会”各项筹备工作，积极与各相关部门对接，提出相关人员配备原则和人选建议名单。

2. 高质量完成村社两委换届工作

围绕习近平总书记“四种人”要求和“五好两确保”目标，高质量推进村社组织换届，旗帜鲜明加强党对换届工作的全方位领导，出台换届“1+3”政策意见，深入实施“六大行动”和“五个一”专项工作，97个后进党组织“应转尽转”。全覆盖开展村社两委班子届末考评，全面推行“选贤任能六法”，逐村逐社落实人选“三级过堂”，开发选情“三色图”，探索“云上联审”“指尖民意”。全面完成3117个村社“两委”换届，“一肩挑”人选全部高票当选，“一肩挑”率99.7%，整个换届过程平稳平顺，村社干部队伍实现整合再造、提档升级。

第五节　打造人才发展新高地

人才是第一资源，是经济发展的“源头活水”。中共杭州市第十二次代表大会以来，坚定不移实施人才强市战略，通过构建开放有效人才政策体系、打造人才创业创新服务平台，推动人才集聚不断加快、人才结构不断优化、人才平台不断提档、人才服务不断升级，人才服务高质量发展的质效不断显现。

一、构建开放有效人才政策体系

着眼中长期人才工作，加快推进“人才新政”落地见效，健全完善党管人才体制机制，升级完善人才政策体系，实施更加积极开放有效的人才政策，布局高质量发展人才工作新体系，打造全方位有特色的人才生态政策体系。

1. 加快推进“人才新政”落地见效

全面贯彻落实“人才新政 27 条”和人才“若干意见 22 条”，制定实施相关配套细则和操作规程。加大政策兑现力度，到 2017 年底，累计向 12010 人发放一次性生活补贴 2.44 亿元；累计为人才提供各类创业创新资助 6.5 亿元，人才服务银行为人才个人提供授信超 5000 万元，为“国千”、“省千”、市“521”人才创办企业提供授信超 50 亿元。新增自主申报“国千”人才 16 名，“省千”人才 51 名，自主申报的“国千”人才总量达到 121 名，新增国家“万人计划”人才 18 名，居副省级城市前列。

2. 健全完善党管人才体制机制

率先调整充实市委人才工作领导小组成员，市委、市政府主要领导分别担任组长和第一副组长。于 2018 年制定《关于进一步健全完善市委人才工作领导小组职责任务和运行机制的意见》，有关做法在全省推广。首次开展全市人才工作述职评议，用好评议结果，增强“一把手抓第一资源”责任意识。进一步完善联系服务专家机制，提出加强人才政治引领、密切日常联系、打造事业平台等 8 条意见。

3. 升级完善人才政策体系

实施更加积极开放有效的人才政策，打造全方位有特色的人才生态政策体系。坚持党管人才原则。完善人才领导小组议事协调机制，进一步理顺机构职能，改进年度人才工作目标责任制考核，优化人才工作述职评议，压实“一把手”抓人才工作责任。加强对人才的政治引领和政治吸纳，深入开展“弘扬爱国奋斗精神、建功立业新时代”活动，完善市领导联系服务高层次人才制度。强化人才政策支撑。于 2019 年研究制定《关于服务“六大行动”打造人才生态最优城市的意见》，牵头相关部门围绕实施新制造业计划出台关于稳企业稳增长促进实体经济发展有关人才政策举措，推出加大博士后人才引育力度等29项实施细则，探索完善余杭区“人才特区”试点支持政策，形成以“人才生态37条”为总纲，各类政策为支撑的人才政策体系。科学统筹区域人才资源。深入实施“人才西进”工程，加大对西部地区人才培养的支持，制定《关于加强杭州市乡村人才振兴的实施意见》《全面推进东西部扶贫协作人力资源开发合作协议》，组织西部区县（市）39名教师医生赴主城区学校和医院锻炼培养。

4. 深化构建开放有效人才政策体系

着眼中长期人才工作，于2020年制定出台人才发展“十四五”规划和《人才发展体制机制改革若干意见》，布局高质量发展人才工作新体系。在优化完善“人才生态37条”的基础上进一步探索“人才新政”，创新实施“全球英才杭聚工程”“青年人才弄潮工程”和“百万大学生杭聚工程”，持续加大人才引育力度，放大人才集聚效应。积极克服疫情影响，抢抓人才招引机遇期，实施高层次人才优先购房和专项奖励、新引进大学生租房补贴，提高高层次人才购房补贴和市本级公共租赁住房货币补贴标准，加强抗疫人才招引服务。深化人才发展体制机制改革，启动高层次人才自主认定试点，向用人主体放权松绑。全年人才引进总量持续增长、结构不断优化，新引进全球顶尖人才24名，首批7名“鲲鹏计划”人才中杭州有4位入选；新认定C类以上高层次人才865人；新引进35岁以下大学生43.6万人，同比增长106%。2021年，全年新入选省“鲲鹏行动”专家18人，占全省47.4%；新引进35岁以下大学生48.3万人，同比增长10.64%。完善人才评价体系，加快建立以创新价值、能力、贡献为导向的评价体系，推进市场化认定标准。加强政治引领，发起“弘扬科学家精神　推动高质量发展　建设共同富裕示范区”倡议，激励人才深怀爱国之心、砥砺报国之志。

二、打造人才创业创新服务平台

以打造服务全省人才高地为方向，细化完善人才服务举措，打造人才创业创新高端平台，大力提升人才服务数字化精细化水平，不断提升人才服务水平。

1. 细化完善人才服务举措

积极谋划打造服务全省人才高地。于 2019 年制定出台《关于杭州市服务全省人才发展的意见（实行）》，完善配套制度和操作细则；积极筹建浙江人才大厦，推进“人才飞地”落地，支持省内各市在杭建设企业研发总部、创新中心，推动杭州公共服务资源优势向省内其他地区人才延伸覆盖。精准提供“店小二”式服务。深入推进人才领域“最多跑一次”改革，优化人才认定、人才政策申请、人才中介许可事项等人才项目办事流程，构建“一窗受理、联动办理”的人才政策兑现服务机制。精心打造杭州人才之家，整合政府、企业、协会、创投机构等各类资源，为人才服务、学习培训、交流研讨、推介展示、项目洽谈、联谊联欢等提供活动空间，累计开展各类人才活动 47 场。营造人才工作良好环境。开展杰出人才和杰出青年人才评选，发现培育一批“最美教师”“最美医师”等行业优秀人才。讲好杭州“人才故事”，不断扩大我市人才政策知晓度和美誉度，人才工作舆论热度持续增加，重才爱才、见贤思齐氛围日益浓厚。

2. 打造人才创业创新高端平台

一是深入推进“名校名院名所工程”。推动西湖大学高水平发展，服务国科大杭州高等研究院建设发展，推进中法航空大学、浙江大学杭州国际科创中心等一批科研院所建设。2020 年底，西湖大学累计已有 118 位学术人才正式签约，32 人入选国家海外高层次人才引进计划。充分利用国家自主创新示范区、高新区、开发区等产业创新平台，促进产学研深度融合，杭州创业创新氛围日趋浓厚。针对海外引才新挑战，加强硅谷钱塘中心等 6 家海外孵化中心和杭州海外留学人才德国工作站等 10 家海外人才工作站建设，进一步拓宽海外引才育才渠道。成功创建萧山、余杭两个省级特色产业工程师协同创新中心，聚集工程师 2304 人，为企业提供技术服务 6910 次。

二是聚力提升人才创业创新平台能级。紧紧围绕打造“互联网 +”、生物医药、新材料三大科创高地，推进城西科创大走廊创新策源地建设。推进“浙江人才大厦”建设。实施博士后倍增计划，2021 年新设博士后工作站 53 家，目前在站博士后研究人员 1150 名。积极引进国际一流人才组织、学术组织、科技组织等在杭设立分支机构或合作共建研发机构，推动欧美同学会（中国留学人员联谊会）人才研究中心和国际人才组织联合会等人才组织（机构）落户杭州。

3. 大力提升人才服务数字化精细化水平

一是探索人才创业创新全周期“一件事”改革。积极推进人才服务综合体创建，集中提供全天候政策咨询、一站式证照办理以及财税、法律、金融等个性化服务。全面落实《关于杭州市服务全省人才发展的意见（试行）》，仅在2020年，累计服务全省高层次人才落户、购房资格、子女教育、车辆上牌等3589人次。

二是持续推动人才服务数字化精准化。2020年，在全省率先推出杭州人才码，加快推动人才服务事项和服务资源归集，实现人才服务“一码供给”、人才办事“一站入口”、人才双创“一帮到底”，一期上线高层次人才金码，二期上线大学生青荷码，三期上线人才国际码，累计服务人才161.6万人次。2021年，打造“杭州人才码”掌上服务综合体，集成8大类142个子项服务，实现人才政策“一键兑现”，上线以来累计70.4万人才领码，累计服务637.8万人次，兑现各项政策补贴32.99亿元。

三是努力营造尊才爱才浓厚氛围。持续优化“店小二”服务，营造尊才爱才浓厚氛围，稳妥推进高层次人才财政专项奖励兑现工作，帮助解决子女入学、医疗保障、车辆上牌等“关键小事”，精心打造“杭州人才之家”，讲好杭州“人才故事”，连续11年入选“外籍人才眼中最具吸引力的十大城市”。

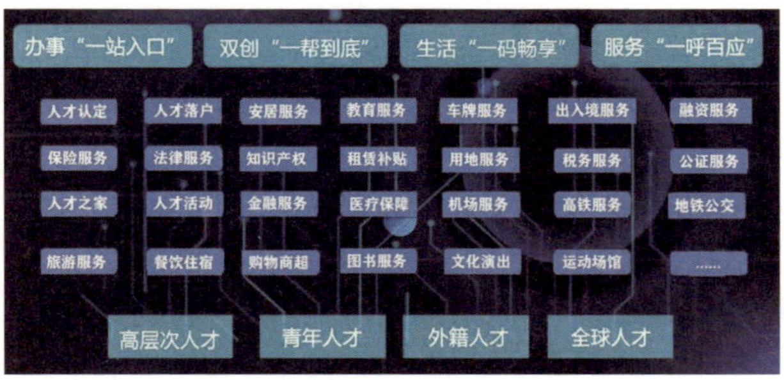

杭州“人才码”掌上人才服务综合体

三、持续打造人才活动特色品牌

为进一步加强与海外高层次人才的交流与合作，吸引更多留学人员来浙发展、来杭创业，自2009年起杭州已成功举办十届国际人才交流与项目合作大会。通过高标准持续办好“一会一赛”，全力打造“杭向未来”人才系列品牌，为杭州“一城”“一窗”建设积极贡献智慧和力量。

1. 高水平举办杭州国际人才交流与项目合作大会

杭州国际人才交流与项目合作大会是突出“开放、合作、创新、创业”主题的大会。该大会于2019年11月在杭州开幕，来自58个国家和地区的5.5万名海内外人士参与盛会，杭州精心策划了38项活动，签约人才项目391个、金额60.8亿元、达成初步就业意向1.1万人次；2020年该大会有67位海内外院士出席活动，全球35个国家和地区、长三角地区城市代表参加大会，累计签约项目401个，总金额93.54亿元；2021年该大会由百余位海内外院士出席活动，全球26个国家和地区、长三角地区城市代表参加大会，累计签约项目182个，总金额119.2亿元。

2. 高质量举办创业大赛

通过“一会一赛”，深化青年人才弄潮工程。加大对青年人才来杭实习、就业创业、落户安居等方面的支持力度。2019年杭州市组织举办第十五届“振兴杯”全国青年职业技能大赛学生组决赛、第六届中国杭州大学生创业大赛总决赛，服务全国“双创周”、2050大会等活动，创业创新氛围日趋浓厚。2020年实施《杭州大学生创业创新三年行动计划（2020—2022年）》，设立全国首个大学生“双创日”，启动实施百万大学生杭聚等五大工程。同步推进“战疫引才 杭向未来”系列活动，探索实施云聘会、云对接、云路演等疫情防控常态化下的人才工作方式，创新成立长三角人才云市场。探索揭榜挂帅引才机制，企业张榜项目406个，总标的额12亿元，居全省第一。2021年举办“潮玩潮创IN杭州”大学生创新创业日系列活动，发布“杭帮彩”大学生创新创业工作品牌，实施“万朵浪花”杭州全球大学生实习计划，5000余家知名企业、高校院所等发布21.39万个实习岗位。深化“长三角人才云市场”品牌，累计开展“云聘会”638场，推出岗位187万余个，帮助引才42.7万人。举办“人才山乡荟”活动，成立“乡村振兴人才银行”，计划5年内提供500亿元信贷资金。

主要参考文献

1. 习近平：《在中国科学院第二十次院士大会、中国工程院第十五次院士大会、中国科协第十次全国代表大会上的讲话》（2021 年 5 月 28 日），人民出版社，2021 年。

2. 习近平：《在科学家座谈会上的讲话》（2020 年 9 月 11 日），人民出版社，2020 年。

3. 习近平：《在中国科学院第十七次院士大会、中国工程院第十二次院士大会上的讲话》（2014 年 6 月 9 日），人民出版社，2014 年。

4. 中共中央文献研究室：《习近平关于科技创新论述摘编》，中央文献出版社，2016 年。

5. 习近平：《在浦东开发开放 30 周年庆祝大会上的讲话》（2020 年 11 月 12 日），人民出版社，2020 年。

6. 中共中央文献研究室：《习近平关于社会主义经济建设论述摘编》，中央文献出版社，2017 年。

7. 习近平：《共建创新包容的开放型世界经济——在首届中国国际进口博览会开幕式上的主旨演讲》（2018 年 11 月 5 日），人民出版社，2018 年。

8. 习近平：《全党必须完整、准确、全面贯彻新发展理念》，《求是》2022 年第 16 期。

9. 习近平：《习近平谈治国理政（第四卷）》，外文出版社，2022 年。

10. 习近平：《努力建设人与自然和谐共生的现代化》，《求是》2022 年第 11 期。

11. 习近平：《习近平谈治国理政（第三卷）》，外文出版社，2020 年。

12. 杭州市人民政府地方志办公室：《杭州年鉴》，方志出版社，2017—2019 年。

13. 中共杭州市委党史研究室（杭州市人民政府地方志办公室）：《杭州年鉴》，方志出版社，2020—2021 年。

14.《杭州市政府工作报告》（2018—2022 年）。

15. 杭州市第十二次党代会以来历次全委会材料汇编。

16.《杭州市人民政府公报》（2017—2021 年）。

17.《杭州市环境状况公报》（2017—2021 年）。

18. 中共杭州市委宣传部、杭州市文化创意产业办公室：《杭州文化创意产业发展报告》，杭州出版社，2017—2021 年。

19.《杭州市人大常委会工作报告》（2018—2022 年）。

20. 周膺：《杭州蓝皮书（总三卷）》，杭州出版社，2018—2022 年。

21.《杭州市人民政府关于印发杭州市国民经济和社会发展第十四个五年规划和二〇三五年远景目标纲要的通知》（杭政函〔2021〕20 号）文件。

22.《国务院关于同意浙江省调整杭州市部分行政区划的批复》（国函〔2021〕29 号）文件。

23. 郎晓波、邵建、谢剑锋：《“一方按铃、多方响应”：数字赋能基层民主协商的杭州探索》，《杭州》2021 年第 11 期。

24. 徐洁：《运用大数据收集民意精准献策——杭网议事厅助力城市治理走向现代化》，《传媒评论》2021 年第 7 期。

25. 姜方炳：《“六和塔”工作体系：市域社会治理的杭州探索及启示》，《社会治理》2020 年第 5 期。

后 记

中共杭州市第十二次代表大会以来，市委、市政府团结带领全市干部群众统筹推进“五位一体”总体布局，杭州经济社会发展和党的建设取得新成效，高水平全面建成小康社会，胜利完成市第十二次党代会确定的目标任务。经济保持平稳较快发展，改革开放实现重大突破，民主法治建设不断加强，思想文化建设取得重大进展，人民生活水平持续提升，生态环境质量明显改善，全面从严治党向纵深推进。

为全面反映市第十二次党代会以来杭州在经济、政治、社会、文化、生态文明和党的建设等各方面取得的成就，鼓舞全市人民踔厉奋进、勇毅前行，实现市第十三次党代会提出的“打造世界一流的社会主义现代化国际大都市”目标，中共杭州市委党史研究室联合中共杭州市委党校组织编写《建设“一城”“一窗”的生动实践——中共杭州市第十二次代表大会以来》一书。

本书在编写过程中，得到了市委办公厅、市纪委、市委组织部、市环保局等部门和单位的支持，在此一并表示感谢。

本书内容由综述、正文、主要参考文献三部分组成。本书由中共杭州市委党史研究室主任郎健华任主编，全面领导全书的编撰工作，副主任蒋文欢任副主编，对全书进行了审稿，李辉毅、徐百尧负责具体落实，并参与全部书稿的修改与统稿。正文部分各章由市委党校教师撰写，具体编写分工如下：第一章姚如青，第二章张莉，第三章黄鹏进，第四章胡秀丽，第五章邵建，第六章付文科。由于时间仓促，编写水平有限，本书难免存在不足之处，恳请广大读者不吝指正。

2022 年 12 月